**Einleitung, Land und Leute**

**Reise-Infos von A bis Z**

**Wild Atlantic Way - Slí an atlantaigh Fhiáin**

**Extratour
Causeway Coastal Route - Nordirland**

**Kleiner Sprachführer, Index**

Campingplatz mit Aussicht; Connemara Caravan & Camping Park

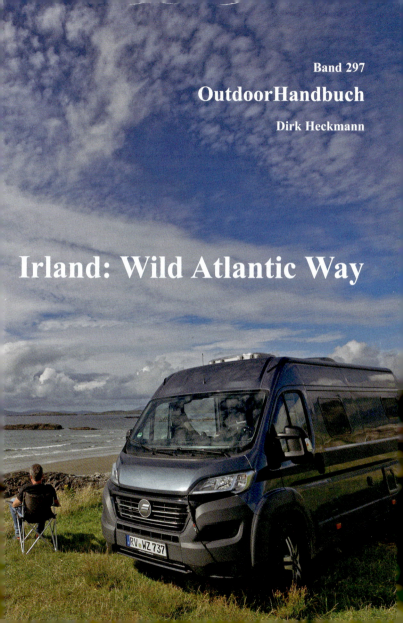

Band 297
**OutdoorHandbuch**
Dirk Heckmann

# Irland: Wild Atlantic Way

# Irland: Wild Atlantic Way

Copyright Conrad Stein Verlag GmbH.
Alle Rechte vorbehalten.

Der Nachdruck, die Übersetzung, die Entnahme von Abbildungen, Karten, Symbolen, die Wiedergabe auf fotomechanischem Wege (z.B. Fotokopie) sowie die Verwertung auf elektronischen Datenträgern, die Einspeicherung in Medien wie Internet (auch auszugsweise) sind ohne vorherige schriftliche Genehmigung des Verlages unzulässig und strafbar.

Alle Informationen, schriftlich und zeichnerisch, wurden nach bestem Wissen zusammengestellt und überprüft. Sie waren korrekt zum Zeitpunkt der Recherche. Eine Garantie für den Inhalt, z.B. die immerwährende Richtigkeit von Preisen, Adressen, Telefon- und Faxnummern sowie Internetadressen, Zeit- und sonstigen Angaben, kann naturgemäß von Verlag und Autor - auch im Sinne der Produkthaftung - nicht übernommen werden.

Der Autor und der Verlag sind für Lesertipps und Verbesserungen (besonders per E-Mail) unter Angabe der Auflagen- und Seitennummer dankbar.

Dieses OutdoorHandbuch hat 224 Seiten mit 69 farbigen Abbildungen sowie 27 farbigen Kartenskizzen im Maßstab 1:500.000 und 1 farbige, ausklappbare Übersichtskarte. Es wurde auf chlorfrei gebleichtem Papier gedruckt, in Deutschland klimaneutral hergestellt und transportiert und wegen der größeren Strapazierfähigkeit mit PUR-Kleber gebunden.

Dieses Buch ist im Buchhandel und in Outdoor-Läden erhältlich und kann im Internet oder direkt beim Verlag bestellt werden.

OutdoorHandbuch aus der Reihe „Der Weg ist das Ziel", Band 297

ISBN 978-3-86686-497-7            1. Auflage 2016
© BASISWISSEN FÜR DRAUSSEN, DER WEG IST DAS ZIEL und FERNWEHSCHMÖKER sind
urheberrechtlich geschützte Reihennamen für Bücher des Conrad Stein Verlags

Dieses OutdoorHandbuch wurde konzipiert und redaktionell erstellt vom
Conrad Stein Verlag GmbH, Kiefernstraße 6, 59514 Welver,
☎ 023 84/96 39 12, FAX 023 84/96 39 13,
✉ info@conrad-stein-verlag.de, 🖥 www.conrad-stein-verlag.de

Werden Sie unser Fan: 🖥 www.facebook.com/outdoorverlage

Text und Fotos: Dirk Heckmann
Karten: Heide Schwinn
Lektorat: Kerstin Becker
Layout: Manuela Dastig
Gesamtherstellung: Werbedruck GmbH Horst Schreckhase

Titelfoto: Valentia Leuchtturm

Wir machen Bücher für

**Abenteurer Geocacher Trekker
Wanderer Radfahrer Pilger
Kanufahrer Kreuzfahrer Camper
Globetrotter Schnee-Begeisterte
Träumer Entdeckungsreisende
Fremdsprecher Naturverbundene
Wohnmobilfahrer Genießer**

**kurzum … für Aktive**

# Inhalt

| | |
|---|---:|
| Einleitung | 8 |
| Land und Leute | 9 |
| Geschichte | 10 |
| Die irische Flagge | 14 |
| Geografie | 14 |
| Politische Gliederung | 15 |
| Flora und Fauna | 15 |
| Klima | 17 |
| Bevölkerung | 17 |
| Reise-Infos von A bis Z | 18 |
| An- und Abreise | 19 |
| Diplomatische Vertretungen | 20 |
| Behinderte auf Irlandreise | 20 |
| Einkaufen | 20 |
| Einreise | 21 |
| Campinggas | 21 |
| Elektrizität | 21 |
| Entfernungen | 22 |
| 'Essen und Trinken | 22 |
| Feiertage | 23 |
| Geld | 26 |
| Gesundheit | 26 |
| Hunde-Mitnahme nach Irland | 26 |
| Information | 27 |
| Kleidung | 27 |
| Karten | 27 |
| Medien | 27 |
| Nationalparks | 28 |
| Notrufnummern | 29 |
| Pannenhilfe | 29 |
| Post und Telekommunikation | 29 |
| Rauchen | 30 |

| | |
|---|---|
| Sport und Hobby | 30 |
| Unterkunft | 32 |
| Updates | 32 |
| Verkehrsregeln | 33 |
| Zeitzonen | 36 |
| Zoll | 36 |
| Wild Atlantic Way - Informationen | 37 |

## Wild Atlantic Way - Slí an atlantaigh Fhiáin — 40

| | |
|---|---|
| Einteilung des Wild Atlantic Way in fünf Abschnitte | 41 |
| 1. Abschnitt: Kinsale - Kenmare - 410 km | 41 |
| 2. Abschnitt: Kenmare - Tarbert - 385 km | 82 |
| 3. Abschnitt: Tarbert - Galway - 239 km | 107 |
| 4. Abschnitt: Galway - Sligo - 699 km | 125 |
| 5. Abschnitt: Sligo - Derry/Londonderry - 592 km | 158 |

## Extratour — 196

## Kleiner Sprachführer — 205

## Index — 220

# Einleitung

Die Straßen im Westen der grünen Insel entlang des Atlantiks waren eigentlich schon immer da. Da bedurfte es nur einer cleveren Marketing-Idee, sie zu einer gut ausgeschilderten Küstenstraße zusammenzufügen und ihnen den einprägsamen Namen Wild Atlantic Way zu geben.

Damit steht Fáilte Ireland (🖥 www.failteireland.ie) - eine 2.500 km lange, spektakuläre Route vom Old Head bei Kinsale ganz im Süden bis nach Malin Head, dem nördlichsten Punkt Irlands - zur Verfügung, die Irlands Tourismus weiter beflügeln wird.

Zu sehen und zu erkunden gibt es vielerlei: raue, zerklüftete Klippen - unter ihnen die höchsten Europas - endlose, einsame Strände, Irlands höchste Berge, die ältesten Wälder, verwunschene Buchten, kleine Ortschaften mit bunten Häusern, Fischerdörfer, ... und natürlich Irlands bewegte Geschichte mit Schlossruinen, alten Friedhöfen und Kirchen.

Dabei grünt es überall und Schafe, Kühe, Pferde und Esel auf den Wiesen vermitteln den Eindruck, die wunderbare Aussicht zu genießen und einfach glücklich zu sein.

Der Wild Atlantic Way ist gut ausgeschildert, egal ob Sie nun von Süden nach Norden oder umgekehrt die Strecke in Angriff nehmen. In den meisten Regionen finden Sie in gut erreichbaren Abständen Campingplätze, wobei der Südwesten mit seinen vier in den Atlantik ragenden Halbinseln und den sich nördlich davon befindenden Cliffs of Moher touristisch weiter erschlossen ist als der Norden.

Die Straßen des Wild Atlantic Way sind nicht überall für alle Wohnmobile geeignet: Einige Abstecher erreichen Sie nur über sehr schmale Straßen und manchmal geht es doch sehr steil bergauf/bergab, sodass es für „größere" Womos recht eng werden kann. Ich war aber überrascht, mit was für einem fahrerischen Geschick einige ihre „großen" Womos (sogar Dreiachser) die irischen Straßen entlang der kleinen Stichstraßen manövrierten. Ich selbst war mit einem Hymercar Sierra Nevada unterwegs und konnte alle Ziele gut erreichen.

Irland (englisch Ireland, irisch Éire)

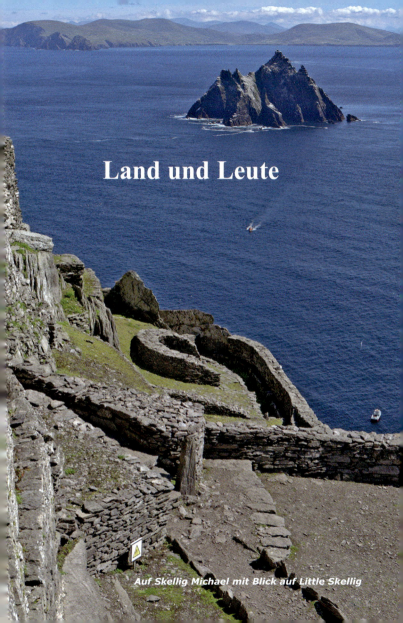

# Land und Leute

*Auf Skellig Michael mit Blick auf Little Skellig*

# Geschichte

Um das Jahr 8000 v. Chr. kamen die ersten Sammler und Jäger auf das damals noch über Landbrücken mit Großbritannien verbundene Irland. Etwa 6000 v. Chr. entstand die Hüttensiedlung bei Mount Sandel im County Derry. Es ist die älteste bekannte Siedlung Europas. Eines der berühmtesten historischen Hinterlassenschaften ist das Megalithgrab von Newgrange. Es ist eine runde Anlage mit unterirdischen Gräbern und Gängen. In der Umgebung findet man große Steinblöcke mit spiralförmigen Verzierungen, die noch heute Rätsel aufgeben.

Etwa 3500 v. Chr. erreichten Bauern das Land und fingen an, die damals komplett bewaldete Insel in Teilen zu roden, um Getreide anzubauen.

Die ersten Kelten vom Volke der Gälen erreichten um 600 v. Chr. vom Norden Frankreichs kommend die Insel. Das Brauchtum und die Kultur und Kunst der Kelten sind heute noch allgegenwertig und werden auf der Insel in vielen Orten weiter gepflegt. Das spiegelt sich z. B. auch in der irischen Sprache wieder.

Unter den Kelten entwickelten sich die ersten politischen Strukturen und die Insel wurde in fünf eigenständige Königreiche aufgeteilt, die da waren Ulster, Nord- und Süd-Leinster, Munster sowie Connaught. Sie bauten Straßen und Brücken und auch Geräte, die sie für landwirtschaftliche Arbeiten nutzten. Aber auch in der Metallverarbeitung kannten sie sich aus. Eine wichtige und äußerst angesehene Rolle in der keltischen Kultur nahmen die Druiden ein. Sie waren Philosophen, Heiler und prägten die keltische Religion.

Eine ganz besondere Rolle in der irischen Religion und Kultur spielt auch heute noch der heilige Patrick. Er wurde 432 n. Chr. in Rom zum Bischof gekürt und erhielt den Auftrag, Irland zu christianisieren. Es war seine Eigenart, den Iren die Dreifaltigkeit anhand eines dreiblättrigen Kleeblatts zu erklären. Das dreiblättrige Kleeblatt ist heute ein nationales Symbol.

Seit 1737 gedenken die Iren dem heiligen Patrick an ihrem Nationalfeiertag, dem 17. März (sein Todestag), dem St. Patrick Day. Patrick gründete 455 die Kirche von Armagh. Die irischen Klöster avancierten zu den wichtigsten kirchlichen Einrichtungen. Die Macht der Kirche nahm zu und einige Kirchenführer wurden zu Großgrundbesitzern.

Wurde Britannien zum größten Teil von den Römern erobert, ging dieser Kelch an den Iren vorbei. Stattdessen kamen die Wikinger. Zum ersten Mal überfielen sie um 795 die reichen irischen Klöster in Küstennähe. Weitere Raubzüge der Wikinger folgten, die sie bis ins Landesinnere führten. Im Winter 840/41 errichteten sie die erste Siedlung auf der Insel: Dublin. Weitere Warenumschlagsplätze in Limerick, Waterford und Wexford folgten. Es entstanden Allianzen zwischen irischen Königen und den Wikingern, doch beliebt waren die nordischen Piraten nicht.

Keltenkreuz

Im 11. Jahrhundert setzten sich die Iren gegen die Invasoren zur Wehr: 1014 führte der irische Hochkönig Brian Boru seine Landsleute in die Schlacht von Clontarf. Ein Befreiungsschlag gelang. Auf die Wikinger folgten Mitte des 12. Jahrhunderts die Normannen. Zum Ende des Jahrhunderts besetzten die Briten große Teile der Insel und zerstörten die politischen Strukturen. Das englische Common Law wurde eingeführt. Um den auf Irland vorherrschenden katholischen Glauben zu unterdrücken, wurde die Ansiedlung englischer Protestanten vorangetrieben. Im Gebiet des heutigen Nordirlands erlangten die Protestanten durch gezielte Siedlungspolitik die Bevölkerungsmehrheit. Aber auch in anderen Landesteilen nahm die Benachteiligung der Iren zu. Sie übten Widerstand gegen die Siedlungspolitik, die Unterdrückung und die Entmachtung. Der Widerstand wurde durch das katholische Spanien unterstützt, doch war er nicht sehr erfolgreich. Die größte Niederlage erlitten sie in der Schlacht am Boyne im Jahre 1690. Irische Familien wurden vertrieben, große Landstriche konfisziert und strenge Strafgesetze gegen Katholiken wurden eingeführt. Sie durften den katholischen Glauben nicht mehr praktizieren, nicht wählen, kein Land besitzen und katholische Geistliche wurden geächtet.

Die Beherrschung Irlands durch eine englische Oberschicht und die drastischen Einschränkungen durch Handelsverbote und die dadurch reduzierte Eigenständigkeit und Abhängigkeit von England sorgten natürlich weiter für große Unzufriedenheit. Im Jahre 1796 versuchten sie erneut einen großen Aufstand gegen ihre Unterdrücker. Auch dieser war nicht von besonderem Erfolg gekrönt, rüttelte aber an der englischen Vorherrschaft. Die Folge war die Eingliederung Irlands in das Vereinigte Königreich. Das irische Parlament in Dublin wurde aufgelöst und man erhielt stattdessen eine Vertretung in London. Den Katholiken machte man einige Zugeständnisse, dafür wuchs die Abhängigkeit zu England.

1840 begann die bis dato größte irische Katastrophe (Great Famine): Eine Kartoffelfäule vernichtete über Jahre die Kartoffelernte, nicht nur in Irland, sondern europaweit. Über eine Million Iren starben, über zwei Millionen flüchteten ins Ausland, z. B. nach Amerika, Australien oder Kanada, wo sie heute eine wichtige Bevölkerungsgruppe sind. Dieser Aderlass reduzierte die irische Bevölkerung in knapp fünf Jahren um 20-25 %.

Da die Iren in dieser Zeit keine Hilfe von England bekamen, bildeten sich auf der Insel nationalistische Gruppen, die sich die Unabhängigkeit Irlands von England mit allen Mitteln zum Ziel nahmen. 1905 gründete Arthur Griffin die radikale Katholikenorganisation Sinn Féin („Wir selbst"). Der Osteraufstand von Dublin 1916, der letzte große Aufstand, konnte von den Engländern noch einmal niedergeschlagen werden.

Bei den Parlamentswahlen 1918 erreichte die Unabhängigkeitspartei Sinn Féin eine große Mehrheit in Westminster, verweigerte aber den Eid auf die britische Krone. Die Abgeordneten traten daraufhin als unabhängiges irisches Parlament (Dáil Éireann) in Dublin zusammen. Ihr Führer war Eamon de Valera, der zum Premierminister (Taoiseach) und später auch zum irischen Staatspräsidenten gewählt wurde. In dieser Zeit startete die Irisch Republikanische Armee (IRA) einen Guerillakrieg gegen die Briten.

Im Jahr 1921 endete dieser Widerstand und der Anglo-Irische Vertrag regelte die Unabhängigkeit und die Gründung des irischen Freistaats. Dieser Vertrag, der nur mit einer knappen Mehrheit im Dáil Éireann ratifiziert wurde, besiegelte auch die Teilung der Insel: 6 Grafschaften in Ulster wählten unter dem Namen Nordirland die Zugehörigkeit zum Vereinigten Königreich. 26 Grafschaften zählte der unabhängige Freistaat. Gegner und Befürworter des Vertrages bekriegten sich in den folgenden Jahren, dabei kamen 4.000 Menschen ums Leben.

Im Mai 1923 endete der Bürgerkrieg, die Teilung der Insel blieb. Die irische Republik und Nordirland blieben bestehen.

Die erste irische Regierung wurde von W. T. Cosgrave und der Partei Cumann na nGaedheal gestellt (später in Fine Gael („Vereinigtes Irland") umbenannt). Die zweite Partei war die Fianna Fáil („Krieger des Schicksals"), gegründet von Eamon de Valera, der 1926 Sinn Féin verließ. Er wurde Vorsitzender der Partei und nach der Wahl 1932 wurde Fianna Fáil stärkste Partei in Irland. De Valera wurde zum

Taoiseach (Premierminister) gewählt. 16 Jahre hatte er das Amt durchgehend ausgeübt. Es folgten noch weitere Amtszeiten zwischen 1951 und 1954 sowie 1957 bis 1959. Direkt daran schloss sich eine 14-jährige Amtszeit als irischer Staatspräsident an.

Im 2. Weltkrieg blieb Irland neutral (wie auch im 1. Weltkrieg). 1949 verließ das Land den britischen Commonwealth und der irische Freistaat wurde in Republik Irland umbenannt. 1955 wurde Irland Mitglied der Vereinten Nationen.

Bei Demonstrationen von Bürgerrechtlern für eine Gleichberechtigung der Katholiken im Jahr 1968 ging die Polizei unverhältnismäßig hart gegen die Teilnehmer vor. Daraufhin bildeten sich weitere Bürgerrechtsgruppen. Die Regierung in Nordirland reagierte auf die zunehmenden Proteste und nahm ein Jahr später Reformen in Angriff. Von protestantischer Seite kam es zu extremen Protesten, die bis hin zu Bombenanschlägen reichen. Die radikalen Gruppen beider Lager lieferten sich blutige Straßenschlachten. England schickte mehrere Tausend Soldaten nach Nordirland. Die IRA versuchte mit militärischen Anschlägen Anfang der 1970er-Jahre Nordirland unregierbar zu machen. Gegen die vermehrten Bombenanschläge der IRA reagierte die britische Regierung mit einer verstärkten Militärpräsenz in Nordirland. London beschloss die „Internierung ohne Gerichtsverfahren", die sie bis 1975 über 2.000-mal anwendeten.

Am Sonntag, den 30. Januar 1972 demonstrierten über 15.000 Menschen in Derry gegen die Internierung (Internment) und für Menschenrechte. Während dieser Demonstration erschossen britische Fallschirmjäger 13 unbewaffnete Demonstranten. Noch am gleichen Abend wurde die britische Botschaft in Dublin in Brand gesteckt. Dieser Sonntag ging als Bloody Sunday (Blutsonntag) in die Geschichte ein. Die IRA erhöhte die Intensität der Bombenanschläge, Nordirland wurde wieder von London aus regiert und es waren über 20.000 britische Soldaten in Nordirland stationiert.

1973 wurde das Irland nach mehreren vergeblichen Versuchen in die Europäische Wirtschaftsgemeinschaft aufgenommen. Da zur gleichen Zeit das Vereinigte Königreich der EWG beitrat, war ganz Irland Teil der künftigen EU.

Die folgenden Jahre dienten dem Versuch der Annäherung der verfeindeten Parteien, bis sich die IRA im Jahre 1997 zu einer befristeten Waffenruhe bereit erklärte. Daraufhin wurden die britischen Truppen aus Derry, Belfast und anderen Städten abgezogen und Sinn Féin, der politische Arm der IRA, wurde zu den Verhandlungen zugelassen. Am 10.4.1998 wurde ein Friedensabkommen unter starkem Druck vom britischen Premierminister Blair, dem irischen Premierminister Ahern und dem US-Präsidenten Clinton unterzeichnet.

# Die irische Flagge

Die Flagge Irlands besteht aus den Farben Grün, Weiß und Orange, die vertikal angeordnet sind. Das Grün symbolisiert die gälische Mehrheit Irlands, die überwiegend aus römischen Katholiken besteht. Das Orange wird der protestantischen Minderheit zugeordnet, den Anhängern Williams van Oranien. Der weiße Streifen in der Mitte steht für den anhaltenden Frieden der lange Zeit zerstrittenen Konfessionen. Die Höhe und Breite der Flagge stehen im Verhältnis 1:2. Mit den drei Farben soll die Hoffnung zum Ausdruck gebracht werden, die verschiedenen irischen Traditionen zu vereinen.

# Geografie

Irland liegt zwischen dem 51°20' und 55°20' nördlicher Breite und zwischen dem 5°30' und 10°30' westlicher Länge. Die Insel hat eine Fläche von 84.400 km$^2$, aufgeteilt in 70.282 km$^2$ für die Republik Irland und 14.139 km$^2$ für Nordirland, das zum Vereinten Königreich gehört und im Nordosten der Insel liegt. Damit ist sie die drittgrößte Insel Europas, etwa so groß wie Österreich. Die breiteste Stelle beträgt 275 km, die größte Nord-Süd-Ausdehnung liegt bei 486 km. Keine Ortschaft in Irland liegt weiter als 110 km von der Küste entfernt. Die Küstenlinie ist fast 3.200 km lang. Irland ist die westliche der beiden britischen Inseln, die durch die Irische See getrennt sind.

Der höchste Berg der Insel ist der Carrauntuohill mit 1.041 m. Er gehört zur Gebirgskette Macgillycuddy´s Reek im Südwesten des Landes im County Kerry. Der längste Fluss des Landes ist der Shannon mit 386 km. Er entspringt im Nordosten und fließt in südliche Richtung, bis er bei Limerick in den Atlantik mündet. Der Insel Irland sind zahlreiche Inseln vorgelagert. Die größte von ihnen ist Achill Island mit 146 km$^2$ im Nordwesten Irlands im County Mayo. Der größte See ist der Lough Corrib mit 176 km$^2$. Er ist aber nicht der größte auf der Insel. Das ist der Lough Neagh, der in Nordirland liegt und 396 km$^2$ groß ist.

Im Osten ist es die Irische See, die zwischen Irland und den Britischen Inseln liegt; im Westen ist es der Atlantik, der die Insel umspült. Die Grenze zu Nordirland ist 360 km lang.

70 % der Fläche des Landes werden landwirtschaftlich genutzt. Kartoffeln, Zuckerrüben und Gerste sind die am häufigsten angebauten Pflanzen. 14 % Moorflächen bedecken die Insel. Nur noch 5 % der Landesfläche besteht aus Wäldern.

# Politische Gliederung

Politisch teilt sich Irland in 4 Provinzen: Connacht (Cúige Chonnacht), Leinster (Cúige Laighean), Munster (Cúige Mumhan) und Ulster (Cúige Uladh). Die Provinzen sind in 32 Grafschaften bzw. Counties gegliedert. 6 von 9 Grafschaften der Provinz Ulster gehören zu Nordirland, dem britischen Teil Irlands. Die übrigen 26 Counties bilden die Republik Irland. Diese teilen sich wie folgt auf die Provinzen auf: Connacht beherbergt 5 Counties, Leinster besitzt 12, Munster hat 6 und zu Ulster gehören 3 Counties.

# Flora und Fauna

## Flora

Die irische Pflanzenwelt ist für die Größe der Insel sehr vielfältig, allerdings nicht so artenreich wie auf dem europäischen Festland oder in Großbritannien. Sie zählt zum atlantischen Florengebiet, in dem aber auch arktisch-alpine Pflanzen vorkommen. Im milden Südwesten gedeihen auch mediterrane Pflanzenarten. Hier sind besonders der Burren und die Region um Killarney zu nennen. In dem Karstgebiet kommen seltene alpine und mediterrane Pflanzenarten sowie Orchideen vor. Bekannt ist Irland für seine Moor- und Heidegebiete, in denen Moose, Farne, Riedgräser, Heidekräuter und Flechten gedeihen. Ansonsten besteht die irische Flora zum großen Teil aus Sträuchern. Wundervolle Farbtupfer auf der grünen Insel bieten die farbenprächtigen Hecken: Weißdorn, Holunder, Ginster, Schlehe, Fuchsien und Rhododendron, die von britischen Gutsherrn auf die Insel gebracht wurden.

Die Iren züchteten schon immer gerne Pflanzen und planten um sie herum Gärten. Die meisten Gärten finden Sie heute im Südwesten und Süden der Insel, des milden Klimas wegen. In den Parkanlagen stehen dazu noch prächtige Schlösser und herrschaftliche Häuser.

Naturwaldflächen findet man in Irland nur noch ganz wenige. Es laufen aber einige Aufforstungsprogramme mit dem Ziel, bis 2030 etwa 15 % der Landesfläche wieder zu bewalden. Bei der heutigen Waldarmut ist es kaum zu glauben, dass im 16. und 17. Jahrhundert Irland als Holzexportland galt. Als ursprüngliche Baumarten Irlands gelten Birke, Eiche, Tanne, Fichte, Kiefer, Haselnuss, Lärche und Esche.

*Delfine*

# Fauna

Bekannt sind die glücklichen irischen Kühe, das Irische Pferd (z. B. Irish Cob, Connemara Pony, Irisches Sportpferd) und der Irische Wolfshund. Doch diese sind alle gezüchtete Tierrassen. Mit Wildtieren ist es nicht so weit her auf der Insel. 28 Säugerarten bewohnen die Insel. Rotfuchs, Dachs, Igel, Baummarder, Fischotter und Kaninchen sind einige von ihnen. Aber auch vor der Küste leben Tiere, die sehr gut beobachtet werden können. Über 20 Spezies tummeln sich in der See: u. a. Buckel- und Finnwale, Große Tümmler, Delfine, Robben. Berühmtestes Beispiel ist der Delfin Fungie, der in Dingle vom Boot aus zu beobachten ist. Seit 1983 nennt er den Hafen von Dingle seine Heimat.

Beliebt ist Irland bei Vogelliebhabern. Um die 200 Vogelarten leben auf der Insel, über 150 Zugvogelarten kommen noch als „Besucher" über das Jahr hinzu. Die beliebtesten sind hier wohl die farbenprächtigen Papageitaucher. Eine der weltgrößten Kolonien finden Sie auf der Insel Little Skellig, vor der Küste von Kerry. Mai und Juni sind die besten Monate, um brütende Vögel zu beobachten.

# Klima

Wenn man sich die nackten Fakten über das irische Klima in den einzelnen Jahreszeiten anschaut, könnte man das Gefühl bekommen, dass es Meteorologen in Irland recht leicht haben, das richtige Wetter vorherzusagen: Die meisten Regentage gibt es im Januar mit 26, die wenigsten im Juni mit 21 Tagen. Die Durchschnittstemperaturen liegen im Winter bei 6 bis 7°C, im Sommer bei 13 bis 15°C. So große Unterschiede sind das auf den ersten Blick doch wirklich nicht!

Dass die ganze Sache komplexer ist, versteht sich. Das Klima der Insel wird vom Golfstrom beeinflusst, der die Insel umspült. Er bewirkt auch, dass das Wetter sehr wechselhaft ist. Die Sommer sind kühl, über 25°C steigen die Temperaturen nicht allzu oft, und im Winter geht es selten unter den Gefrierpunkt.

Irlands zuverlässigsten Wetterbericht liefert die amtliche meteorologische Behörde Met Éireann, zu finden im Netz unter 🖳 www.met.ie.

# Bevölkerung

Die Bevölkerung Irlands betrug im Jahr 2012 4,6 Millionen Menschen. Damit liegt das Land in der EU auf Rang 20. Knapp 1,5 Millionen leben in und um Dublin. Die nächstgrößere Stadt ist Cork mit etwa 120.000 Einwohnern. Das macht Irland zu einem der am dünnsten besiedelten Länder Europas.

Wuchs die Bevölkerung des Landes vor der Wirtschaftskrise im Schnitt bis zu 3,4 Prozent pro Jahr, lag die Wachstumsrate 2012 nur noch bei 0,2 Prozent. Dennoch bekommen die Iren im europäischen Vergleich die meisten Kinder. Bei 2,07 Kindern lag 2010 die Fertilitätsrate je Frau. Das bedeutet gleichzeitig, dass die Altersstruktur Irlands sehr jung ist. Die Altersgruppe der unter 15-Jährigen liegt bei um die 21 Prozent, so hoch wie in keinem anderen europäischen Land. Andersherum ist die Altersgruppe der über 65-Jährigen mit gerade einmal knapp 12 % die zweitniedrigste in der EU. Daraus resultiert auch, dass das Durchschnittsalter in der Republik Irland bei einem Altersmedian von 35,1 Jahren liegt, das niedrigste in der EU (zusammen mit Zypern).

In der Republik Irland gehören 88 % zum römisch-katholischen Glauben, drei Prozent zur anglikanischen Kirche. In Nordirland stellt sich das anders dar: 45 % gehören zur protestantischen Kirche und 40 % zur römisch-katholischen Kirche.

# Reise-Infos von A bis Z

*Der Tower auf dem Bray Head mit Milchstraße und Sternschnuppe*

# An- und Abreise

## 🚢 Mit der Fähre

Verschiedene Reedereien laufen irische Häfen an.

- **P&O Ferries**, ☎ 06 21/37 90 90 35 oder ☎ 018 05/00 71 61,
  ✉ help@poferries.com oder customer.services.europoort@poferries.com,
  🖥 poferries.com. P&O Ferries Limited, Channel House, Channes View Road, Dover, CT17 9TJ, Großbritannien. Bieten Fährverbindungen: von Rotterdam/Zeebrügge (NL) nach Hull (GB), von Liverpool (GB) nach Dublin (IRL), von Cairnryan (GB) nach Larne (IRL) und die Verbindung von Calais (F) nach Dover (GB).

- **Irish Ferries**: Fahren von Cherbourg bzw. Roscoff in Frankreich nach Irland. Zielhäfen sind hier Rosslare oder Dublin.
  Kontaktdaten für Irish Ferries in Deutschland: Karl Geuther Handels-GmbH & Co. KG, Martinistraße 58, 28195 Bremen, ☎ 04 21/176 02 18, FAX 04 21/180 57,
  ✉ irishferries@geuther.com, 🖥 www.irishferries.com.
  Reisende aus Österreich und der Schweiz können über ✉ ireland@irishferries.com Kontakt aufnehmen. Von Großbritannien fahren die Irish Ferries von Pembroke nach Rosslare und von Holyhead nach Dublin.

- **Stena Line Scandinavia AB**, Schwedenkai 1, 24103 Kiel, ☎ 01 80/602 01 00, FAX 04 31/90 92 00, ✉ info.de@stenaline.com, 🖥 www.stenaline.de. Fahren von Cherbourg (F) nach Rosslare (IRL), von Hoek von Holland (NL) nach Harwich (GB), von Holyhead (GB) nach Dublin Port oder Dun Loaghaire (IRL), von Fishguard (GB) nach Rosslare (IRL), von Liverpool (GB) nach Belfast.

- **Brittany Ferries**, Call-Center Irland: ☎ +353(0)21/427 78 01,
  🖥 www.brittanyferries.de. Fährhafen in Roscoff: Gare Maritime (Fährhafen), Port de Bloscon, 29680 Roscoff, ☎ +33(0)298 29 28 13, Verbindung Roscoff (F) - Cork (IRL) und Roscoff (F) - Plymouth (GB). Bieten weitere Fährfahrten nach Großbritannien an.

- **DFDS Seaways** bieten u. a. Fährverbindungen zwischen Amsterdam (NL) - Newcastle (GB) an. Aber auch die Kanalüberfahrt von Dünkirchen bzw. Calais nach Dover oder die Route Dieppe nach Newhaven sind im Programm. Infos unter 🖥 www.dfdsseaways.de, DFDS (Deutschland) GmbH, Högerdamm 41, 20097 Hamburg, ☎ 040/299 99 44 88, FAX 040/38 90 31 20, 🖥 service.de@dfds.com

## Inlandsfähren

Entlang der Fahrt auf dem Wild Atlantic Way erfolgt eine Fährfahrt mit einer Autofähre über den Shannon River. Die Fähren zu den vorgelagerten Inseln sind ganz selten Autofähren, sondern kleinere Boote, auf denen keine Autos mitgenommen werden können.

## Flugverbindungen

Es gibt sehr viele Direktverbindungen von mehreren deutschen Flughäfen nach Irland. Dabei werden die Flughäfen in Dublin, Cork, Killarney und Shannon angeflogen. Die Flugdauer beträgt ca. 2 Stunden.

## Diplomatische Vertretungen

- Ⓓ Embassy of Ireland, Jägerstraße 51, 10117 Berlin, ☏ 030/22 07 20, 🖥 www.embassyofireland.de
- Ⓐ Embassy of Ireland, Rotenturmstraße 16-18, A-1010 Wien, ☏ 01/715 42 46, FAX 01/713 60 04, ✉ vienna@dfa.ie, 🖥 www.embassyofireland.at
- ⒸⒽ Embassy of Ireland, Kirchenfeldstrasse 68, P.O. Box 262, CH-3000 Berne 6, ☏ 031/352 14 42, FAX 031/352 14 55, 🖥 www.embassyofireland.ch

### ... in Irland

- Ⓓ Deutsche Botschaft Dublin / Embassy of the Federal Republic of Germany, 31 Trimleston Avenue, Botterstown, Co. Dublin, ☏ +353 (0)1 269 3011, FAX +353 (0)1 269 3800, ✉ info@dublin.diplo.de, 🖥 www.dublin.diplo.de
- Ⓐ Österreichische Botschaft Dublin, Austrian Embassy in Dublin, Ireland, 15 Ailesbury Court, Apartments 93, Ailesbury Road, Dublin 4, ☏ +353(0)1/269 45 77, 269 14 51, 269 41 15, FAX +353(0)1/283 08 60, ✉ dublin-ob@bmeia.gv.at, 🖥 www.aussenministerium.at/dublin
- ⒸⒽ Embassy of Switzerland, 6, Ailesbury Road, Ballsbridge, Dublin 4, ☏ +353(0)1/218 63 82/83, FAX +353(0)1/283 03 44, ✉ dub.vertretung@eda.admin.ch, 🖥 www.eda.admin.ch/dublin

## Behinderte auf Irlandreise

Reisende mit Behinderungen können sich unter 🖥 www.nda.ie (National Disability Authority) informieren. Weitere Informationen bekommen Sie auch bei Disability Action, 🖥 www.disabilityaction.org.

## Einkaufen

### Ladenöffnungszeiten

Supermärkte: Mo bis Sa 8:00-21:00/22:00, So 9:00-21:00, oftmals aber auch gleiche Öffnungszeiten wie Mo bis Sa.

Die „normalen" Geschäfte haben meist von 9:00/9:30 bis 17:00/18:00 geöffnet.

## Souvenirs

Einen Whiskey aus Irland mitzubringen ist sicher eine schöne Idee, wenn der nur in Irland nicht teurer wäre als in Deutschland. Aber einige Destillerien bieten ganz spezielle Sorten an, die es nur vor Ort gibt. Und das hat doch was.

Beliebt ist auch Schmuck mit altkeltischen Motiven oder die berühmten Aran Sweaters, die traditionell aus ungefärbter, beiger Wolle gefertigt werden. Oder die handgewebten Tweedsachen aus dem County Donegal. Die Tweedjacken mit den Lederflicken und Lederköpfen sind ebenfalls sehr beliebt. Und natürlich die Souvenirs der irischen Kult-Biermarke Guinness: Das Sortiment ist riesig. Wenn Sie in Dublin sind, ist der Besuch des Guinness-Storehouse ein Muss!

💻 www.guinness-storehouse.com

## Einreise

EU-Bürger sowie Schweizer mit gültigem Personalausweis benötigen für Irland kein Einreisevisum. Kinder benötigen einen eigenen Ausweis mit Bild. Ein Eintrag der Kinder im Reisepass eines Elternteils ist seit Juni 2012 nicht mehr gültig.

## Campinggas

Die Firma Calor Kosangas ist der größte Gasflaschen-Lieferant in Irland. Auf der Internetseite 💻 www.calorgas.ie/calor-gas-at-home/find-your-local-calor-retailer/ findet man die Händler, geordnet nach Counties. Ein weiterer Gasflaschen-Verkäufer ist Flogas. Unter 💻 www.flogas.ie/gaslight/local/bottle-finder/index.php findet man die passenden Händler. Flogas ist allerdings mehr an der Ostküste Irlands vertreten.

Da es in Europa sehr viele unterschiedliche Gasflaschen-Anschlüsse gibt, lohnt es sich, das Europa-Füll-Set bzw. das Europa-Entnahme-Set mitzunehmen.

## Elektrizität

Um deutsche Elektrogeräte mit dem Strom aus der Steckdose in Irland zu betreiben, benötigt man einen dreipoligen Adapter des Typ G. Die Netzspannung in Irland ist die gleiche wie in Deutschland. Sie können Ihre elektrischen Geräte also problemlos nutzen.

# Entfernungen

In der Rubrik Geografie konnten Sie lesen, dass die Distanzen in der Republik Irland und Nordirland nicht so groß sind. Da in Nordirland die Entfernungsangaben in Meilen angegeben werden, sind in der folgenden Entfernungstabelle die Angaben in Kilometern und Meilen angegeben. Der obere Wert ist in Kilometern, der darunter in Meilen ☞ Tabelle Seite 24-25.

# Essen und Trinken

Wie in den meisten Ländern gibt es auch in Irland Restaurants unterschiedlicher Qualität. In Restaurants ohne Alkoholausschank (not licensed) darf man alkoholische Getränke mitbringen. Es ist nicht unüblich, dass den Restaurants ein Pub angeschlossen. Das Essen kommt dann aus der gleichen Küche, im Pub ist es meist günstiger.

In den ländlichen Gegenden schließen die Restaurants oft schon um 21:00, in den Städten um 23:00.

Tee, Irish Coffee, Bier und Whiskey, das sind die typischen irischen Getränke. Und bei Whiskey und Bier stehen natürlich die einheimischen Produkte hoch im Kurs.

## Irish Breakfast, das traditionelle Frühstück

Das „Full Irish", wie es kurz genannt wird, ist eine sehr gehaltvolle und sättigende Mahlzeit. Es besteht aus süßen und herzhaften Komponenten und ist so reichhaltig, dass Sie gut auf das Mittagessen verzichten können.

Es beginnt mit dem als Porridge bezeichneten Haferbrei, der mit Milch und Zucker angerichtet wird. Dazu wird Orangensaft serviert.

Die deftigen Komponenten sind der als Rashers bezeichnete Speck plus ein Spiegelei, eine Scheibe gebratene Leber- und Blutwurst sowie kleine gebratene Schweinswürste. Dazu gibt es gebackene Bohnen (Baked Beans), die meist mit Tomatensoße serviert werden. Gebratene Champignons und Tomatenscheiben dürfen auch nicht fehlen. Dazu wird Soda Bread kredenzt, damit man das Bratenfett und die Tomatensoße der Bohnen auftunken kann.

Eine andere süße Komponente ist das Toastbrot mit Butter und meistens Orangenmarmelade, die einen bittersüßen Geschmack besitzt.

Beliebt sind auch die irischen Scones, die gerne mit Butter, Honig oder Marmelade gegessen werden. Scones sind ein traditionelles Gebäck, das aus Weizen-

oder Gerstenmehl sowie Eiern und süßer Sahne hergestellt wird. Wenn Sie in den Coffee-Shops ein Scone zum Mitnehmen ordern, bekommen Sie oft eine kleine verpackte Butter plus eine kleine Packung Marmelade sowie ein Plastikmesser dazu.

Die Iren trinken gerne Tee. Im Pro-Kopf-Verbrauch liegen sie an der Spitze in Europa, sogar vor den Briten. Er wird grundsätzlich mit Milch getrunken.

Wer sein üppiges Frühstück komplett aufgegessen hat, dem reicht oft ein Sandwich zum Mittagessen. Aber natürlich gibt es in den Restaurants auch normale Mittagsgerichte. Und da stehen an der Küste die Fischgerichte hoch im Kurs.

Auch in Irland gibt es am Nachmittag die traditionelle *Tea Time*. Auch hier werden gerne Scones serviert. Scones mit Rosinen heißen *Fruit Scones*. Und nicht zu vergessen natürlich der *Apple Pie*. Mürbeteig in einer runden Kuchenform wird mit klein geschnittenen Apfelstückchen belegt. Obendrauf kommt eine weitere Lage Mürbeteig, damit er schön saftig bleibt. Und dann warm verspeisen - hmmm!

Und zum Dinner (Abendessen) können Sie von Fish'n Chips bis zu mehrgängigen Menüs alles bekommen.

# Feiertage

1. Januar - Neujahrstag
17. März - St. Patrick's Day (Nationalfeiertag)
Karfreitag - gesetzlicher Feiertag nur in Nordirland. In der Republik Irland haben Banken und Behörden geschlossen, Alkohol darf nicht ausgeschenkt werden.
Ostermontag
1. Montag im Mai - May Day (Bank Holiday)
Letzter Montag im Mai - Bank Holiday nur in Nordirland
1. Montag im Juni - Bank Holiday nur in der Republik Irland
12. Juli - Battle of the Boyne Day (Orangemen's Day) nur in Nordirland
1. Montag im August - Bank Holiday nur in der Republik Irland
Letzter Montag im August - Bank Holiday nur in Nordirland
Letzter Montag im Oktober - Bank Holiday nur in der Republik Irland
25. Dezember - Weihnachten
26. Dezember - St. Stephen's Day oder Boxing Day
Fällt ein Feiertag auf ein Wochenende, ist der darauf folgende Montag (oder Nicht-Feiertag) frei.

| | Armagh | Athlone | Belfast | Coleraine | Cork | Londonderry | Donegal | Dublin | Dundalk | Enniskillen |
|---|---|---|---|---|---|---|---|---|---|---|
| Armagh | | 155 / 96 | 59 / 37 | 99 / 62 | 390 / 242 | 113 / 70 | 128 / 79 | 135 / 84 | 53 / 33 | 83 / 52 |
| Athlone | 155 / 96 | | 227 / 141 | 252 / 157 | 219 / 136 | 209 / 130 | 183 / 114 | 127 / 78 | 144 / 90 | 133 / 82 |
| Belfast | 59 / 37 | 227 / 141 | | 89 / 55 | 424 / 264 | 117 / 73 | 180 / 112 | 167 / 104 | 84 / 52 | 130 / 81 |
| Coleraine | 99 / 62 | 252 / 157 | 89 / 55 | | 486 / 302 | 50 / 31 | 151 / 94 | 230 / 143 | 149 / 93 | 148 / 92 |
| Cork | 390 / 242 | 219 / 136 | 424 / 264 | 486 / 302 | | 428 / 266 | 402 / 250 | 256 / 160 | 323 / 202 | 347 / 215 |
| Londonderry | 113 / 70 | 209 / 130 | 117 / 73 | 50 / 31 | 428 / 266 | | 69 / 43 | 237 / 147 | 156 / 97 | 98 / 61 |
| Donegal | 128 / 79 | 183 / 114 | 180 / 112 | 151 / 94 | 402 / 250 | 69 / 43 | | 233 / 138 | 157 / 98 | 59 / 37 |
| Dublin | 135 / 84 | 127 / 78 | 167 / 104 | 230 / 143 | 256 / 160 | 237 / 147 | 233 / 138 | | 85 / 53 | 163 / 101 |
| Dundalk | 53 / 33 | 144 / 90 | 84 / 52 | 149 / 93 | 323 / 202 | 156 / 97 | 157 / 98 | 85 / 53 | | 130 / 81 |
| Enniskillen | 83 / 52 | 133 / 82 | 130 / 81 | 148 / 92 | 347 / 215 | 98 / 61 | 59 / 37 | 163 / 101 | 130 / 81 | |
| Galway | 236 / 146 | 93 / 58 | 306 / 190 | 320 / 199 | 209 / 130 | 272 / 139 | 204 / 127 | 212 / 136 | 237 / 148 | 177 / 110 |
| Kilkenny | 257 / 160 | 116 / 78 | 284 / 177 | 353 / 219 | 148 / 92 | 335 / 208 | 309 / 192 | 114 / 73 | 197 / 123 | 231 / 144 |
| Killarney | 377 / 234 | 232 / 144 | 436 / 271 | 474 / 295 | 87 / 54 | 441 / 274 | 407 / 253 | 304 / 192 | 350 / 219 | 355 / 220 |
| Larne | 102 / 64 | 244 / 152 | 35 / 22 | 80 / 50 | 451 / 280 | 115 / 71 | 188 / 117 | 196 / 122 | 115 / 71 | 170 / 106 |
| Limerick | 270 / 168 | 121 / 75 | 323 / 201 | 367 / 228 | 105 / 65 | 328 / 204 | 296 / 184 | 193 / 123 | 242 / 150 | 248 / 154 |
| Newry | 29 / 18 | 158 / 98 | 59 / 36 | 152 / 94 | 361 / 224 | 142 / 88 | 157 / 98 | 105 / 65 | 24 / 15 | 112 / 70 |
| Roscommon | 158 / 98 | 32 / 20 | 224 / 139 | 246 / 153 | 251 / 156 | 211 / 131 | 151 / 94 | 156 / 91 | 151 / 94 | 104 / 64 |
| Rosslare | 286 / 178 | 201 / 130 | 330 / 205 | 382 / 237 | 208 / 129 | 397 / 247 | 391 / 243 | 153 / 101 | 245 / 153 | 315 / 196 |
| Shannon | 283 / 176 | 133 / 83 | 346 / 215 | 380 / 236 | 128 / 80 | 351 / 218 | 282 / 176 | 218 / 138 | 264 / 153 | 261 / 162 |
| Sligo | 145 / 90 | 117 / 73 | 206 / 128 | 192 / 119 | 336 / 209 | 135 / 84 | 66 / 41 | 214 / 135 | 166 / 104 | 66 / 41 |
| Waterford | 301 / 187 | 164 / 108 | 333 / 207 | 391 / 243 | 126 / 78 | 383 / 238 | 357 / 222 | 163 / 98 | 242 / 151 | 281 / 175 |
| Wexford | 264 / 164 | 184 / 117 | 309 / 192 | 360 / 223 | 187 / 116 | 378 / 235 | 372 / 231 | 135 / 88 | 226 / 141 | 293 / 182 |

| Galway | Kilkenny | Killarney | Larne | Limerick | Newry | Roscommon | Rosslare | Shannon | Sligo | Waterford | Wexford |
|---|---|---|---|---|---|---|---|---|---|---|---|
| 236 / 146 | 257 / 160 | 377 / 234 | 102 / 64 | 270 / 168 | 29 / 18 | 158 / 98 | 286 / 178 | 283 / 176 | 145 / 90 | 301 / 187 | 264 / 164 |
| 93 / 58 | 116 / 78 | 232 / 144 | 244 / 152 | 121 / 75 | 158 / 98 | 32 / 20 | 201 / 130 | 133 / 83 | 117 / 73 | 164 / 108 | 184 / 117 |
| 306 / 190 | 284 / 177 | 436 / 271 | 35 / 22 | 323 / 201 | 59 / 36 | 224 / 139 | 330 / 205 | 346 / 215 | 206 / 128 | 333 / 207 | 309 / 192 |
| 320 / 199 | 353 / 219 | 474 / 295 | 80 / 50 | 367 / 228 | 152 / 94 | 246 / 153 | 382 / 237 | 380 / 236 | 192 / 119 | 391 / 243 | 360 / 223 |
| 209 / 130 | 148 / 92 | 87 / 54 | 451 / 280 | 105 / 65 | 361 / 224 | 251 / 156 | 208 / 129 | 128 / 80 | 336 / 209 | 126 / 78 | 187 / 116 |
| 272 / 139 | 335 / 208 | 441 / 274 | 115 / 71 | 328 / 204 | 142 / 88 | 211 / 131 | 397 / 247 | 351 / 218 | 135 / 84 | 383 / 238 | 378 / 235 |
| 204 / 127 | 309 / 192 | 407 / 253 | 188 / 117 | 296 / 184 | 157 / 98 | 151 / 94 | 391 / 243 | 282 / 176 | 66 / 41 | 357 / 222 | 372 / 231 |
| 212 / 136 | 114 / 73 | 304 / 192 | 196 / 122 | 193 / 123 | 105 / 65 | 156 / 91 | 153 / 101 | 218 / 138 | 214 / 135 | 163 / 98 | 135 / 88 |
| 237 / 148 | 197 / 123 | 350 / 219 | 115 / 71 | 242 / 150 | 24 / 15 | 151 / 94 | 245 / 153 | 264 / 153 | 166 / 104 | 242 / 151 | 226 / 141 |
| 177 / 110 | 231 / 144 | 355 / 220 | 170 / 106 | 248 / 154 | 112 / 70 | 104 / 64 | 315 / 196 | 261 / 162 | 66 / 41 | 281 / 175 | 293 / 182 |
|  | 172 / 107 | 193 / 120 | 337 / 209 | 104 / 65 | 250 / 155 | 80 / 51 | 274 / 170 | 93 / 57 | 138 / 86 | 220 / 137 | 253 / 157 |
| 172 / 107 |  | 198 / 123 | 319 / 198 | 113 / 70 | 228 / 141 | 158 / 98 | 98 / 62 | 135 / 85 | 245 / 152 | 48 / 30 | 80 / 50 |
| 193 / 120 | 198 / 123 |  | 499 / 310 | 111 / 69 | 408 / 253 | 264 / 164 | 275 / 171 | 135 / 84 | 343 / 213 | 193 / 120 | 254 / 158 |
| 337 / 209 | 319 / 198 | 499 / 310 |  | 392 / 244 | 98 / 61 | 247 / 153 | 348 / 216 | 372 / 231 | 226 / 140 | 357 / 222 | 326 / 202 |
| 104 / 65 | 113 / 70 | 111 / 69 | 392 / 244 |  | 301 / 187 | 149 / 94 | 211 / 131 | 25 / 15 | 232 / 144 | 129 / 80 | 190 / 118 |
| 250 / 155 | 228 / 141 | 408 / 253 | 98 / 61 | 98 / 61 |  | 169 / 105 | 257 / 160 | 320 / 199 | 174 / 108 | 266 / 165 | 235 / 146 |
| 80 / 51 | 158 / 98 | 264 / 164 | 247 / 153 | 247 / 153 | 169 / 105 |  | 235 / 146 | 154 / 96 | 85 / 53 | 208 / 129 | 222 / 138 |
| 274 / 170 | 98 / 62 | 275 / 171 | 348 / 216 | 348 / 216 | 257 / 160 | 235 / 146 |  | 234 / 146 | 325 / 203 | 82 / 51 | 19 / 12 |
| 93 / 57 | 135 / 85 | 135 / 84 | 372 / 231 | 372 / 231 | 320 / 199 | 154 / 96 | 234 / 146 |  | 218 / 136 | 152 / 95 | 213 / 133 |
| 138 / 86 | 245 / 152 | 343 / 213 | 226 / 140 | 226 / 140 | 174 / 108 | 85 / 53 | 325 / 203 | 218 / 136 |  | 293 / 182 | 307 / 191 |
| 220 / 137 | 48 / 30 | 193 / 120 | 357 / 222 | 357 / 222 | 266 / 165 | 208 / 129 | 82 / 51 | 152 / 95 | 293 / 182 |  | 61 / 39 |
| 253 / 157 | 80 / 50 | 254 / 158 | 326 / 202 | 326 / 202 | 235 / 146 | 222 / 138 | 19 / 12 | 213 / 133 | 307 / 191 | 61 / 39 |  |

## Geld

In der Republik Irland sind die Banken normalerweise Montag bis Freitag von 9:30 oder 10:00 bis 16:00 geöffnet, donnerstags meist bis 17:00 oder 17:30. In Nordirland sind die Öffnungszeiten an Wochentagen von 9:30 bis 16:30, viele Banken haben donnerstags bis 17:00 geöffnet.

Geldautomaten - ATMs (Automated Teller Machines) - finden Sie nicht nur in Banken, sondern sehr häufig auch in Tankstellen und Einkaufszentren.

Die Republik Irland hat als Währung auch den Euro. Visa- und Mastercard sind weit verbreitet.

## Gesundheit

Vor der Einreise nach Irland sind keine Schutzimpfungen vorgeschrieben. Wenn die Standardimpfungen (Mumps, Tetanus, Masern, Diphterie, Röteln, ... aufgefrischt sind, ist es eh kein Problem. Tollwut ist nicht bekannt. Für die Behandlung beim Arzt oder im Krankenhaus wird die Europäische Krankenversicherungskarte (EHIC) benötigt. Wer in Deutschland gesetzlich versichert ist, muss diese aber nicht extra beantragen, da sie automatisch auf der Rückseite aufgedruckt ist.

Zu empfehlen ist eine zusätzliche Auslands-Krankenversicherung, da diese Leistungen/Risiken abdecken, die die gesetzlichen Krankenkassen nicht übernehmen, wie z. B. einen Kranken-Rücktransport.

## Hunde-Mitnahme nach Irland

Hunde benötigen für die Reise innerhalb der EU den sogenannten EU-Heimtierausweis (pet passport). Alle Untersuchungen, Impfungen und die Chipnummer müssen dort von einem Tierarzt eingetragen worden sein. Auf den Fähren von Irish Ferries von Cherbourg oder Roscoff (Frankreich) nach Rosslare (Irland) - Dauer immerhin 17 Stunden - müssen die Haustiere im Auto oder in Zwingern bleiben. Angenehmer ist es für die Tiere sicherlich die Einreise über England mit der kurzen Fährfahrt über die Irische See. Einige Hunderassen dürfen nicht nach Frankreich bzw. Großbritannien einreisen: Pittbull, Dogo Argentino, Japanese Tosa und Fila Brazilero.

Auf vielen Campingplätzen in Irland sind Hunde auch in der Hauptsaison erlaubt. Erkundigen Sie sich vorab auf den Internetseiten der Campingplatzorganisationen (☞ Reise-Infos von A-Z: Unterkunft)

# Information

Tourism Ireland ist für die Vermarktung der Insel Irland als Reiseziel für Urlauber zuständig.

- Tourism Ireland, 🖥 www.ireland.com/de-de
- ♦ Tourism Ireland arbeitet mit den Schwesteragenturen Fáilte Ireland (nationale Tourismusbehörde der Republik Irland) und Northern Ireland Tourist Board (Nordirische Tourismusbehörde) zusammen.
- ♦ Fáilte Ireland, 🖥 www.failteireland.ie
- ♦ Northern Ireland Tourist Board, 🖥 www.discovernorthernireland.com.
- ♦ Der offizielle Internetauftritt für den Wild Atlantic Way: 🖥 www.wildatlanticway.com

# Kleidung

Für eine Reise im Sommer nach Irland sollten Sie von Regenkleidung über wärmende Wäsche bis zur leichten Sommerbekleidung alles dabeihaben. Am besten ist es, wenn Sie die Kleidung so kombinieren können, dass Sie sie im Zwiebelsystem tragen können. D. h. die Kleidung wird bei kälteren Temperaturen in mehreren Schichten übereinander getragen und bei Bedarf bei wärmer werdenden Temperaturen nach und nach ausgezogen. Gute Wanderschuhe und auch ein paar Gummistiefel sind sehr sinnvoll. Und natürlich Badezeug nicht vergessen - bei den vielen schönen Stränden.

# Karten

Ordnance Survey Maps Ireland ist die Irish State's National Mapping Agency. Auf 🖥 shop.osi.ie können Sie sich die Produktpalette an Straßenatlanten und -karten anschauen. In Irland sind die Karten etwas günstiger als in Deutschland. Sehr zu empfehlen ist der Straßenatlas von OSI.

Official Road Atlas Ireland 1:210.000, ISBN 978-1-908852-41-0, 6. Auflage, 2015, € 14,95

# Medien

Die irischen Fernsehsender von RTE (Radio Telefís Éireann) sind RTE One, RTE Two sowie TV3, TG4, Channel4 und UTV. Es können aber auch die Sender der britischen BBC empfangen werden. Wenn Sie gerne gälisches Fernsehen anschauen möchten, sollte TnaG Ihre erste Wahl sein. TodayFM ist ein überregionaler privater Radiosender. Weitere private Radiosender strahlen hauptsächlich regional aus.

Überregionale Tageszeitungen sind The Irish Times (🖥 www.irishtimes.com), der meistverkaufte und -gelesene Irish Independent (🖥 www.independent.ie) sowie der Irish Mirror (www.irishmirror.ie) oder der Irish Examiner (🖥 www.irishexaminer.com). Der Sunday Independent ist die meistgelesene Sonntagszeitung Irlands. Weitere Sonntagsausgaben sind z. B. die irische Edition der Sunday Times, die Sunday World (🖥 www.sundayworld.com) oder Ireland on Sunday.

# Nationalparks

In Irland existieren sechs Nationalparks, die alle für Besucher geöffnet sind. Fünf der sechs Parks liegen an der Westküste in der Nähe des Wild Atlantic Way.

▷ **Ballycroy National Park:** Er ist der jüngste Park des Landes, wurde 1998 gegründet und liegt im Nordwesten des County Mayo an der Westküste. 🖥 www.ballycroynationalpark.ie

*Wegweiser zum Ballycroy National Park*

- **Burren National Park:** Er liegt in dem nördlichen Teil des County Clare, der ebenfalls an der Westküste liegt. 🖳 www.burrennationalpark.ie
- **Connemara National Park:** Auch dieser Park liegt im Westen des Landes im County Galway. 🖳 www.connemaranationalpark.ie
- **Glenveagh National Park:** Der Park befindet sich im Nordwesten des County Donegal ebenfalls an der Westküste und nahe dem Wild Atlantic Way. 🖳 www.glenveaghnationalpark.ie
- **Killarney National Park:** In dem County Kerry gelegen, ebenfalls an der Westküste, nahe der Stadt Killarney. 🖳 www.killarneynationalpark.ie
- **Wicklow Mountains National Park:** Im County Wicklow an der Ostküste Irlands ist er der einzige Park, der nicht in der Nähe des Wild Atlantic Way liegt. 🖳 wicklowmountainsnationalpark.ie

Die Parks an der Westküste werden in den entsprechenden Abschnitten der Routenbeschreibung beschrieben.

# Notrufnummern

Die Sammelnotrufnummer für Polizei, Feuerwehr und Krankenwagen ist die ☎ 112 oder ☎ 999. Sie sind von jedem Telefon aus kostenlos zu erreichen.

Wer persönliche Dokumente verliert und neue benötigt, kann über den Bereitschaftsdienst (täglich bis 24:00) der deutschen Botschaft in Dublin unter der Nummer ☎ +353(0)87/221 13 82 Hilfe erhalten.

Um eine EC- oder Kreditkarte bei Verlust zu sperren, wählt man ☎ +49(0)18 05/02 10 21 oder ☎ +49/11 61 16.

# Pannenhilfe

Der Pannenruf der Automobile Association Irland ist unter der Rufnummer ☎ 18 00/66 77 88 zu erreichen. Die AA ist Partnerclub des ADAC.

Pannenruf für Nordirland: Royal Automobile Club (RAC) ☎ 08 00/82 82 82

# Post und Telekommunikation

## Post

Postämter habe Mo bis Fr von 9:00/9:30 bis 17:00/17:30 geöffnet. Zur Mittagspause bleiben sie (in den ländlichen Gegenden) meist geschlossen. Sa sind sie von 9:00-12:30 geöffnet. Internetseite der irischen Post: 🖳 www.anpost.ie.

## Telefonieren

Die internationale Vorwahl für Irland ist die 00353 bzw. +353. Danach wählt man die Ortsvorwahl ohne die Null und den gewünschten Anschluss. Für Nordirland ist es die 0044 bzw. +44. Für Telefonate von Irland nach Deutschland ist die Ländervorwahl die 0049 bzw. +49 und dann ohne die Null der Ortsvorwahl. Die Ländervorwahl für die Schweiz ist die 0041 bzw. +41, für Österreich die 0043 bzw. +43.

Gespräche von der Republik Irland nach Nordirland zählen als Inlandsgespräch, auch wenn es zwei Staaten sind.

Telefonzellen sind auch in Irland immer seltener zu finden, da die irische Bevölkerung fast komplett mit Mobiltelefonen ausgestattet ist. Jede Telefonzelle verfügt über eine eigene Telefonnummer, sodass es möglich ist, sich dort anrufen zu lassen.

Ausländische Prepaidkarten: Wenn Sie sich länger in Irland aufhalten, lohnt sich der Kauf einer irischen Prepaidkarte. Das erspart Ihnen teure Roaminggebühren für ankommende und geführte Gespräche.

Für Vertragskunden bieten die Telekommunikationsanbieter interessante Auslandstarife mit All-Inklusive-Angeboten für das entsprechende Reiseland an. Kontaktieren Sie hierfür am besten den Telekommunikationsanbieter Ihres Vertrauens.

## Rauchen

Seit März 2004 herrscht ein strenges Rauchverbot in Irland. An Arbeitsplätzen, in Restaurants, Pubs, Büros, Geschäften oder auch in öffentlichen Verkehrsmitteln ist das Rauchen untersagt. Bei Zuwiderhandlung kann eine Strafe bis zu € 3.000 fällig werden.

Hotels und andere Unterkünfte bieten oftmals spezielle Raucherzimmer an. Restaurants, Pubs etc. bieten spezielle Bereiche für Raucher an. Und es wäre gut, die Zigarettenkippen in die dafür vorgesehenen Behälter zu entsorgen, ansonsten kann eine Strafe von € 100 drohen.

## Sport und Hobby

### Angeln

Auf einer Insel, die bekannterweise von Wasser umgeben ist und zusätzlich viele Seen, Flüsse und Kanäle beherbergt, kommen Angelfans voll auf ihre Kosten. Ob es um das Angeln von Salmoniden, Tiefseefischen, Nicht-Salmoniden oder ums

*Hi!*

Fliegenfischen geht, alles ist möglich in und um Irland. Viele nützliche Informationen zum Thema Angeln in Irland finden Sie auf 🖱 www.angelninirland.info. Das ist die deutsche Internetseite von Inland Fisheries Ireland.

## Wandern

Irland hat viele wunderschöne Wanderwege zu bieten. Besonders auf den Halbinseln im Südwesten sind die angelegten Routen sehr beliebt. Sie reichen von Ein-Tages-Wanderungen bis zu mehrtägigen Touren mit Übernachtungen. Erkundigen Sie sich am besten vor Ort in den regionalen Touristeninformationen über die Wanderwege und ihre Markierungen.

## Fahrradfahren

Radfahren entlang des Wild Atlantic Way ist nicht ohne, da es doch recht hügelig ist und an der Küste geht auch immer ein Wind. Und der kommt natürlich immer von vorne. Da der Verkehr in den ländlichen Regionen des Wild Atlantic Way doch angenehm gering ist, ist das Radeln meist eine Wohltat. Und da Radfahren in Irland nichts Unbekanntes ist, haben sich auch die Autofahrer darauf eingestellt.

# Unterkunft

Irland ist das Land der B&B. Nirgends habe ich so viele Unterkünfte dieser Art gesehen wie in Irland. Natürlich gibt es auch Hotels in unterschiedlichen Kategorien und Preisklassen. Über die bekannten Hotel-Buchungsportale im Internet können Sie sich die Unterkünfte anschauen und buchen.

## Camping

- ⛺ Irish Caravan & Camping Council Ltd, Kilshanny, Mitchelstown, Co. Cork,
    - 📧 info@camping-ireland.ie, 💻 www.campingireland.ie
- ♦ Im The Green Guide finden Sie weitere Campingplätze auf der Irischen Insel.
    - 📧 charlesgreenedungloe@eircom.net, 💻 www.caravanandcampingireland.com.
    Weitere Informationen unter „Camping entlang des WAW".

## Jugendherbergen

Unter 💻 www.hihostels.com/de/destinations/ie/hostels finden Sie die Jugendherbergen in Irland aufgelistet.

Des Weiteren gibt es unzählige Hostels in Irland, quasi in jedem Dorf.

## Bed & Breakfast (B&B)

Ich habe den Eindruck gewonnen, dass bald jedes 10. Haus in Irland ein B&B ist. Selbst in den abgelegenen Landesteilen steht irgendwo an der Straße ein Schild mit dem Hinweis auf ein B&B.

B&B Ireland bietet von Fáilte Ireland genehmigte Bed-and-Breakfast-Unterkünfte an. Über 800 Häuser sind auf der Internetseite zu finden. 💻 www.bandbireland.com. Sie sind in vier Kategorien, von genehmigt bis 5 Sterne, unterteilt. Die Preise reichen von € 25 bis etwa 50 in einem Doppelzimmer pro Person für eine Nacht. Frühstück ist meinst inklusive.

Wem die genannten Internetseiten für die Suche von Unterkünften nicht ausreichen, der kann sich natürlich auch über die bekannten Internet-Buchungsportale schlau machen. Zu nennen wären da z. B.: Trivago.de, Hotel.de, HRS.de oder Booking.com.

# Updates

Es gibt immer wieder Änderungen entlang der beschriebenen Routen, seien es veränderte Öffnungszeiten, eine Unterkunft hat geschlossen oder die Eintrittspreise haben sich geändert. Der Conrad Stein Verlag veröffentlicht deshalb immer wieder Updates zu diesem Buch, die direkt vom Autor oder von Lesern dieses Buches stammen.

Darum lohnt ein Blick auf die Verlags-Homepage 🖥 www.conrad-stein-verlag.de.

# Verkehrsregeln

## Abblendlicht

Da in Irland Linksverkehr gilt, ist es nötig die Scheinwerfer partiell abzukleben, wenn Sie mit Ihrem Linkslenker in dem Land unterwegs sind, damit der Gegenverkehr nicht geblendet wird. Diese speziellen Klebestreifen können Sie z. B. auf den Fähren kaufen.

Es ist erwünscht, auch am Tage das Abblendlicht einzuschalten.

## Alkohol am Steuer

Das Fahren unter Alkohol ist in Irland ein schweres Vergehen. Die Promillegrenze liegt bei 0,5 Promille.

## Anschnallpflicht

Alle Insassen müssen Sicherheitsgurte anlegen, auch auf den Rücksitzen. Für Motorradfahrer und Beifahrer besteht Helmpflicht.

## Linksverkehr

Es ist ja nicht nur, dass Sie jetzt auf der linken Seite fahren, drum herum ändert sich natürlich auch einiges:

▷ Auf mehrspurigen Straßen ist die linke Spur die langsamere. Überholen müssen Sie auf der rechten Seite.
▷ In den vielen Kreisverkehren kreist man im Uhrzeigersinn um die Verkehrsinsel. Die Fahrzeuge im Kreisverkehr haben Vorfahrt, was allerdings nichts Linksverkehrspezifisches ist.
▷ Beim Rechtsabbiegen müssen Sie dem Gegenverkehr Vorfahrt gewähren. Da gibt es aber eine Ausnahme, die allerdings sehr selten ist: An ungeregelten Kreuzungen gilt rechts vor links.

- Wenn Sie als Fußgänger eine Straße überqueren wollen, bitte darauf achten, dass der erste kreuzende Verkehr von rechts und nicht von links kommt!

## Verkehrszeichen

- Autobahnen (Motorways) tragen den Buchstaben „M" in ihrer Bezeichnung. Die Schilder sind blau mit weißer Schrift.
- Bundesstraßen (National Roads) tragen den Buchstaben „N" in ihrer Bezeichnung. Die Schilder sind grün mit weißer Schrift.
- Weiße Schilder mit schwarzer Schrift kennzeichnen Landstraßen, braune Schilder mit weißer Schrift kennzeichnen Sehenswürdigkeiten und touristische Hinweise.
- Die meisten Schilder in der Republik Irland sind zweisprachig, also englisch und irisch, gehalten. In den Gaeltacht-Gebieten im Westen finden Sie auch Schilder, die ausschließlich irische/gälische Beschriftung enthalten. Straßenkarten sind für diese Regionen oft auch nur mit irischen Ortsnamen versehen.
- Warnschilder sind schwarz umrandet und haben einen gelben Hintergrund.

## Geschwindigkeitsbegrenzungen

- Motorways: 120 km/h
- National Roads: 100 km/h
- Landstraßen: 80 km/h
- Städte und Ortschaften 50 km/h
- An Schulen u. Ä.: 30 km/h
- Manchmal finden Sie z. B. vor Kurven die Geschwindigkeitsangabe 80 km/h, obwohl Sie die Kurve mit dieser Geschwindigkeit nicht unfallfrei bewältigen können. Zusätzlich steht dann dort auf einem Schild oder auf der Straße „slow" oder „slower" geschrieben.
- In **Nordirland** (mph = miles per hour / Meilen pro Stunde):
- Motorways: 70 mph (entspricht 112,65 km/h)
- Landstraßen: 60 mph (entspricht 96,56 km/h)
- Städte und Ortschaften: 30 mph (entspricht 48,28 km/h)

Umrechnungsfaktor von km/h in mph (und umgekehrt): 1 km/h = 0,62 mph, 1 mph = 1,61 km/h

*Impressionen vom Atlantik*

## Automobilclubs in Irland
In Irland heißt der Automobilclub The Automobile Association (🖥 www.theaa.ie, in Nordirland 🖥 www.theaa.com). Mitglieder des ADAC oder des ÖAMTC können die Dienste der AA in Anspruch nehmen. In Nordirland existiert neben dem AA auch noch der RAC (Royal Automobile Club, 🖥 www.rac.co.uk).

Einen Wohnmobilclub gibt es in Irland auch. Es ist der Motorcaravan Club Irland, 🖥 www.motorcaravanclub.com.

## Parken
In Städten/Ortschaften zeigen gelbe Streifen am Straßenrand eine Parkverbotszone an. Ansonsten finden Sie sehr oft „Pay and Display" Regionen. Hier dürfen Sie einen Parkschein am Parkautomaten kaufen und sichtbar hinter die Windschutzscheibe legen. Ab und an werden auch Parkscheiben verlangt.

## Wohnmobile mieten in Irland
Wer sich ein Wohnmobil mieten möchte, um freier reisen zu können, kann in Irland zwischen mehreren Wohnmobil-Vermietungen wählen.

- ◆ Celtic Campervans, Motorhome Hire Rental Office, Braughan, The Ward, Co. Dublin, ☎ +353(0)87/279 49 27, ✉ info@celticcampervans.com, 🖥 www.celticcampervans.com
- ◆ Bunk Campers, Advance Business Park, Bóthar Shoird, Swords, Co. Dublin, ✉ www.bunkcampers.com

*Parkplatz am Bray Head mit Blick auf die Skelligs*

♦ Vanderlust Campervans, Unit 62, Doora Industrial Estate, Ennis, Co. Clare, ☎ +353(0)65/689 28 05, ✉ info@vanderlust.com, 🖥 www.vanderlust.com.

Weitere Webseiten von Wohnmobil-Vermietern: 🖥 www.iwmotorhomes.ie, 🖥 www.craicncampers.ie oder 🖥 www.retrocamper.ie, die VW Campervans vermieten

Sie können aber auch über deutsche Agenturen die Anmietung eines Wohnmobils für Irland vornehmen. Anbieter sind:
🖥 www.holidaycamper.de, 🖥 www.campanda.de, 🖥 www.rentacamper.de u. a.

## Zeitzonen

In Irland gilt die Greenwich Mean Time (GMT). Wer von Kontinentaleuropa nach Irland einreist, muss seine Uhr um eine Stunde zurückstellen. Die Sommerzeit gilt wie in den meisten Ländern Europas von Ende März bis Ende Oktober.

## Zoll

Der Warenverkehr ist innerhalb der EU für Reisende unbeschränkt, solange die Waren für den persönlichen Bedarf bestimmt sind.

**Folgende Mengen gelten als Höchstgrenze:** 800 Zigaretten, 400 Zigarillos, 200 Zigarren, 1 kg Tabak; 10 Liter hochprozentiger Alkohol, 20 Liter mit Alkohol angereicherter Wein, 90 Liter Wein (davon höchstens 60 Liter Schaumwein), 110 Liter Bier und 10 kg Kaffee (alle Angaben für Personen ab 17 J.). An Kraftstoff darf nur maximal 20 Liter in Reservekanistern mitgeführt werden.

Arzneimittel für den Eigenbedarf dürfen für die Dauer der Reise in entsprechenden Mengen mitgeführt werden.

**Nicht eingeführt werden dürfen** (auch aus EU-Ländern): Milch und Milchprodukte, rohes Gemüse, Heu und Stroh (auch nicht als Verpackungsmittel). Außerdem dürfen aus Ländern, in denen die Geflügelpest aufgetreten ist, Vögel, Eier und andere Geflügelprodukte sowie Federn nicht eingeführt werden.

# Wild Atlantic Way - Informationen

## Tanken entlang des WAW

Im Süden und Südwesten Irlands gibt es in regelmäßigen Abständen Tankstellen. Im dünner besiedelten Norden sind sie etwas rarer, aber dennoch ist es kein Problem, immer rechtzeitig eine Tankstelle zu finden. Tankstellen sind meist an Wochentagen und samstags ab 7:00 geöffnet und schließen gegen 19:00. Entlang des WAW sind Tankstellen mit 24-Stunden-Service sehr selten, eine Ausnahme bilden da die größeren Städte. Automatentankstellen habe ich nicht gesehen. Die kleinen Tankstellen haben sonntags meist geschlossen.

Es werden mindestens zwei Kraftstoffarten angeboten:

„Petrol" oder einfach „Unleaded", das ist bleifreies Benzin mit 95 Oktan.

„Super" oder „Super Plus", das ist Superbenzin mit 97 bis 98 Oktan und Additiven.

„Diesel", nun Diesel ist Diesel.

An den meisten Tankstellen kann auch Wasser nachgefüllt und der Reifendruck gemessen werden. Der Reifendruck wird in "pound-force per square inch" (psi) gemessen. Dieses geschieht an Stationen mit der Bezeichnung „Air" über einen langen Schlauch. Umrechnung psi in bar: 1 psi = 0,069 bar; 1 bar = 14,50 psi.

Oftmals ist ein Lebensmittelladen in die Tankstellen integriert.

## Rastplätze/Parkplätze

An Rastplätzen/Parkplätzen, besonders an schönen Aussichtspunkten, mangelt es entlang des WAW noch ein wenig. Einige der vorhandenen Rastplätze/Parkplätze haben eine Höhenbegrenzung von um die 2 m. Diese ist nicht dazu da, um Wohnmobilen das Parken nicht zu erlauben, sondern die Iren haben ein Problem mit den sogenannten „Travellern". Das sind Einheimische, die in Wohnmobilen leben und oftmals schöne Park- oder Rastplätze für mehrere Monate in Beschlag nehmen. Um sich davor zu schützen, wurden die Höhenbegrenzungen installiert. Da der Tourismus entlang des WAW aber mehr und mehr boomt, plant man, die Höhenbegrenzungen zu entfernen und dem Problem anders Herr zu werden. Oftmals habe ich die Höhenbegrenzungen auch schon geöffnet gesehen. Wenn die Parkplätze nicht mit Höhenbegrenzungen versehen sind, steht oftmals ein Schild „No Camping or Overnightparking" - kein Camping oder Übernachtparken. Diese wurden ebenfalls aufgestellt, um dem Problem der „Traveller" Herr zu werden.

## Mautgebühren

Entlang des Wild Atlantic Way existieren keine mautpflichtigen Straßen. Mautstellen finden Sie auf einigen Autobahnen (Motorway) von und nach Dublin. Die Maut wird direkt an den Mautstationen bezahlt. Eine Ausnahme ist die M50, die rund um Dublin verläuft. Sie hat das sogenannte eFlow Barrier System. Das System zeichnet das Kennzeichen zwischen den Junctions 6 und 7 auf. Es ist wichtig, die Gebühren vor 20:00 des nächsten Tages zu bezahlen. Dieses können Sie entweder online, an speziellen Payzone-Servicepoints oder per Telefon bei LoCall unter ☏ 018 90/50 10 50 erledigen. Infos unter 🖥 www.eflow.ie. In Nordirland gibt es keine Mautstraßen.

## Beschilderung Wild Atlantic Way (WAW)

Das offizielle Zeichen des Wild Atlantic Way (WAW) ist ein zackig zusammengeschriebenes, doppeltes weißes W auf blauem Untergrund mit weißem Rahmen. Steht ein „S" in Klammern dahinter, bedeutet es Süd, „N" steht für die Fahrt auf dem Wild Atlantic Way in nördlicher Richtung. Abstecher vom WAW zu Sehenswürdigkeiten werden mit einem Halbkreis, von dem Strahlen abgehen, markiert. Oft sind es Abstecher zu Stränden oder Fähranlegern. Abstecher bedeutet, dass Sie die gleiche Strecke wieder zurückfahren müssen.

Fáilte Ireland hat die Sehenswürdigkeiten entlang der Küstenstraße in zwei Kategorien eingeteilt: Da wären zum einen die *Discovery Points*. Von ihnen existieren 142 Stück entlang des Wild Atlantic Way. Die Top-Highlights werden *Signature Discovery Points* genannt. Von ihnen gibt es 15 Stück entlang der 2.500 km langen Straße.

# Camping entlang des Wild Atlantic Way

Entlang des Wild Atlantic Way kommen auf der gesamten Strecke in guten Abständen Campingplätze. Unter dem Punkt Camping sind die beiden Camping-Organisationen aufgelistet. Dort finden Sie die Broschüren mit allen Campingplätzen als PDF zum Herunterladen. Die Plätze haben einen guten Standard und kosten zwischen € 18 und 25 pro „Pitch." Bei einigen ist der Strom oder auch die Duschmünze bereits mit inbegriffen. Wifi wird oft angeboten, doch funktioniert es selten über die gesamte Anlage. Den besten Empfang haben Sie meistens in der Nähe des Haupthauses/Rezeption. Immer wieder habe ich auf meiner Fahrt entlang des WAW in der Nähe der vielen kleinen Häfen Wohnmobile auf den geschützten Piers gesehen. Stromanschlüsse oder anderes wird hier so gut wie nie angeboten. Auf den beliebten Caravan-Parks findet man selten Stellplätze für Womos. Hier werden fest installierte „Wohncontainer" an Langzeit-Urlauber vermietet bzw. kommen die Eigentümer dieser Unterkünfte jährlich hierher, um Urlaub zu machen. Anhand der Vielzahl der Campingplätze und auch der Möglichkeit, Wohnmobile in Irland mieten zu können, zeigt sich, dass diese Art des Reisens hier nicht unbekannt ist.

*Anzeige*

# Wild Atlantic Way -
# Slí an atlantaigh Fhiáin

*Küste bei Kilkee, Loop Head Halbinsel*

# Einteilung des Wild Atlantic Way in fünf Abschnitte

1. Abschnitt: Kinsale - Kenmare - 410 km
2. Abschnitt: Kenmare - Tarbert - 385 km
3. Abschnitt: Tarbert - Galway - 239 km
4. Abschnitt: Galway - Sligo - 699 km
5. Abschnitt: Sligo - Derry/Londonderry - 592 km

## Und los geht's!

Da der Wild Atlantic Way kein Rundkurs ist, sondern einen Anfangs- und Endpunkt hat, gibt es zwei Möglichkeiten, von wo man starten kann: entweder am nördlichen oder am südlichen Ende. Die Entscheidung, wo man ihn beginnt, hängt sicherlich mit davon ab, wo man auf der Insel ankommt. Ein beliebter An-/Abreiseort ist Rosslare im Südosten der Insel. Hier legen die Fähren aus dem französischen Cherbourgh bzw. Roscoff an. Ich bin von Liverpool kommend mit der Fähre in Dublin angekommen. Weiter oben im Norden der Insel legen auch Fähren in Nordirland in Belfast bzw. Larne an. (☞ Fährverbindungen siehe An- und Abreise).

Ich habe mich entschieden, den Wild Atlantic Way im Süden zu beginnen und zwar aus einem ganz einfachen Grund: In Irland herrscht Linksverkehr und somit konnte ich immer auf der küstenzugewandten Straßenseite fahren und die Aussicht aus dem fahrenden Auto besser genießen, da ich mit einem Linkslenker (Hymercar Sierra Nevada) unterwegs war.

# 1. Abschnitt: Kinsale - Kenmare - 410 km

Der Start-End-Ort Kinsale liegt im County Cork. Mit 7.800 km² ist es der größte Verwaltungsbezirk/Grafschaft Irlands. Die „Corkianer" nennen ihr County auch gerne „The Republic of Cork".

## Kinsale (Cionn tSáile)

Wer auf der R600 von Cork kommend nach Kinsale fährt, passiert kurz vor dem Ort das Wild-Atlantic-Way-Willkommensschild. Der Ort liegt nicht direkt an der Küste, sondern etwas zurückgesetzt an der Meeresmündung des Bandon River. Besonders im Sommer ist er ein beliebtes Urlaubsziel in West Cork, in dem Wassersport groß geschrieben wird: z. B. Segeln, See-Angeln, Kayaking, Tauchen,

Surfen ... aber auch Wal- und Delfin-Beobachtungstouren werden angeboten. 2014 wurde Kinsale zur schönsten Kleinstadt Irlands gewählt und sie wurde wegen ihrer international renommierten Gourmet-Restaurants als Gourmet-Hauptstadt des Landes ausgezeichnet. Dass hier Fischrestaurants das Gros ausmachen, versteht sich durch die Lage am Wasser von selbst.

Im Oktober findet jedes Jahr das „Kinsale Gourmet Festival" statt, 2016 zum 40. Mal (🖳 kinsalerestaurants.com).

Im Zentrum, um den Marktplatz herum, durch die engen Gassen bis hin zum Hafen, findet man recht viele Restaurants, Pubs, Cafés und Galerien, meist in bunt gestrichenen, pittoresken Häusern. Lebten die Menschen hier früher - bedingt durch die Lage - vom Fischfang und dem Handel, ist es heute der zunehmende Tourismus, der vielen der etwa 4.200 Einwohnern Arbeit gibt.

An der Promenade am Hafen entlang - und am Yachthafen vorbeigegangen, kommt ein wenig mediterrane Stimmung auf.

♜ Desmond Castle, auch French Prison (Gefängnis der Franzosen) genannt wurde im 15. Jh. vom Earl of Desmond erbaut und hat eine wechselhafte Geschichte aufzuweisen: War es erst als Residenz des Earls gedacht, wurde es 1601 als Waffenlager der spanischen Truppen verwendet. Den Namen French Prison bekam die Burg, weil sie ab 1641 als Gefängnis für französische und spanische Seeleute diente, die die britische Navy bei Seeschlachten gefangen nahm. Im amerikanischen Unabhängigkeitskrieg diente sie als Gefängnis für amerikanische Kriegsgefangene. Heute beherbergt die Burg das International Museum of Wine (Weinmuseum). Wieso gerade ein Weinmuseum, kann man sich fragen. Im 16. Jh. war der im 12. Jh. gegründete Ort einer der wichtigsten Häfen im Süden des Landes und einer von 16 Häfen Irlands, die Wein z. B. aus Frankreich einführen durften.

♦ Desmond Castle, Cork Street, (🖳 www.heritageireland.ie/en/South-West/Desmond-Castle), ☏ +353(0)21/477 48 55.

✝ Die 1190 erbaute St. Multose Church liegt in der Church Street oberhalb des Markplatzes. Die im 12. Jh. erbaute und über die Jahrhunderte umgebaute und erweiterte Kirche besitzt einen Turm mit romanischen Elementen, was für irische Kirchen sehr ungewöhnlich ist.

Durch seine geschützte Lage war Kinsale früher ein bedeutender Hafen. Bekannt ist den Iren Kinsale durch die Schlacht von Kinsale im Jahre 1601. Dabei

*Charles Fort in Kinsale*

erlitten die irischen Truppen zusammen mit ihren Verbündeten, den Spaniern, eine Niederlage gegen die von Queen Elizabeth I. gesandten britischen Truppen. Der Niederlage folgte die komplette Kontrolle der Briten über die irische Insel. Das Ringcurran Castle, ein früheres Gebäude, das an der Stelle des Charles Fort stand, wurde zerstört.

⌘ Zwischen 1670 und 1680 wurde die gewaltige, sternenförmige Festungsanlage Charles Fort an dieser Stelle erbaut, als Schutz für den wichtigen Hafen. 6 m dick und bis zu 12 m hoch ist das Mauerwerk an einigen Stellen. Über 200 Menschen lebten in der Anlage. Während des Irish Civil War wurde das Fort zerstört. 1973 wurde es zu einem nationalen Monument ernannt und in einem Restaurierungsprogramm teilweise wieder aufgebaut (und der Wiederaufbau hält bis heute an). Der Ausblick Richtung Meer oder zum Hafen von Kinsale ist wundervoll. In einem Café werden hausgemachte Leckereien angeboten.

- ♦ Fort Charles (Daingean Shéarlais), Summer Cove (3 km südlich von Kinsale), 🖥 www.heritageireland.ie/en/south-west/charlesfort/, 🕒 Nov. bis Mitte März 10:00-17:00, Mitte März bis Okt. 10:00-18:00.

🛈 Kinsale Tourist Office, Pier Road, Kinsale, Co. Cork, ☏ +353(0)21/477 22 34, ✉ kinsaletio@failteireland.ie, 🖥 www.kinsale.ie

🅿 In der New Road entlang der R605 etwas oberhalb des Zentrums befindet sich ein Parkplatz, der für das Abstellen von Womos gut geeignet ist.

Man sagt, dass die Schönheit Kinsales am besten vom Wasser aus zu bewundern ist.

 Kinsale Harbour Cruises, Pier Road (gegenüber Actons Hotel), Kinsale,
☏ +353(0)86/250 54 56, ✉ harbourcruises@gmail.com,
🖥 www.kinsaleharbourcruises.com

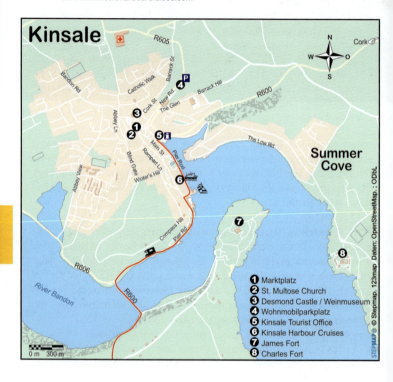

In Kinsale beginnt er nun, der Wild Atlantic Way (WAW). An der Touristeninformation vorbei geht es auf der Pier Road (R600) gen Süden, wo Sie den Bandon River überqueren. Nach der Überquerung geht es rechts auf dem WAW weiter. Links geht es zur Ruine des James Fort. Nach knapp 3 km geht es links ab auf die R604. Geradeaus geht es auf der R600 weiter. Auf der R604 geht es Richtung Old Head. An der bunten Häuserfassade des Speckled Door Bar &

Restaurant zweigt die R604 rechts weg, geradeaus geht es auf die Old Head Halbinsel. Die etwas schmalere Straße (L3233) führt bis zum Old Signal Tower, 11 km von Kinsale entfernt. ⌘ In dem über 200 Jahre alten Turm ist das Lusitania-Museum untergebracht. Der Turm wurde 1805 erbaut und war damals einer von 81 Türmen entlang der irischen Küste. Sie waren alle in Sichtweite zum Nachbarturm aufgebaut und dienten der Weiterleitung von Informationen.

Am 7. Mai 1915 um 14:10 feuerte das deutsche U-Boot U20 einen Torpedo ab und versenkte das Passagierschiff RMS Lusitania. Es war damals das größte Passagierschiff der Welt. Dabei kamen 1.201 Menschen ums Leben. Die Ausstellung über diese Tragödie im 1. Weltkrieg wurde im Old Head Signal Tower untergebracht, da es der dichteste Punkt an Land zum Schiffswrack ist (11 Meilen südlich vom Old Head of Kinsale Lighthouse). 💻 www.oldheadofkinsale.com. Der **Old Head of Kinsale** ist ein *Signature Discovery Point*.

*Golfplatz unterm Leuchtturm am Old Head bei Kinsale*

☺  Gehen Sie vom Parkplatz des Old Head Signal Tower bis hinunter zum Eingang des Golfgeländes und nehmen Sie den kleinen Trampelpfad rechts hinüber zur Küste. An der wirklich spektakulären Steilküste brüten einige Seevogelarten.

Die Straße macht jetzt eine Kehrtwende und führt zurück zur R604. Der kleine Weg geradeaus führt hinunter zum Old Head Golf Links, einem privaten World Class Golf Course (🖥 www.oldhead.com). Auf dessen Grundstück steht am Ende der kleinen Halbinsel (Downmacpatrick) der Old Head Leuchtturm, den Sie auch vom Old Head Signal Tower sehen können. Die Straße führt zurück zur R604, an der gleich der Garrettstown-Strand folgt. Die Parkplätze sind mit Höhenbarrieren versehen, aber an der Straße direkt am Strand können Sie gut parken.

Am Ende des Strandes liegt der kleine Campingplatz der Familie Manning's.

⛺ Manning's Park, Garrylucas, Co. Cork, ☏ +353(0)21/477 88 77

Durch die kleine Ortschaft Garrylucas hindurch folgt der zweite Teil vom Garrettstown Strand.

An diesem Teil des Strandes finden Sie eine Surfschule, an der Sie Equipment ausleihen können. Die R604 zweigt nun rechts ab Richtung Ballinspittle. Nach etwa 1 km folgt ein weiterer Campingplatz.

⛺ Garrettstown House Holiday Park, Kinsale, Co. Cork, ☏ +353(0)21/477 81 56, ✉ reception@garrettstownhouse.com, 🖥 www.garrettstownhouse.com, 📅 Mai bis Mitte Sept.. GPS: N51°39.195' W008°35.465'

Geradeaus führt der WAW hinauf vom Strand weg zum The Blue Horizon Bar, Bed & Breakfast und weiter Richtung R600. Bei schönem Wetter ein einheimisches Bier oder Whiskey mit Blick über den Atlantik hinüber zum Old Head of Kinsale zu genießen, ist sehr entspannend.

🍴 The Blue Horizon, Garrettstown Beach, Kinsale, Co. Cork, ☏ +353(0)21/477 82 17, ✉ info@thebluehorizon.com, 🖥 www.thebluehorizon.com

Nach 4 km erreichen Sie die R600, wo Sie links abbiegen und weitere 4 km fahren, um einen Fluss zu überqueren. Kurz danach erreichen Sie wieder das Meer. Die R600 verläuft jetzt direkt am Wasser, an der Courtmacsherry Bay, einem ins Land reichenden Meeresarm, entlang.

22  Bei Harbour View finden Sie einen schönen 🚐 Stellplatz an einem Strand (N51°38.897' W008°40.760').

30  **Timoleague (Tigh Molaige)**, 🖥 www.timoleague.ie

Das Dorf am Ende der Courtmacsherry Bay wird geprägt von der ♜ Ruine der Timoleague Abbey. Mitglieder des Franziskanerordens gründeten 1240 das Klos-

# Wild Atlantic Way - 1. Abschnitt: Kinsale - Kenmare

ter, das sie an der Stelle errichteten, an der der Heilige Molaga im 6. Jh. eine klösterliche Siedlung gegründet hatte. Früher war die Abbey eine der größten und bedeutendsten religiösen Häuser in Irland. Der irische Name des Dorfes stammt vom Namen „Haus für Molaga" (House of Molage, Tigh Molaga).

Jedes Jahr im August findet das 10-tägige Timoleague Festival statt. Live-Straßen-Musik, Schweine-Rennen, Modenschauen, etc. werden dargeboten (🖥 www.timoleague.ie/festival).

Weiter geht es auf der R600 hinaus aus Timoleague 10 km bis nach Clonakilty

33 ⚠ Sexton's Caravan & Camping Park, Timoleague, Clonakilty Road (R600), West Cork, Co. Cork, ☎ +353(0)23/884 63 47, 📱 +353(0)87/220 80 88, ✉ info.sextons@gmail.com, 🖥 www.sextonscamping.com, 📅 Mai bis Ende Okt., GPS: N52°31.249' W013°24.567'. Der Campingplatz liegt nicht am Wasser, sondern im Landesinneren. Es ist recht hügelig und kurvig.

35 Es geht rechts ab zum *Micheal Collins Centre*.

**Michael Collins** plante mit den Gründern der IRB (Irish Republican Brotherhood) den gescheiterten Osteraufstand von 1916. Nach seiner Entlassung aus der Gefangenschaft schloss er sich der Partei Sinn Féin an. 1917 wurde er Vorstandsmitglied der Partei und Organisationsleiter der Irish Volunteers. Nach Ende des Ersten Weltkriegs wurde er 1918 bei den Wahlen zum britischen Unterhaus gewählt. Die Sinn Féin errang 73 der 105 irischen Sitze. Die Partei nahm die Sitze im Unterhaus aber nicht ein, sondern konstituierte sich am 7.1.1919 als irisches Parlament (Dáil Éireann) im Mansion House in Dublin. Mitte 1919 wurde Collins zum Präsidenten der IRB gewählt, gründete die IRA und übernahm etwas später die Position des Geheimdienstchefs der IRA, die aus den Irish Volunteers hervorging. Aufgrund seiner Postition in der IRA, die ihre Angriffe aus dem Untergrund organisierte, setzten die Briten ein Kopfgeld von 10.000 Pfund auf seine Ermordung/Ergreifung aus. Immer häufiger wurden Polizisten oder andere Mitglieder der britischen Administration in Irland Opfer von Anschlägen. Der 21. November 1921 ging als erster Bloody Sunday (Blutsonntag) in die irische Geschichte ein: Am Morgen wurden 12 britische Agenten ermordet; die probritischen Auxiliaries erschossen am Abend im Croke Park bei einem Gaelic-Football-Spiel 14 Besucher. Im Jahre 1921 begannen auch Verhandlungen, um zu einer Lösung des Konflikts zu kommen. Die Briten sahen Michael Collins als wichtigsten Verhandlungspartner an, der aber an der ersten (erfolglosen) Verhandlung nicht teilnahm. Dies übernahm der Präsident des Dáil Éireann, de Valera. An den nächsten Sitzungen nahm dann Collins teil. Am 6. Dezember 1921 wurde der sogenannte Anglo-Irische Vertrag geschlossen. Er sah die Gründung eines irischen Freistaates vor und die sechs nordirischen Countys konnten wählen, ob sie dem britischen Empire oder dem irischen Freistaat beitreten wollten. Sie entschieden sich für Ersteres.

Innerhalb der Sinn Féin ging ein Riss durch die Partei zwischen den Vertragsbefürwortern und -gegnern. In einer Abstimmung am 7. Januar 1922 setzten sich die Befürworter um Collins mit 64 zu 57 Stimmen durch. Daraufhin kam es zum Bruch im Dáil und von Sinn Féin. Die Vertragsgegner um de Valera verließen die Partei und das Parlament. Collins versuchte die Kluft zwischen den beiden Lagern zu kitten.

Im April 1922 besetzten etwa 200 IRA-Vertragsgegner das Gerichtsgebäude in Dublin. Collins unternahm zunächst nichts. Als aber im Juni ein pensionierter britischer General in London von zwei IRA-Mitgliedern erschossen wurde, verdächtigten die Engländer Collins als Drahtzieher. Sie forderten ihn auf, die Besetzung des Gerichtsgebäudes zu veranlassen. Als die Besetzer auch noch einen General des Freistaates entführten, musste Collins handeln. Mit zwei geliehenen britischen Kanonen beschoss er das Four Courts Gerichtsgebäude. Das galt als der Beginn des Irischen Bürgerkrieges zwischen den Truppen des Freistaates und der Anti-Vertrags-IRA. Am 22. August 1922 war Collins im County Cork, einer Hochburg der Vertragsgegner, zu einer Inspektionsreise und zu einem Besuch von Verwandten unterwegs. Er geriet in einen Hinterhalt der IRA-Vertragsgegner in dem Dorf Béal na mBláth in der Nähe von Bandon. Bei dem Schusswechsel wurde Michael Collins getötet.

⌘ Michael Collins Centre, Castleview, Clonakilty, Co. Cork, ☎ +353(0)23/884 61 07, info@michaelcollinscentre.com, www.michaelcollinscentre.com, Mitte Juni bis Mitte Sept., Mo-Fr 10:30-17:00, Sa 11:00-14:00 So geschlossen

## 41 Clonakilty (Cloich na Coillte), www.clonakilty.ie 🍷 🍴 🏨 ⛽ ⌘

Clonakilty Tourist Office, Ashe Street, Clonakilty, Co. Cork, ☎ +353(0)23/883 32 26, clonakiltytio@failteireland.ie

Der Ort mit seinen etwa 4.000 Einwohnern liegt am Ende der Clonakilty Bay. Er hat alles zu bieten, was man im Urlaub benötigt: Tankstellen, Lebensmittelläden, etc.

Sehenswert in Clonakiltys engen Gassen sind die oft von Hand bunt bemalten Häuserfassaden. Leider kommen diese nicht so richtig zur Geltung, da der Verkehr (die N71 führt direkt durch die Stadt) die Stadt erdrückt.

Auch einen Besuch Wert ist das West Cork Model Railway Village. Hier machen Sie einen Schritt zurück in die 1940er. In einer Miniaturlandschaft wird die alte West Cork Eisenbahnlinie gezeigt das ist nicht nur etwas für Kinder!

⌘ West Cork Model Railway Village, Inchydoney Road, Clonakilty, Co. Cork, ☎ +353(0)23/883 32 24, modelvillage@eircom.net, www.modelvillage.ie, täglich von 11:00-17:00

Der berühmteste Sohn der Stadt ist Michael Collins. Er wurde am 16. Oktober 1890 in Woodfield Farm nahe Clonakilty geboren (☞ siehe auch Michael Collins Centre). In der Bridge Street steht eine Michael-Collins-Statue.

Jeden Freitag und Samstag von 9:00 - 15:00 ist Markt in der Recorder's Alley und Pearse Street. Lokale Produkte werden frisch dargeboten oder direkt zubereitet und können gleich warm verspeist werden, www.clonakiltymarket.com.

🍷 De Barra's, 55 Pearse Street, Clonakilty, Co. Cork, ☎ +353(0)23/883 33 81, eolas@debarra.ie, www.debarra.ie. Der Pub zählt zu den traditionellsten Pubs in Irland.

Der WAW folgt nicht der N71 auf direktem Weg Richtung Skibbereen aus der Stadt heraus, sondern biegt vor einem deutschen Supermarkt links ab auf die Inchydoney Road und am West Cork Model Railway Village vorbei. Es geht ein Stück am Wasser entlang, wo Sie sehr schön Wasservögel beobachten können. Dieser Abstecher über Galley Head (Ceann Dhún dTéide) nach Rosscarbery (Ros Ó gCairbre) verläuft auf stellenweise recht schmalen Straßen. Hinter dem Dunmore House Hotel (km 53) verläuft der WAW ab km 55 bergauf und vom Wasser weg. Bei km 60 sind Sie wieder am Wasser mit Blick auf den Galley-Head-Leuchtturm. An dem beginnenden Strand (Red Strand) gibt es einen sehr schönen 🚐 Stellplatz mit Toilettenhäuschen (GPS: N51°32.9' W008°55.517').

Bei km 61 geht es links 3 km zum Galley Head Leuchtturm. Diesen Abstecher können Sie sich aber schenken, da das letzte Stück der Straße Privatgelände ist.

Fahren Sie den 2. Rechtsabzweig in Richtung Long Strand an der R598. Von dem schönen Strand mit den Castlefreke Dunes blicken Sie auch auf den Leuchtturm. Die R598 bringt Sie zum angrenzenden Strand von Owenahincha, hinter dem es bergauf zur N71 geht. Links weg sind es noch 2 km bis nach Rosscarbery (km 72). An der Kreuzung finden Sie eine Tankstelle mit Lebensmittelladen und einem Seafood-Daily.

Statt dieses Abstechers ab Clonakilty empfehle ich, auf der N71 aus der Stadt hinauszufahren und nach 7 km auf die R598 Richtung Castlefreke und weiter zum Long Strand zu fahren.

Gleich am Ortsanfang von **Rosscabery** 🍸 ✕ 🛏 führt der WAW nach links auf die R597 Richtung Glandore. Nach 4 km geht es links in knapp 1 km zum Drombeg Stone Circle, auch The Druid's Altar genannt. Er gehört zu den meistbesuchten Megalithkultur-Plätzen in Irland. Er besteht aus 17 Steinen, die in einem Durchmesser von fast 10 m aufgestellt sind. Auch der Ausblick von dieser Sehenswürdigkeit bis zur Küstenlinie West Corks ist prima.

Knapp 2 km weiter auf der R597 passieren Sie auf einem Hügel den The Meadow Camping Park.

⚠ The Meadow Camping Park, Glandore, Co. Cork, ☎ +353(0)28/332 80 oder 222 54, 📧 meadowcamping@eircom.net,
🌐 www.camping-ireland.ie/parks/cork/meadow-camping-park, 📅 Ostern, Mai bis Mitte Sept., GPS: N51°34.024' W009°05.822'

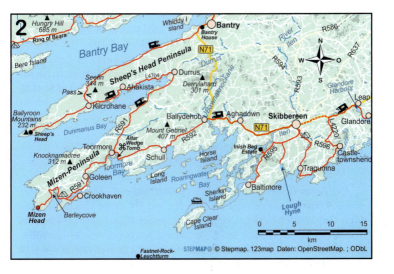

**79** **Glandore** (Cuan Dor) ♀ ✕ ⛴ liegt am Wasser am Glandore Harbour, einem ins Landesinnere ragenden Wasserarm. Von hier verläuft die R597 3 km am Wasser entlang bis zur N71.

**81** Von der Kreuzung in der Ortschaft Leap ✕ ♀ an der N71 sind es 9 km bis nach Skibbereen.

Gibt es in Deutschland in fast jedem Dorf eine Bäckerei bzw. einen Back-Shop, so beherbergt Irland in jeder kleineren Ansiedlung mindestens ein Pub!

Der WAW bleibt aber nicht die 9 km bis Skibbereen auf der N71, sondern zweigt nach 5 km (km 86) links weg auf die R596/L4220 Richtung Castletownshend. Mich hat dieser 21 km lange Abstecher nicht gerade beeindruckt: Das Meer war kaum zu sehen, die Straße war stellenweise gerade einmal ein besserer landwirtschaftlicher Weg und Sehenswürdigkeiten sind Mangelware. Darum meine Empfehlung: Bleiben Sie auf der N71 und fahren Sie direkt nach Skibbereen. Die Highlights, die danach folgen, sind sehenswerter!

Wer Fan vom Whale Watching ist, dem möchte ich allerdings hier einen 🐋 Abstecher empfehlen: Fahren Sie 2 km hinter Glandore über die Brücke und nach Unionhall. An der St. Bridgets Church fahren Sie links und folgen der Ausschilderung Reen Pier (4 km). Vom Reen Pier startet Cork Whale Watch.

Colin Barnes, Cork Whale Watch, Castletownshend, Skibbereen, Co. Cork, ☎ +353(0)86/385 05 68 oder 327 32 26, 🖥 www.corkwhalewatch.com. Im Sommer (1.5.-30.9.) zwei Trips: 10:00-14:00 und 15:00-19:00, ansonsten von 10:30-14:30, GPS: N51.5318 W-9.16529 oder N51 31.910 W-09 09.918

## 90 Skibbereen (An Sciobairín)

Skibbereen Discover Ireland Centre, North Street, Skibbereen, Co. Cork, ☎ +353(0)28/217 66, ✉ skibbereen@failteireland.com, 🖥 www.skibbereen.ie

Der Name Skibbereen bedeutet „Little Boat Harbour". Die Stadt mit ihren knapp 3.000 Einwohnern liegt am Fluss Ilen und gilt als die „Hauptstadt" von West Cork. Auch hier gibt es herrlich bunt bemalte Häuser, urgemütliche Pubs (sagenhafte 26 an der Zahl) und Sie erhalten in den Geschäften der Stadt alles, was Sie für Ihren Urlaub benötigen. Jeden Samstag ist Farmers Market von 9:30 bis 13:30, 🖥 www.skibbereenmarket.com. Dort bekommen Sie lokale Köstlichkeiten frisch dargeboten.

Wenn Sie das Gefühl haben, dass hier die meisten Menschen McCarthy heißen, liegen Sie nicht ganz falsch, gehörte um 1600 dem McCarthy-Clan das Land in dieser Region.

Im Skibbereen Heritage Centre können Sie sehr gute Informationen über das dunkle Kapitel der irischen Geschichte, die Great Famine (An Gorta Mór, Große Hungersnot), erhalten. In den 1840ern starben infolge der Kartoffelfäule und der damit verbundenen Kartoffel-Missernte - die Kartoffel war zu der Zeit das Hauptnahrungsmittel der Iren - 1 Million Menschen. Über 2 Millionen Menschen schafften es auszuwandern.

Skibbereen Heritage Centre, Old Gasworks Building, Upper Bridge Street, Skibbereen, ☎ +353(0)28/409 00, ✉ info@skibbheritage.com, 🖥 www.skibbheritage.com, 🗓 März bis Mitte Mai und Mitte Sept. bis Okt. Di-Sa 10:00 bis 18:00, Mitte Mai bis Mitte Sept. Mo-Sa 10:00 bis 18:00

Neben der Ausstellung über die Great Famine wird in einer weiteren Ausstellung über das Lough Hyne Nature Reserve informiert, Irlands erstes marines Naturschutzgebiet. Der einzigartige Salzwassersee mit Zugang zum Meer bietet einer großen Vielfalt an Pflanzen und Tieren einen natürlichen Lebensraum.

Am Stadtrand von Skibbereen liegt an der R596 ein Campingplatz.

⛺ The Hideaway Camping & Caravan Park, Castletownshend Road, Skibbereen, Co. Cork, ☎ +353(0)28/410 26 03, ✉ skibbereencamping@eircom.net, 🖥 www.camping-ireland.ie/parks/cork/hideaway-camping-caravan-park, 📅 Mai bis Mitte Sept., GPS: N51°32.501' W009°15.583'

Der WAW bietet in Skibbereen einen ↯ Abstecher zum Lough Hyne und ins 12 km entfernte Baltimore an die Küste.

Vom Campingplatz kommend (R596), fahren Sie am Kreisel die erste Ausfahrt links auf die R595. Nach 3 km folgt ein Abstecher nach links durch eine hügelige Landschaft hinunter zum Lough Hyne (3 km). Overnight Camping ist auf den Parkplätzen nicht erlaubt. Ein schöner Ort mit einigen Wanderwegen, die auch durch den angrenzenden Wald führen.

Die Straße nach Baltimore ist gut zu fahren. 3 km weiter geht es rechts ab zum Inish Beg Estate (WAW-Abstecher), einer schön angelegten Parkanlage mit Herrenhaus und Unterkünften.

Die R595 führt bis ans Ende einer Landzunge, an der Baltimore liegt.

*Baltimore Beacon*

## 118 Baltimore (Dún na Séad), 💻 www.baltimore.ie 🍴 🍺 🛏

Im Sommer ist der kleine Seeort Baltimore (ca. 500 Einwohner) recht voll, denn er ist bei Wassersportlern aller Art sehr beliebt. Ob Segler, Taucher, Angler, ... - alle kommen in dem geschützten Hafen und auf den vorgelagerten Inseln voll auf ihre Kosten.

Am Hafen finden Sie oberhalb des Piers Restaurants, Cafés und Unterkünfte.

⌘ Eine Sehenswürdigkeit in Baltimore ist der Baltimore Beacon, ein von der britischen Regierung nach der irischen Rebellion von 1798 am Hafeneingang aufgestelltes Signalfeuer. Der weiß gestrichene, 15 m hohe Turm steht auf einer Klippe, die einen Besuch bei Sonnenuntergang lohnt. Auf der gegenüberliegenden Seite der Bucht steht der Sherkin Leuchtturm.

Von Baltimore fahren Fähren zu den vorgelagerten Inseln Sherkin Island und Cape Clear Island in der Roaringwater Bay. Das Cape Clear ist der südlichste Punkt Irlands (GPS: N 51°26' W 09°30'). Schöne Wanderwege führen auf der ca. 5 km langen und etwa 1 ½ km breiten Insel z. B. zur St. Kieran's Church, einer in Teilen zerfallenen Kirche aus dem 12. Jh. Angeblich wurde auf der Insel der Heilige St. Ciarán geboren. Beliebt ist die hügelige Insel bei Ornithologen. So hat z. B. auch die englische Bristol Universität hier eine Vogelbeobachtungsstation eingerichtet. Und im Sommer ziehen Wale und Delfine an der schroffen Küste entlang. Auf der Insel, die keine Strände hat, leben ganzjährig etwa 120 Menschen, die noch die gälische Sprache pflegen. Unterkünfte und Pubs/Restaurants sind auf Cape Clear Island vorhanden. 💻 www.capeclearisland.ie.

- 🚢 Sherkin Island Ferry, Baltimore, Co. Cork, 📞 +353(0)87/911 73 77 oder 244 78 28, ✉ info@sherkinferry.com, 💻 www.sherkinferry.com
- ♦ Ten Island Tours, Baltimore, Co. Cork, 📞 +353(0)87/263 84 70, ✉ info@tenislandstour.com, 💻 www.tenislandtours.com. Bieten Tauch-, Angel- und Whale-Watching-Touren an.
- ♦ Cape Clear Ferries, 📞 +353(0)28/419 23 oder 391 59, ✉ info@cailinoir.com, 💻 www.capeclearferry.info. Fahren von Baltimore und Schull zur Cape Clear Island.
- ♦ Fastnet Tour, 💻 www.fastnettour.com. Fahren von Cape Clear Island und Schull zum spektakulären Fastnet Rock Leuchtturm. ✋ Buchungszeiten beachten.

Auch auf Sherkin Island gibt es Unterkünfte und Pubs, 💻 www.sherkinisland.eu.

## „The Sack of Baltimore"

In der Nacht des 17. Juni 1631 erreichten zwei Piratenschiffe aus Algier den Hafen von Baltimore und entführten 108 Menschen des Ortes, um sie als „weiße Sklaven" in Afrika zu verkaufen. Es ist überliefert, dass nur zwei Frauen es nach Jahren wieder zurück nach Irland schafften.

**130** Wieder am Kreisel in Skibbereen nehmen Sie die erste Ausfahrt und folgen der WAW-Ausschilderung zur N71. Dort biegen Sie links ab (km 132) und fahren ein Stück am Fluss Ilen entlang. Ansonsten verläuft der WAW die nächsten 35 km kaum am Wasser.

**144** **Ballydehob** (Béal an Dá Chab) 🅿 🍴 🍸 ✕

Ballydehob Visitor Information Point, Community Shop, Main Street, Ballydehob, Co. Cork, ☎ +353(0)28/376 40, ✉ info@ballydehob.ie, 🖥 www.ballydehob.ie

Die Sehenswürdigkeit des Ortes ist die stillgelegte zwölfbogige Eisenbahnbrücke, die über den Fluss Bawnaknockane führt. Die N71 biegt vor der Flussüberquerung rechts weg, der WAW führt auf der R592 über den Fluss in den Ort hinein. Die schmale Hauptstraße schlängelt sich an bunten Hausfassaden eine Anhöhe hinauf.

Ballydehob ist der Beginn der Mizen-Peninsula, der südlichsten der fünf Halbinseln im Südwesten Irlands, die sich wie fünf Finger in den Atlantik strecken. Bis ans Ende der Mizen-Peninsula, dem südwestlichsten Punkt Irlands, sind es von Ballydehob 34 km. Es geht 7 km durch landwirtschaftliches Gebiet bis in die Ortschaft Schull (Skull, An Scoll), die an einer natürlichen Bucht geschützt am Meer liegt.

**151** **Schull (Scoil Mhuire oder An Scoil)**, 🖥 www.schull.ie 🍸 ✕ 🛏 🍴 ⚓

Am Fuße des Mount Gabriel (407 m) liegt an einer geschützten Bucht die Ortschaft Schull. Die dem Ort vorgelagerten Inseln Long Island, Cape Clear, Sherkin und die vielen weiteren kleineren Inseln in der Roaringwater Bay sind bekannt als Carbery's Hundred Isles. Wassersport aller Art ist in Schull möglich. Durch seine südliche Lage und durch den Einfluss des Golfstroms ist das Klima in der Region recht mild.

In Schull steht das einzige Planetarium Irlands. Sie finden es im Schull Community College.

- Schull Community College, Colla Road, Schull, West Cork, ☏ +353(0)28/283 15 oder 285 52, ✉ office@schullcommunitycollege.com, 🖥 www.westcorkweb.ie/planetarium/
- Schull Ferry, ☏ +353(0)28/419 23 oder 391 59, 🖥 www.schullferry.com. Fahren zu den Inseln Sherkin und Cape Clear sowie zum Fastnet Rock Leuchtturm.

In Schull findet jeden Sonntag zwischen Ostern und Ende September der Schull Country Market von 9:30 bis 14:00 auf dem Pier Road Parkplatz statt. Shoppen Sie hier lokale Produkte oder verzehren Sie sie gleich bei einem kleinen Picknick mit Blick aufs Meer. 🖥 www.schullmarket.com

Hinter Schull führt der WAW wieder vom Wasser weg, es geht etwas bergauf und an Farmen vorbei.

**159** Altar Wedge Tomb, GPS: N51°30.837' W009°38.631'
An der Toormore Bay, kurz vor den Häusern von Toormore (An Tuar Mór) fahren Sie auf den am Wasser liegenden Parkplatz (ohne Höhenbegrenzung). Gleich nebenan finden Sie das Keilgrab (Wedge tomb) von Altar. Das Megalithgrab wurde etwa 3000 bis 2000 v. Chr. an dieser Stelle errichtet. Neben Fischknochen und Muscheln wurden in einer Ecke eingeäscherte menschliche Knochen gefunden.

*Altar Keilgrab in der Nähe von Toormore*

Der WAW führt um die Toormore Bay herum. Bei km 160 in Toormore geradeaus auf der R591 Richtung Goleen weiterfahren. Rechts führt die R591 Richtung Bantry. Knapp 2,5 km weiter können Sie auf eine kleine Straße links abbiegen und kommen nach 500 m an den Strand von Ballyrisode. Hier finden Sie einen schönen 🚐 Stellplatz.

167 Ortschaft **Goleen** (🖥 www.goleen.info)
ℹ Mizen Tourism Co-operative Society Ltd, The Harbour Road, Goleen, West Cork,
☎ +353(0)28/351 15 oder 352 25, ✉ info@mizenhead.ie, 🖥 www.mizenhead.ie

Hinter der kleinen Ortschaft verläuft der WAW am Wasser entlang. Die Landschaft wird immer spektakulärer und rauer. Hier am Ende der Mizen-Halbinsel spürt man die Kraft des Wassers und des Windes. 3 km hinter dem Ort Goleen führt eine kleine Straße links weg zum Crookhaven Lighthouse. In dem wunderschönen Leuchtturm können Sie luxuriös mit sagenhafter Aussicht übernachten.

♦ Crookhaven Lighthouse, Rock Island, Goleen, Co. Cork, ☎ +353 (0)28/350 66, 559 52, 📱 +353(0)86/174 23 74, ✉ crookhavenlighthouse@gmail.com,
🖥 www.crookhavenlighthouse.ie

Der Blick über das Wasser führt zur anderen Seite der Bucht, an der **Crookhaven** liegt. Am Ende der Bucht bei km
172 geht es rechts weiter auf dem WAW zum Mizen Head. Links führt ein 🚶 Abstecher auf der R591 weiter knapp 4 km bis nach Crookhaven. Gleich an der kleinen Kreuzung rechts weg folgt ein Campingplatz.

⛺ Barley Cove Holiday Park, Crookhaven, Skibbereen, Co. Cork, ☎ +353(0)28/353 02, 📱 +35(0)87/227 72 07, ✉ barleycoveholidaypark@gmail.com,
🖥 www.barleycoveholidaypark.ie, 📅 Juni bis Mitte Sept.,
GPS: N51°27.874' W009°45.413'

Der Platz bietet sich hervorragend an, um von hier aus die Mizen-Peninsula zu erkunden. 500 m vom Campingplatz entfernt liegt in der Barley Cove ein sehr schöner Strand. Die Straße führt danach etwa 500 m bergauf, um nach weiteren 500 m wieder auf Meereshöhe zu sein. Von dem Parkplatz (mit Höhenbegrenzung) führt ein Weg zu sanft hügeligen Dünen und einem weiteren wundervollen Strand in der gleichen Bucht. Der etwa 500 m lange Strand wird an beiden Seiten von Felsen begrenzt und liegt wunderbar geschützt. Er zählt zu den schönsten Stränden in West Cork.

Oder unternehmen Sie vom Campingplatz aus einen Spaziergang ins etwa 4 km entfernte Crookhaven (An Cruachán) und trinken Sie im südwestlichen Pub Irlands ein Guinness oder ein lokales irisches Bier. Früher galt der Ort als letzte Verpflegungsmöglichkeit für die Schiffe nach Amerika. Zu Beginn des 20. Jh. war der geschützte Hafen so voller Schiffen, dass man trockenen Fußes von der einen auf die andere Seite der Bucht gelangen konnte. Zu der Zeit lebten hier ca. 700 Menschen. Heute sind es um die 30. O'Sullivans Bar finden Sie direkt am Hafen, 💻 www.osullivanscrookhaven.ie.

Hinter dem zweiten Strand führt die Straße über einen Damm zu einer Kreuzung, an der Sie links dem WAW noch ein Stück am Wasser entlang folgen. Hier können Sie gut Meeresvögel beobachten. Nach 1 km geht es links weiter Richtung Mizen Head (3 km). Die Straße verläuft oberhalb des westlichen Strandes mit einer tollen Aussicht. Hier liegt auch das Barleycove Beach Hotel mit spektakulärer Aussicht über die gleichnamige Bucht.

- Barleycove Beach Hotel, ☎ +353(0)28/358 74, 💻 www.barleycovebeachhotel.com, ✉ stay@barleycovebeachhotel.com, Auch das Restaurant ist sehr gut, die große Terrasse wundervoll. nur zwischen Ostern und Okt. geöffnet.

Die Straße endet oben auf dem Parkplatz des Mizen-Head-Besucherzentrums. Mizen Head ist einer der 15 *Signature Discovery Points*.

## 178   Mizen Head (Carn Uí Néid)

⌘ Mizen Head Signal Station, ✉ info@mizenhead.ie, 💻 www.mizenhead.ie. Mit Mizen Café, Gift Shop, Fastnet Hall, Fastnet Rock Model, ... Mitte März, April, Mai, Sept., Okt. täglich: 10:30-17:00. Juni, Juli, Aug. täglich: 10:00-18:00. Nov. bis Mitte März Wochenende 11:00-16:00. Erwachsene € 6, Kinder bis 12 Jahre, € 3,50, unter 5 Jahren frei, Senioren/Studenten € 4,50, GPS: N51 27.133' W009°49.133'

Mehrere Meeresströmungen treffen hier am südwestlichsten Punkt Europas auf die oft windumtosten, bis zu 100 m hohen Klippen. An die 200 Schiffswracks sollen vor Mizen Head auf Grund liegen. Erst als im Jahr 1909 die Mizen Head Fog Signal Station in Betrieb genommen wurde, wurde das Umfahren der Landzunge auch bei schlechten Sicht- und Wetterverhältnissen sicherer.

Im Besucherzentrum finden Sie ein Café, einen Souvenir-Shop, ein Modell des Fastnet-Rock-Leuchtturms, einen Navigations-Simulator und weitere Ausstellungen.

*Mizen Head – Irlands südwestlichster Punkt*

Es wurden mehrere Wege angelegt, die zu einigen spektakulären Klippen mit toller Aussicht führen und natürlich bis zum äußersten Zipfel, bis zum Mizen Head. 10 Minuten dauert der direkte Fußweg dorthin.

Los geht es kurz hinter dem Besucherzentrum links steil den Sea Arch-Path hinunter. Von einer Plattform etwas oberhalb des Meeres blicken Sie auf einen Felsbogen, der von den Wassergewalten ausgehöhlt wurde. Der Blick zurück geht zur Mizenbridge (Mizenbrücke) und der Signal Station.

Wieder oben angekommen geht es auf dem Weg zur Signalstation 99 Stufen bergab. Wer nicht so gut zu Fuß ist, kann auch den etwas weiteren Weg ohne Stufen gehen. Auf diesem Weg kommen Sie auf eine Plattform, von der Sie von oben auf die Mizen Bridge schauen und über die Dunmanus Bay gen Norden bis zur Beara Peninsula.

Die erste Brücke über die Schlucht zur Signalstation wurde 1909 erbaut. Die aktuelle Brücke, konstruktiv der alten nachempfunden, wurde 2011 eingeweiht. Die 52 m lange Bogenbrücke überspannt die Schlucht zur Cloghane Island in einer Höhe von 45 m.

Hinter der Brücke geht es leicht links weg zur Signalstation. Geradeaus geht es um die 100 Stufen hinauf zu zwei weiteren Aussichtsplattformen. Von der nördlichen blicken Sie auf eine wild zerklüftete Steilküste und weiter bis zur Beara-Halbinsel. Die südliche Plattform zeigt imposant die einmalige Lage der Signalstation auf einem schmalen Felsrücken oberhalb des Meeres.

In den Räumen der Signalstation werden unterschiedliche Ausstellungen gezeigt. So können Sie sich über den Bau des Fastnet Rock Leuchtturms informieren oder Näheres über die Unterwasserwelt um den Mizen erfahren. Spannend ist auch zu sehen, wie die drei Signalwärter noch bis 1993 hier gelebt haben. Danach wurde alles automatisiert. Der Maschinenraum und der Marconi Radio Raum sind ebenfalls beeindruckend. Marconi war ein italienischer Radiopionier, dem es am 12. Dezember 1901 gelang, Funksignale über den Atlantik zu schicken, die dort auch empfangen wurden. Von Mizen Head kommunizierte er über Funk mit den Schiffen auf dem Atlantik. Er erhielt 1909 zusammen mit Ferdinand Braun den Physiknobelpreis.

Und dann stehen Sie am Ende des Weges, vor Ihnen nur noch der Atlantik und irgendwann kommt Amerika.

Halten Sie auch Ausschau nach Walen, Delfinen und Robben. Diese ziehen hier häufig recht nah an der Küste vorbei. Der Blick auf den Fastnet-Rock-Leuchtturm in der Ferne ist ebenfalls spektakulär. Nehmen Sie also am besten ein Fernglas mit oder einen Fotoapparat mit Teleobjektiv.

> Fahren Sie die Straße wieder zurück bis zum Campingplatz und weiter über Goleen bis nach Toormore (km 196). Hier biegen Sie jetzt links ab und fahren weiter auf der R591 Richtung Durrus (16 km). Die Straße führt hinüber auf die andere Seite der Mizen Peninsula an die Dunmanus Bay, die die Mizen-Halbinsel teilt. In der Bucht werden Muscheln gezüchtet.

212 **Durrus** (Dúras) ⚐✕🍺⛵🏕. Der kleine Ort liegt an der Mündung des River Durrus am Ende der Dunmanus Bay. Der WAW zweigt im Ort scharf links ab auf die L4704, den Sheep's Head Drive, der hier beginnt. Die Sheep's Head Halbinsel ist die kleinste der fünf Halbinseln im Südwesten Irlands und wohl auch die am dünnsten besiedelte. Besonders der letzte Abschnitt bis zum äußersten Zipfel hat es mir angetan. Bis zum Sheep's Head Parkplatz am Ende der Straße sind es 26 km, von denen die ersten 9 km am Wasser entlangführen bis in den Ort Ahakista.

221 **Ahakista** ✕⚐. Am Ortsanfang liegt am Wasser das Air Disaster Memorial. Am 23. Juni 1985 war der Flug Air India 182 von Montreal über London auf dem Weg nach Indien. Über irischem Luftraum explodierte an

Bord eine Bombe und riss 329 Menschen in den Tod. Die Maschine stürzte in den Atlantik. Bis heute konnte niemand für die Katastrophe verantwortlich gemacht werden.

Gleich dahinter am Yachthafen liegt das ✕ Restaurant Arundals by the Pier mit Biergarten (🖥 www.arundalsbythepier.com). Die Straße macht einen Linksknick. Hier liegt das kleine Pub Ahakista Bar, unter den Locals bekannt als The Tin Bar mit Biergarten, ebenfalls am Wasser. Es hat nur im Sommer geöffnet.

Zum Ende der Halbinsel hin wird die Landschaft immer felsiger, sodass hier nicht mehr so viel Landwirtschaft möglich ist.

227 Kilcrohane 🛒 ♥ 🅿. Vor dem kleinen Lebensmittelladen mit Post stehen auch zwei Tanksäulen. Der Ort liegt nicht mehr am Wasser, etwas erhöht. Der WAW Richtung Norden biegt hier rechts ab. Geradeaus führt der 🐾 Abstecher 10 km zum Sheep's Head. Die Straße wird etwas schmaler, doch es kommen immer wieder Ausweichbuchten und so stark ist dieser Abschnitt auch nicht frequentiert. Ich kann Ihnen nur empfehlen, diesen Abstecher zu unternehmen. Das Ende ist einfach nur wunderschön. Es geht sachte weiter bergauf und der Blick führt Sie über die Dunmanus Bay Richtung Mizen Peninsula. Ab und an passieren Sie noch ein paar Häuser. Das letzte Stück (ca. 3 km) ist etwas kurviger und die Straße ist ein besserer asphaltierter Feldweg, der jetzt steiler bergauf führt. Es geht durch eine felsige Landschaft mit einer sagenhaften Aussicht über die Bantry Bay (Bá Bheanntraí).

237 Parkplatz **Sheep's Head** (Rinn Mhuintir Bháire). Er liegt auf einer Höhe von 200 m (GPS: N51°32.756' W009°49.589') in den Ballyroon Mountains, deren höchster Punkt 232 m hoch ist. Die 📷 Aussicht über die Bantry- und die Dunmanus-Bay ist spektakulär. Am Parkplatz (Tooreen) gibt es ein ☕ Café mit lokalen Leckereien sowie ein Toilettenhäuschen. Jetzt heißt es die Wanderschuhe anziehen und das letzte Stück zur Spitze der Halbinsel mit seinem kleinen Leuchtturm zu wandern.

🚶🚶 📷  2 km wandern Sie auf welligem Terrain bis ans Ende mit immer wieder wunderbaren Aussichten. Sie können sogar die Signalstation von Mizen Head erkennen. Setzen Sie sich auf einen der Felsen oberhalb des kleinen Leuchtturms und lassen Sie diese Weite des Atlantiks auf sich wirken - Entspannung pur. Ich bin auf meiner Reise insgesamt 3-mal an diesem wunderbaren Ort gewesen. Einmal habe ich hier den Sonnenuntergang beobachtet und Zeitrafferaufnahmen bis

in die Nacht hinein gemacht. Diese Einsamkeit und Ruhe war einfach unglaublich schön. Auch der Sternenhimmel war prima zu sehen, da kein Streulicht die Sicht stört. Auch der Weg zurück durch die Dunkelheit weit nach Mitternacht, nur mit einer Taschenlampe ausgerüstet, war wundervoll.

**247** Wieder in Kilcrohane. Der WAW biegt hier an der Kirche links ab und führt den Goat's Path hinauf. Die Straße verläuft zwischen zwei Bergen (Höhe bis 330 m) kurvig bergauf auf eine Höhe von 265 m. Auf der Passhöhe am Seefin-Aussichtspunkt können Sie von zwei Parkplätzen aus den Blick über beide Seiten der Halbinsel schweifen lassen.

Die Straße führt bergab und verläuft zwischen der Küste und einer Bergkette entlang Richtung Bantry. Ist die Straße am Anfang noch etwas schmaler, wird sie nach knapp 10 km breiter. Viele gerade Abschnitte machen das Fahren angenehm.

*Blick von Sheep's Head*

**260** Kreuzung zur N71. Links geht es 2 km nach Bantry, rechts 15 km nach Ballydehob.

**262** **Bantry** (Beanntraí) ♀ ✕ 🛏 ⛺ 🅿 ✳ ⚓

🛈 Bantry Community Tourist Office, The Old Courthouse, The Square, Bantry, Co. Cork, +353(0)27/502 29, ✉ bantryevents@gmail.com, 🖳 www.visitbantry.ie

Am Ende der gleichnamigen Bucht liegt der 3.500-Einwohner-Ort Bantry, ein wirtschaftliches Zentrum der Region. Neben der Fischerei, hier spielt die Miesmuschelzucht eine wichtige Rolle, ist der Tourismus eine bedeutende Einnahmequelle.

Hauptsehenswürdigkeit ist das Bantry House & Garden. Wenn Sie auf der N71 von Süden her in den Ort hineinfahren, gelangen Sie ans Wasser mit einem kleinen Strand. Kurz dahinter geht es rechts auf den Parkplatz vom Bantry House (GPS: N51.6775, W9.4675).

⌘    Das Haus im georgianischen Baustil wurde 1720 erbaut und diente der Familie White, den späteren Earls of Bantry, als Stammsitz. Der erste Bau war deutlich kleiner und im sogenannten „Queen-Anne-Stil" errichtet worden. Der 2. Earl of Bantry (Richard White) unternahm mit seiner Frau in den 1820ern ausgiebige Reisen durch Europa und Russland. Dabei entwickelten sie die Pläne für die Anbauten: Bücherei, zwei Flügel, zwei Ställe und die Anlage eines Gartens. Im Inneren des heute schlossähnlichen Herrensitzes können Sie die sagenhaften Kunstschätze bewundern, die die beiden auf ihren vielen Reisen zusammengetragen haben. Ein für Marie Antoinette gefertigter Teppich, ein riesiger Kronleuchter aus Waterford-Kristall, Mosaiken aus Pompeji, Chippendale-Mobiliar, Teppiche, Artefakte sind nur einige Highlights der Sammlung. Hingucker sind auch der rosa Salon und das prächtig eingerichtete Speisezimmer.

Im Tearoom im Westflügel können Sie das Ambiente dieses Herrenhauses genießen. Auch kleine Gerichte und Suppen werden dargeboten, die alle in der hauseigenen Küche zubereitet werden.

Das Haus wird auch heute noch von den Whites verwaltet, jetzt bereits in 9. Generation.

Gehen Sie hinter dem Haus einmal die 100 Stufen im Garten hoch und Sie betrachten das Haus von oben und schauen hinüber über die Bantry Bay und Whiddy Island.

Die Gärten des Bantry House zählen zu den schönsten Irlands. Dass hier und auch an anderen Stellen in der Stadt Palmen, Zedern oder meterhohe Agaven wachsen, ist der guten Lage der Stadt zu schulden. Der warme Golfstrom beeinflusst das Klima am Ende der Bantry Bay sehr angenehm.

In einem der Ställe befindet sich das Bantry French Armada Exhibition Centre.

Die Ausstellung bietet Informationen über die Landung französischer Truppen in der Bantry Bay. 1796 segelte General Hoche auf Veranlassung von Theobald Wolfe Tone, einem Anführer der irischen Untergrundbewegung, von Brest aus mit einer französischen Armada und 15.000 Mann Besatzung Richtung Bantry Bay. Doch wegen extrem schlechten Wetters erreichten nur 16 Schiffe die Bucht und keines schaffte es, überhaupt anzulegen. Die Surveillante wurde bei dem Versuch so stark beschädigt, dass sie in der Bucht vor Whiddy Island sank. Der Rest der Schiffe segelte wieder zurück. Ein Modell des Schiffes finden Sie in der Ausstellung.

Eine Statue von Theobald Wolfe Tone steht auf dem Marktplatz, dem Theobald Wolfe Square, in Bantry.

- Bantry House, ☎ +353(0)27/500 47, ✉ info@bantryhouse.com, 🖥 www.bantryhouse.com. 🕘 April, Mai, Sept., Okt.: Di-So 10:00-17:00; Juni, Juli, Aug. Mo-So 10:00-17:00. Der Gartenbesuch kostet € 5, € 11 zahlen Sie für Gartenbesuch und den Besuch des Hauses/Tearooms. € 3 zahlen Kinder zwischen 5-16 Jahren. Für € 30 können Sie den Garten, Tearoom und das Haus besuchen und Sie erhalten gratis drei Kaffee/Tee und Scone.

Jeden Freitag findet auf dem zentralen Platz (Wolfe Tone Square) und den angrenzenden Straßen ein Markt mit Produkten aus der Region statt. Jeden ersten Freitag im Monat, dem traditionellen „Fair Day", ist der Markt noch einmal größer, die Angebote mannigfaltiger. 🕘 9:30 bis 13:00.

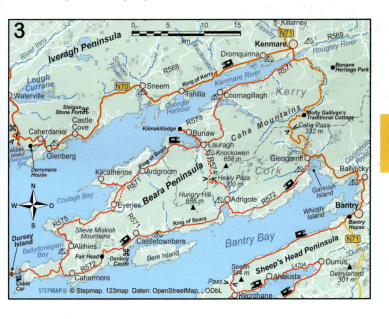

Der WAW folgt der N71 nördlich aus der Stadt hinaus. Es geht am Bantry Bay Golf Club vorbei nach Ballylicky (Béal Átha Leice). Hier macht die Straße einen Linksknick und kurz dahinter, gegenüber der Texaco Tankstelle mit SuperValue-Supermarkt, liegt der Eagle Point Campingplatz.

*Beara Halbinsel*

270 ⛺ Eagle Point Camping, Ballylickey, Bantry, West Cork, Co. Cork, ☎ +353(0)27/506 30, ✉ info@eaglepointcamping.com, 🖥 www.eaglepointcamping.com, 📅 Mitte April bis Mitte Sept., GPS: N51°43.187' W009°26.990'. Hunde sind nicht erlaubt. Der Platz liegt ganz wunderbar auf einer kleinen Landzunge direkt am Wasser und ist ein hervorragender Ausgangspunkt für die Erkundung der angrenzenden Halbinseln Sheep's Head, Mizen Head und Beara.

Die Landschaft ändert sich jetzt. Waren die „Berge" auf den bisherigen Halbinseln kaum höher als 300 m, ragen einige Gipfel der Bergketten auf der folgenden Beara-Halbinsel fast 700 m in die Höhe. Der WAW schlängelt sich nahe der Küste auf der N71 Richtung Glengarriff.

279 **Glengarriff** (An Gleann Garbh), 🖥 www.glengarriff.ie

Der Name der Stadt stammt vom irischen Wort für „raues Tal" ab.

Glengarriff liegt am Beginn der **Beara Peninsula** (💻 www.bearatourism.com, 💻 www.discoverbeara.com). Für viele Iren ist sie der Geheimtipp unter den fünf Halbinseln.

Das Dorf am Fuße der Caha Mountains und am geschützten Ende der Bantry Bay mit seinem milden Klima ist schon immer ein beliebter Ferienort in Irland gewesen. Die Familie White, spätere Earls of Bantry (siehe Bantry-House) verbrachten hier gerne den Sommer. Sie bauten sich ein Schlösschen, das ab 1789 für Freunde und Gäste als Bantry Arms Hotel diente. Das war der Beginn von Glengarriff als Ferienort. Thomas Eccles kaufte 1839 des Bantry Arms Hotel, baute es aus und nannte es Eccles Hotel. Es sprach sich herum, wie märchenhaft und beschaulich der Ort war und dass das milde Klima und die reine Atlantikluft gut für die Atemwege ist. Auch die gute Qualität der Hotels sprach sich beim irischen und britischen Adel herum.

Das milde Klima begünstigte auch den Wuchs einer vielfältigen Flora. Der Adel legte sich hier repräsentative Gärten und Arboreta zu. Georg Bernhard Shaw, Virginia Woolf und auch der Prince of Wales logierten hier. Doch die Zeit des Adels und des noblen Reisens ging vorbei. Nach dem 2. Weltkrieg hatten die kleinen, luxuriösen Hotels keine Zukunft mehr. Und die Briten blieben wegen der Unruhen in Irland dem Land fern. Es ging bergab mit Glengarriff. Eine neue Attraktion war jetzt Garinish Island (auch Garnish geschrieben, auch bekannt als Ilnacullin - Insel der Stechpalmen), die Insel direkt vor der Ortschaft in der Bantry Bay. Der britische Geschäftsmann John Annan Bryce und dessen Frau Violet L'Estrange kauften 1910 die nackte 15 ha große Insel im Glengarriff Harbour und kultivierten dort Pflanzen und Sträucher aus der ganzen Welt, bauten einen Glockenturm und eine Casita für Tee-Gesellschaften. Es wurde der berühmteste Garten der Britischen Inseln. Im Jahr 1954 schenkten die Besitzer die Insel dem irischen Staat, mit der Bedingung, sie der Öffentlichkeit zugänglich zu machen. Heute besuchen bis zu 80.000 Menschen die Insel.

- Harbour Queen Ferry, Glengarriff, Co. Cork, ☎ +353(0)27/631 16, 📱 +353(0)87/234 58 61, ✉ info@harbourqueenferry, 🖥 www.harbourqueenferry.com
♦ Blue Pool Ferry, ☎ +353(0)27/633 33, ✉ info@bluepoolferry.com, 🖥 www.bluepoolferry.com

Auf der Fahrt zur nahen Insel geht es auch an den Seehunden von Glengarriff vorbei. In der Bucht lebt mit etwa 400 Tieren die größte Hafenrobben-Kolonie in Irland.

Das Naturschutzgebiet von Glengarriff mit seinem Eichenwald zählt zusammen mit dem Killarney National Park zu den ältesten Waldgebieten in Irland. Über 1.000 Jahre alt soll der Wald sein, der von zwei Bergflüssen durchzogen wird. Die Natur rings um den Ort lädt zum Wandern ein.

In Glengarriff biegt der WAW links ab auf die R572. Die N71 führt auf direktem Wege nach Kenmare (27 km). Der WAW folgt hier dem Ring of Beara. Der Name wurde in Anlehnung an den bekannten Ring of Kerry, den Sie auf der nächsten, nördlich gelegenen Halbinsel abfahren werden, gewählt. Auf der R572 sind es 56 km bis ans Ende der Beara Peninsula, bis zur Dursey Island Cable Car. Insgesamt ist der Ring of Beara - von Glengarriff bis Dursey Island und hinüber nach Kenmare - 136 km lang. Er führt einmal um die Caha Mountains mit dem 685 m hohen Hungry Hill und die im Südwesten folgenden Slieve Miskish Mountains mit Höhen bis zu 480 m, herum. Dabei passieren Sie steile Felsküsten, von Steinmauern und Hecken eingerahmte, sanft hügelige Wiesen, karge Felsrücken, tiefe Schäreneinschnitte und bunt gestrichene Häuser und immer wieder bieten sich weite Blicke über das Meer mit den vorgelagerten Inseln. Der Touristentrubel ist hier nicht so groß wie auf der nördlich gelegenen Halbinsel Iveragh mit der bekannten Panoramaroute Ring of Kerry.

> Hinter Glengarriff führt die R572 zwischen den Ausläufern der Caha Mountains und der Bantry Bay entlang.

**283** Rechts zum

△ Glengarriff Caravan & Camping Park, Castletownbere Road, Glengarriff, Co. Cork, ☏ +353(0)27/631 54, 📱 087/746 40 58, ✉ glengarriffccp@gmail.com, 🖥 www.camping-ireland.ie/de/parks/cork/glengarriff-caravan-and-camping-park, 📅 St. Patrick Wochenende bis Ende Okt., GPS: N51°44.234' W9°33.558'

**286** Parkplatz Whiddy Island Viewpoint.

**298** Der WAW biegt links ab Richtung Castletownbere. Kurz hinter dem Abzweig folgt ein Campingplatz.

△ Hungry Hill Lodge Hostel & Camping, Adrigole, R572, Beara Peninsula, Co. Cork, ☏ +353(0)27/602 28, 📱 +353(0)83/119 66 59, ✉ hungryhill@email.com, 🖥 www.hungryhilllodgeandcampsite.com, 📅 März bis Ende Okt., GPS: N51°41.620' W009°43.567'

> Weiter in der Nähe und oberhalb der Küste entlang, geht es Richtung Castletownbere. Kurz vorm Ortsanfang liegt der Golfclub der Stadt mit Campingplatz direkt an der Küste der Bantry Bay.

**309** △ Berehaven Golf Club, Castletownbere, Co. Cork, ☏ +353(0)27/707 00, 🖥 www.berehavengolf.com/camping, GPS: N51°39.467' W009°51.503'

**313** **Castletownbere** (Baile Chaisleáin Bhéarra), 🖥 www.castletownbere.ie
🍷 🍴 🛏 🍲 ♨ 🪑

Es ist der größte Ort auf der Halbinsel mit einem der größten Fischereihäfen des Landes. Vom Hafen aus fahren auch Fähren zur vorgelagerten Bere Island (🖥 www.bereisland.net, ✉ bereisle@eircom.net, ☏ +353(0)27/750 99). Wegen ihrer strategischen Lage beherbergte die Insel lange Zeit einen Militärstützpunkt der britischen Armee. Heute leben auf der Insel um die 200 Menschen. Archäologische Sehenswürdigkeiten aus der Bronzezeit wie stehende Steine und Keilgräber sind auf der 11 x 5 km großen Insel zu finden. Mit dem Fahrrad oder zu Fuß können Sie dic Insel wunderbar erkunden. Unterkünfte und Pubs sind auf der Insel vorhanden.

- Bere Island Ferries, ☎ +353(0)27/750 09, 📱 +353(0)86/242 31 40, ✉ biferry@eircom.net, 🖥 www.bereislandferries.com. Legen am Hafen ab.
- ♦ Murphys Ferry, 📱 +353(0)87/238 60 95, ✉ info@murphysferry.com, 🖥 www.murphysferry.com. Legen nahe dem Golfclubs (Pontoon) ab und fahren nach Lawrence Cove, dem östlichen Hafen der Insel.

In Castletownbere bekommen Sie alles, was Sie für die Reise benötigen. Entlang der Hauptstraße finden Sie auch wieder bunt bemalte Häuserfassaden, besonders die Pubs tun sich hervor. Von Castletownbere führt eine Straße (R571) hinüber zur anderen Seite der Insel, zwischen den beiden Bergketten hindurch. Der WAW verläuft aber weiter auf der R572 Richtung Westen.

315 Eine kleine Straße führt links weg durch ein Steintor zu zwei ♜ Schlossruinen. Nach der Tordurchfahrt nehmen Sie den linken Weg. Falls nach knapp 100 m ein Gatter geschlossen ist, öffnen Sie es und schließen es hinter sich wieder. Der Weg ist sehr schmal, aber machbar. Zuerst sieht man das Puxley Castle, aber Sie fahren weiter zum Ende des Weges, bis auf einem Hügel das Dunboy Castle zu sehen ist. Der Zahn der Zeit hat sehr stark an dem Bau genagt, von dem nur noch wenige Mauern zu sehen sind. Das Schloss wurde vom alten irischen Geschlecht der O'Sullivans erbaut. 1602 kam das Ende für das Schloss, als die Engländer es eroberten. 11 Tage lang hatten 143 Mann das Schloss gegen 4.000 Angreifer verteidigt, bevor es fiel.

Das zweite Schloss auf dem Dunboy Landsitz ist das Puxley Castle. Nachdem Dunboy Castle zerstört wurde und der O'Sullivan-Clan zerschlagen war, hatte Karl I. das Grundstück den englandtreuen Puxleys übertragen. Mit dem Bau des Schlosses wurde 1730 begonnen, der größte Teil wurde aber erst in den Jahren 1866-67 von „Copper John" Puxley in Auftrag gegeben. Finanziert wurden die Arbeiten aus den Einnahmen der Kupferminen in Allihies, die den Puxleys gehörte. Während der Irischen Revolution wurde das Schloss 1921 niedergebrannt.

320 Fair Head Parkplatz und Aussichtspunkt. Zum 📷 Aussichtspunkt ging es vorher bergauf. Der Blick schweift über den Dunboy Forest hin zur Bantry Bay mit der Bere Island. Auch der höchste Berg der Insel, Hungry Hill, ist sehr schön zu sehen.

325 Die Straße verläuft mal wieder kurz am Wasser entlang durch die Ortschaft Cahermore.

328 Es ging vom Wasser weg wieder etwas bergauf zum Abzweig (links) zur Dursey Insel. Die R572 führt durch landwirtschaftliches Gebiet langsam wieder bergab zum Dursey Sound und zur Seilbahn.

336 **Dursey Sound** und Parkplatz zur 🚠 Seilbahn.

**Dursey Island** (Oileán Baoi): Die Seilbahn wurde 1969 erbaut und führt über die stürmische Meerenge, den Dursey Sound. Es ist Irlands einzige Seilbahn. Mit einer Kapazität von 6 Personen oder ebenso vielen Schafen oder einer Kuh ist sie nicht gerade sehr groß. Etwa 15 Minuten benötigt sie für die 360 m lange Strecke über den Dursey Sound. Bei Wanderern und Ornithologen ist die 6,5 km lange und bis zu 1,5 km breite Insel sehr beliebt. Die höchste Erhebung beträgt 252 m. Verpflegung müssen Sie sich für Ihre Wanderung mitbringen, da es keine Gastronomie auf der Insel gibt. Mit etwas Glück sieht man auch Wale und Delfine in Inselnähe vorbeiziehen. Dursey Island ist einer der 15 *Signature Discovery Points*.

🚠 Fahrtzeiten: Mo-Sa: 9:30-11:00, 14:30-17:00, 19:00-20:00 (nur Rückfahrt), So: 9:30-10:30, 13:00-14:30, 19:00-20:00 (nur Rückfahrt), 💻 www.durseyisland.ie

*Irlands einzige Seilbahn. Sie führt hinüber zur Insel Dursey*

**344** Wieder an der Kreuzung zur Dursey Island. Links geht es auf dem WAW (R575) weiter. Die Straße führt noch ein kleines bisschen bergauf zum Bealbarnish Gap mit kleinem Parkplatz und wunderbarer Aussicht voraus auf die Ballydonegan Bay mit dem Ort Allihies und kahlen Bergen. Jetzt blicken Sie zur Nordseite der Beara Halbinsel.

**347** Am Rechtsknick vor der Ortschaft Allihies liegen linker Hand ein Strand und zwei ganz einfache ⚠ „Campingplätze" ohne jeglichen Komfort.

**349 Allihies** ♀ ⛪ ⌘ ☕

*Blick auf Allihies, Beara Halbinsel*

Es ist der letzte Ort am Ende der Beara Halbinsel. Er liegt wundervoll zwischen einer rauen Bergkette und der schroffen Atlantikküste. Es ist der einzige Ort in Irland, bei dem die Häuser nach Cornwall Art gebaut sind. Das bedeutet, dass Türen und Fenster in Meeresrichtung ausgerichtet sind, damit besorgte Frauen und Mütter besser nach ihren zur See fahrenden Söhnen und Männern Ausschau halten können.

⌘   Gleich am Ortsanfang finden Sie in der 1845 erbauten Methodistenkirche ein Kupfermuseum (Allihies Copper Mine Museum) mit dem Copper Café (🖥 www.acmm.ie). Auf dem Allihies Copper Mine Trail können Sie einige ehemalige Maschinenhäuser besichtigen und auch die wunderbare Landschaft genießen. In der Blütezeit des Minings arbeiteten bis zu 1.600 Arbeiter in den Minen.

Gleich hinter dem Museum verläuft der WAW (R575) an der folgenden Kreuzung links abbiegend an den farbenfrohen Pubs des Ortes vorbei. Geradeaus führt eine schmale Straße auf direkterem Weg in den nächsten Ort nach Eyeries.

Der WAW folgt mehr der Küstenlinie. Bis Eyeries sind es 15 km.

352 Ein schöner 🚐 Stellplatz am Wasser.

Der folgende Abschnitt ist wirklich spektakulär. Es geht sehr kurvig und wellig über kahle Felsen hinüber zur Coulagh Bay (Bá na Cuaillí). In den windgeschützten Stellen wachsen Fuchsien und Rhododendren. Die Straße ist zwar recht schmal, aber der Verkehr ist sehr gering. Auf der anderen Seite der kleinen Bergkette bietet sich Ihnen eine wunderbare 📷 Aussicht über die Coulagh Bay und Kenmare River bis hinüber zur Iveragh Halbinsel mit dem berühmten Ring of Kerry.

356 An einem weiteren recht knackigen Anstieg liegen zwei schöne 🚐 Stellplätze oberhalb der Coulagh Bay mit 📷 Aussicht.

368 Fahren Sie auf die R571 links ab 1 km in Richtung Eyeries. Der Ort wird als „buntestes Dorf" Irlands bezeichnet: Jedes Haus hat eine andere Farbe.

Der WAW verläuft jetzt nicht weiter auf der R571, sondern folgt einer kleineren Straße, die dichter an der Küste entlangführt. Der sich daran anschließende Abstecher zum Kenmare River View führt über Straßen, die doch ein Tick zu eng sind. Darum empfehle ich Ihnen, auf der R571 zu bleiben und die 7 km bis zum Ort Ardgroom zu fahren.

376 Ardgroom ⛽ 🍺 ☕

Der WAW verläuft hinter dem Ort immer wieder mal durch bewaldetes Gebiet weiter bis in die Ortschaft Lauragh (km 387). Kurz vorher passiert man die Grenze zwischen dem County Cork und Kerry. Von hier sind es noch 23 km bis nach Kenmare, dem nördlichen Beginn dieser zauberhaften Halbinsel.

Der WAW bietet einen 🚶 Abstecher auf der R573 nach Kilmakillogue, am Wasser gelegen. Dieser Abstecher (hin und zurück 10 km) ist landschaftlich nicht lohnenswert, sodass Sie auf der R571 bleiben können. Wenn Sie noch einen 🚐 Stellplatz für die Nacht suchen, fahren Sie zum Pier von Kilmackillogue. Dort gibt es einen Parkplatz neben einer Bar.

Die R571 ist gut zu fahren.

**397** ⛺ Beara Camping, Coornagillagh, Co. Kerry, ☎ +353(0)64/668 42 87, 📧 info@bearacamping.com, 🖥 www.bearacamping.com, GPS: N51°49.596' W009°43.883'. Liegt nahe dem Kenmare River mit Kieselstrand.

**410** Kenmare.
Ich möchte Ihnen ein anderes Ende für die Fahrt auf der Beara Peninsula vorschlagen. Ein 🚲 Abstecher, den der Wild Atlantic Way nicht vorschlägt. Biegen Sie in Lauragh (km 387) rechts ab auf die R574. Die Passstraße ist 13 km lang und führt Sie über den Healy Pass wieder auf die Südseite der Halbinsel nach Adrigole. Sie verläuft zwischen dem 685 m hohen Hungry Hill und dem 658 m hohen Knockowen hindurch.
Gut, auch diese Straße ist recht schmal, doch durch die sehr kurvenreiche, gut überschaubare Strecke kann man sehr gut den Gegenverkehr beobachten und diesen in den angelegten Ausweichbuchten passieren lassen. Und so viel ist auf dieser Passstraße nicht los.
Am Anfang der Passstraße liegt ein Campingplatz.

⛺ Creveen Lodge C & C Park, Healy Pass Road, Lauragh, Co. Kerry,
☎ +353(0)64/668 31 31, 📧 info@creveenlodge.com, 🖥 www.creveenlodge.com, GPS: N51°45.317' W009°45.733'. Liegt 1,5 km außerhalb von Lauragh, nördlich vom Bergpass.

Die Straße in Nord-Süd-Richtung zu fahren, ist nicht sehr steil, die Panorama-Ausblicke z. B. über den Glanmore Lake und die Caha-Mountains sind berauschend. Nach der Überquerung einer alten Steinbogenbrücke in der einzigen Kehre auf dieser Passseite sind es noch knapp 2 km bis zur Passhöhe. Oben auf dem Healy Pass auf einer Höhe von 300 m ist man wieder an der County-Grenze zwischen Cork und Kerry. Neben einer Christus-Statue steht hier auch noch ein kleines Café mit Souvenirshop. Der Blick Richtung Süden nach unten zeigt die wesentlich spektakulärere Straßenführung: In Serpentinen geht es durch eine karge Landschaft abwärts. Norwegen-Reisende werde hier ein Déjà-Vu-Erlebnis haben.
Sie können jetzt die Aussicht genießen und den Weg wieder zurückfahren, oder Sie fahren hinunter nach Adrigole und weiter die 17 km nach Glengarriff. Dort nehmen Sie dann die N71, die auf 27 km auch sehr spannend zu fahren ist. Hier geht es über den 332 m hohen Caha Pass. Die gut ausgebaute Straße führt auch durch kleinere Tunnel.

*Healy Pass auf der Beara Halbinsel*

Auf der anderen Seite des Passes liegt Molly Gallivan's Traditional Cottage and Farm (🖳 www.mollygallivans.com), ein absolut uriges 200 Jahre altes Haus mit Souvenirshop und einem kleinen Café. Weiter unten folgt ein Abzweig zum Bonane Heritage Park (🖳 www.bonaneheritagepark.com), wo Sie u. a. einen Steinkreis, ein Rundfort und einen stehenden Stein besichtigen können.

🚶‍♂️ 🚲  Sehr beliebt ist es auch, die Beara Halbinsel zu erwandern oder mit dem Rad abzufahren. Ausgeschildert als *The Beara Way* wurde 1990 ein zwischen 196 und 220 km langer Wanderweg angelegt. Auf ihm passieren Sie viele der Highlights dieser außergewöhnlichen Halbinsel. Planen Sie ca. 10 Tage für diese Wanderung ein.

### Kenmare (Neidín) 🍴 ✕ 🛏 ⛺ 🏛 ⌘

ℹ️  Kenmare Tourist Information Office, Heritage Centre, Kenmare, Co. Kerry,
☎ +353(0)64/664 12 33, ✉ kenmaretio@failteireland.ie, 🖳 www.kenmare.com, 🖳 www.kenmare.ie

Die Stadt liegt strategisch sehr günstig zwischen den beiden spektakulären Halbinseln Beara und Iveragh mit dem Ring of Kerry und nicht weit von einer der beliebtesten Städte Irlands, Killarney, entfernt.

Die Stadt liegt am Ende des Kenmare River, ein weit ins Land ragender, schmaler Meeresarm zwischen den Halbinseln Beara und Iveragh. Wie viele irische Ortschaften leidet auch Kenmare unter dem starken Autoverkehr, denn die Straßen in der Stadt sind sehr eng und die N71 führt mitten durch die Haupt-Einkaufsstraße, die Henry Street. Da kommen die bunten, oft mit Blumentöpfen behängten Häuserfassaden gar nicht richtig zur Geltung. In der Stadt gibt es alles, was Sie für die Reise und zum Leben benötigen, natürlich auch Unterhaltung für den Abend. In den zahlreichen Pubs wird Live-Musik dargeboten.

Mich haben die vielen Galerien begeistert, die Fotografien irischer Naturfotografen ausstellten. Und Natur gibt es in der Umgebung von Kenmare sehr viel: Berge, Meer, Seen, Wälder, ...

Sehenswert ist auch der Steinkreis von Kenmare. Er ist einer der größten Steinkreise im County Kerry. Er besteht aus 15 Steinen und hat in der Mitte noch ein Boulder Tomb (Grab). Zu finden in der Verlängerung der Market Street/Pound Lane.

⚠ Faungorth Camping, Kenmare (3 km auf der Kilgarvan Road, R569),
☏ +353(0)64/664 17 70, 📱 +353(0)86/109 71 74,
✉ kenmarecamping@gmail.com, 🖥 www.kenmarecamping.com,
📅 April bis Ende Sept., GPS: N51°53.499' W009°32.899'

## Englische Biere

Die Iren gehören zu den größten Biertrinkern weltweit. Die heimischen Biersorten haben nicht so viel Kohlensäure und auch weniger Alkohol als deutsche Biere. Irisches Bier ist weltweit bekannt, wobei eine Marke da besonders heraussticht: Guinness. Beim Marktführer handelt es sich um ein irisches Starkbier, Stout genannt. Es hat eine schwarzbraune Farbe und eine cremefarbene Schaumkrone und ist recht geschmacksintensiv. Der Geschmack kommt durch die Verwendung von stark gerösteter Gerste und Gerstenmalz. Die typische Schaumkrone des verdankt es entsteht durch das Zapfen mit Stickstoff statt mit Kohlendioxid. Der Stickstoff erzeugt feinere Gasbläschen, der Schaum hält länger und ist cremiger. Ein weiteres qualitativ hochwertiges Stout aus Irland ist Murphy's, das seit 1856 gebraut wird oder auch das Beamish Irish Stout, das seit 1792 gebraut wird.

Smithwicks ist ein herbes Bier mit hellerer Farbe als die Stout Biere. Es ist auch als Kilkenny Irish Beer bekannt.

Etwas Besonderes finden Sie bei einigen Bierdosen: Wenn Sie die Dosen öffnen, platzt eine Plastikkugel am Boden der Dose und bewirkt, dass sich in der Dose ein Schaum bildet, so, als würde man ein frisch gezapftes Bier trinken.

Von Kenmare möchte ich Ihnen den Abstecher nach Killarney und den Killarney Nationalpark empfehlen.

### Abstecher Killarney:

Es geht recht bald hinter Kenmare bergauf zum Moll's Gap.

10 *Moll's Gap*, Höhe 262 m. Vom Café haben Sie einen tollen Blick auf die Macgillycuddy Reeks Mountains. Am Parkplatz biegen Sie rechts ab und fahren weiter auf der N71 am Westhang des 492 m hohen Derrygarriff. Sie haben freie Sicht hinüber auf die MacGillycuddy's Reeks Gebirgskette mit Irlands höchstem Berg, dem 1.041 m hohen Carrauntoohill. Sie passieren den Looscaunagh Lake und erreichen die südliche Grenze des Killarney National Park. Hier haben Sie eine schöne  Aussicht über den Upper Lake.

17  *Ladie's View* mit Café und Souvenirshop am kleinen Parkplatz. Der Ausblick reicht über das Black Valley, die Seen Upper, Muckross und Lough Leane, die MacGillycuddy Reeks und den Gap of Dunloe. Es heißt, dass der Name auf den Besuch der Queen Victoria in Irland im Jahre 1861 zurückzuführen ist. Sie war Gast im Muckross House und als Sie an diesem Platz vorbeifuhr, sollen die weiblichen Begleiter der Königin entzückte Ausrufe von sich gegeben haben.

18 ✝ *Derrycunnihy Church* in einer Spitzkehre an einem kleinen Fluss mit Wasserfall.

Die N71 verläuft durch ein bewaldetes Gebiet sehr kurvig weiter bergab. Es folgen kleinere Parkbuchten an Seen mit prima Aussichten.

27 Parkplatz am *Torc Wasserfall*. Der Owengarriff River fließt hier über Kaskaden in einem urigen Wald hinunter zum Muckross Lake. 500 m sind es vom Parkplatz zum 18 m hohen Wasserfall. Gehen Sie den angelegten Weg noch ein bisschen weiter bergauf. Es folgen schöne Aussichten über den Muckross Lake.

*Torc Wasserfall im Killarney National Park*

Im ✿ Killarney Nationalpark werden auch die ältesten Eichenbäume des Landes geschützt und die größte Ansammlung von Rotwild ist hier zu sehen. Schauen Sie also bei Ihren Wanderungen durch diesen wirklich wunderbaren Nationalpark auch nach links und rechts oder halten Sie inne und lauschen der Natur.

**29** ⌘ *Muckross House and Traditional Farms.* Eines der berühmtesten Häuser in Irland ist das Muckross House. Von der Familie Herbert in Auftrag gegeben, wurde es zwischen 1839 bis 1843 gebaut. Der Architekt William Burn plante es im viktorianischen Stil. Für den Besuch von Queen Victoria im Jahr 1861 ließen die Herberts das Haus umfänglich umbauen und auch den Garten vergrößern. Dabei verschuldeten sie sich zu sehr und mussten das Anwesen 1897 an die Gläubiger abtreten. Es ging für kurze Zeit in den Besitz von Lord Ardilaun über, einem Mitglied der Guinness-Bierbrauerfamilie. 1911 kaufte es der US-Amerikaner William Bowers Bourn II. Seine Tochter Maud und ihr Mann Arthur Rose Vincent lebten auf dem Anwesen und brachten sich in die gestalterische Weiterentwicklung besonders der Gartenanlage ein. Nach dem plötzlichen Tod von Maud im Jahre 1929 schenkte die Familie das Haus samt dem 4.000 ha-Anwesen dem irischen Staat mit der Auflage, es als Bourn Vincent Memorial Park der Öffentlichkeit zugänglich zu machen. So wurden das

*Muckross House bei Killarney*

Haus und die Ländereien zum ersten irischen Nationalpark. Weitere Landzukäufe ließen den Nationalpark bis heute auf über 100 km² anwachsen. In der Nähe des Herrenhauses gibt es drei Farmen, auf denen noch heute (für die Touristen) in traditioneller Art und Weise der 1930er- und 40er-Jahre gearbeitet wird. Eine Töpferei, Weberei, Buchbinderei, Souvenir-Shops, Restaurant/Café runden das Angebot für Touristen ab.

⌘ Muckross House Gardens & Traditional Farms, The National Park, Killarney, Co. Kerry, ☎ +353(0)64/667 01 44, ✉ info@muckross-house.ie, 🖥 www.muckross-house.ie, 🕓 Juli bis Ende Aug.: 9:00-19:00, Sept. bis Juni: 9:00-17:30. Im Haus nur geführte Touren.

## 30 ♜ Muckross Abbey (Muckross Friary).

Die recht gut erhaltene Ruine des ehemaligen Franziskanerklosters beherbergt einen Friedhof, der immer noch genutzt wird. Der Bau des Klosters dauerte über fünf Jahrzehnte. Das erkennt man z. B. an den unterschiedlichen Fenstern. Interessant ist auch der Vierungsturm, der die gesamte Breite des Schiffes einnimmt. Die Abbey steht im Killarney Nationalpark und ist gut über einen Wanderweg z. B. vom Muckross-House zu erreichen.

## 34 Killarney

ℹ Killarney Discover Ireland Centre, Beech Road, Killarney, Co. Kerry,
☎ +353(0)64/663 16 33, ✉ killarneytio@failteireland.ie, 🖥 www.killarney.ie

14.000 Einwohner, im Sommer gut besucht, Campingplätze vorher buchen.

Es ist schon eine enorme Umstellung: Fuhr man vorher durch die Einsamkeit auf der Beara-, Sheep's Head- und Mizen-Halbinsel, befindet man sich jetzt in einer der beliebtesten Urlaubsregionen Irlands. Und es ist voll hier im Sommer. Glücklicherweise bietet die Stadt mit dem angrenzenden Nationalpark so viele unterschiedliche Möglichkeiten der Freizeitgestaltung, dass es sich ein wenig entzerrt.

Die New-, High- und Main-Street und die davon abgehenden Straßen bilden das Zentrum der Stadt mit den meisten Geschäften und Pubs. Wie in jeder Stadt/Ortschaft in Irland ist das Verkehrsaufkommen groß, da es kaum Umgehungsstraßen gibt. Aber es sind auch nicht die Sehenswürdigkeiten der Stadt, die die Touristen hierherführt, sondern die Landschaft/Natur mit ihren vielen Attraktionen.

♜ *Ross Castle*: Dieses gut erhaltene Schloss liegt am Ufer des Lough Leane (Lower Lake). O'Donoghue Mór ließ es im 15 Jh. erbauen. Später ging es in den Besitz der Brownes, die späteren Earls of Kenmare, über, die damals große Ländereien des heutigen Nationalparks ihr Eigen nannten. Eine Legende besagt, dass O'Donoghue am Boden des Lough Lane schlummert. Alle sieben Jahre am ersten Morgen im Mai erscheint er aus dem Wasser auf seinem weißen Pferd und umkreist den See. Alle, die das Glück haben, ihn auf seinem Ritt zu sehen, wird eine glückliche Zukunft vorhergesagt.

♦ Ross Castle, Killarney, Co. Kerry, ☏ +353(0)64/663 58 51, ✉ rosscastle@opw.ie, 🖥 www.heritageireland.ie/en/south-west/rosscastle, 🕐 Anfang Mai bis Ende Okt.: 9:30-17:45. Die geführten Touren dauern 1 Stunde. Absolut lohnend!

❀ *Gap of Dunloe*: Dieses eiszeitliche Tal ist bei Radlern und Wanderern sehr beliebt. Es führt zwischen den Bergen der MacGillycuddy Reeks und Purple Mountain westlich des Killarney Nationalparks hindurch. Es gibt mehrere Möglichkeiten, dieses Highlight im County Kerry zu erkunden. Fahren Sie mit dem Boot von Ross Castle über die Seen Lower-, Middle- und Upper-Lake vorbei an der Innisfallen Insel, der Bricin Bridge, Torc Mountain, Old Weir Bridge, the Meeting of the Waters bis zum Lord Brandon's Cottage am westlichen Ufer des Upper Lake. Hier können Sie sich in einem kleinen Restaurant für die anstehende Wanderung noch einmal stärken. Die Bootstour dauert 2 Stunden. Es geht jetzt zu Fuß, mit dem Fahrrad oder in einer der bereitstehenden (meist) einachsigen Einspänner-Kutschen (für bis zu vier Personen) durch das Black Valley und weiter zum Gap of Dunloe. Die höchste Stelle (Gap) ist 243 m hoch. Der Ausblick zurück ins Black Valley oder voraus ins schroffe Tal sind atemberaubend. Durch das schmale, wild zerfurchte Tal, die Berge rechts und links sind zwischen 700 und 850 m hoch, passiert man den Auger Lake, den Cushnavalley Lake und den Black Lake. Am offenen Ende des Tals erreichen Sie nach etwa 10 km Kate Kearney's Cottage. Um 1840 war Kate eine bekannte Schönheit, die ihr Leben mit selbstgebranntem poitín, einem Kartoffelschnaps, finanzierte. Er soll so stark gewesen sein, dass man ihn nur im Verhältnis 1:7 trinken konnte.

Im Cottage können Sie bei einer Mahlzeit wieder zu Kräften kommen. Busse fahren vom Parkplatz aus zurück nach Killarney (ca. 14 km). Das ist ein wirklich schöner Tagesausflug, auf dem Sie sehr viel zu sehen bekommen. Im Sommer kann es aber schon recht voll sein. Die wirklich schmale, öffentliche Straße kann man auch mit dem Auto befahren, doch ist besonders zur Hochsaison absolut davon abzuraten, da die Kutschen, Radler und Wanderer hier den Vortritt haben.

# Wild Atlantic Way - Abstecher Killarney

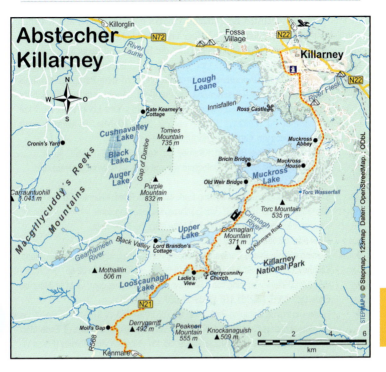

- O'Connor Autotours, Ard Ross, Ross Road, Killarney, Co. Kerry, ☏ +353(0)64/663 10 52, ✉ oconnorautotours@eircom.net, 🖥 www.oconnorautotours.com
- Gap of Dunloe Tours, 7 High Street, Killarney, Co. Kerry, ☏ +353(0)64/663 02 00, ☏ +353(0)87/267 28 21, ✉ info@gapofdunloetours.com, 🖥 www.gapofdunloetours.com

Erkunden Sie die Region in einer Kutsche (Jaunting Car Trips)

Killarney Jaunting Cars Tangney Tours, Gilhuys, 10B Muckross Close, Killarney, Co. Kerry, ☏ +353(0)64/663 33 58, ✉ info@killarneyjauntingcars.ie, 🖥 www.killarneyjauntingcars.com. Die Jarveys erzählen Ihnen gerne Geschichten und geben Infos zu den Sehenswürdigkeiten.

Wer gerne am höchsten Berg Irlands wandern möchte, der verlässt Killarney nördlich auf der N72. Hinter Fossa Village fahren Sie links Richtung Gap of Dunloe für 8 km bis zur Maxol Tankstelle. Über die Brücke und danach die nächste Straße links Cronin's Yard (3 km). Der Weg führt sachte bergauf und Sie sehen voraus schon das Bergpanorama des Carrauntoohil. Auf dem Parkplatz Cronin's Yard können Sie campen (Duschen/WC vorhanden). Auch andere Unterkünfte können in geringer Zahl gemietet werden. Der Cronin's Yard Loop Walk ist 8 km lang und moderat zu wandern. Dauer etwa 2 Std. 30 Min. Es werden auch geführte Touren bis zum Gipfel angeboten.

- Cronin's Yard, Mealis, Beaufort, Killarney, Co. Kerry, ☏ +353(0)64/662 40 44, 📱 +353(0)86/364 96 90, ✉ info@croninsyard.com, 🖥 www.croninsyard.com, GPS: N52°1.595' W009°41.773'
- Killarney Flesk Caravan & Camping Park, Muckross Road, Killarney, Co. Kerry, ☏ +353(0)64/663 17 04, ✉ info@killarneyfleskcamping.com, 🖥 www.killarneyfleskcamping.com, 🗓 Mitte März bis Ende Sept., GPS: N52°02.580' W009°29.66'. Sehr zentral gelegen.
- Fleming's White Bridge Caravan & Camping Park, Whitebridge, Ballycasheen Road, Killarney, Co. Kerry, ☏ +353(0)64/663 15 90, 📱 +353(0)86/363 02 66, ✉ info@killarneycamping.com, 🖥 www.killarneycamping.com, 🗓 Mitte März bis Ende Okt., GPS: N52°03.416' W009°28.550'
- Fossa Caravan & Camping Park, N72, ☏ +353(0)64/663 14 97, ✉ fossaholidays@eircom.net, 🖥 www.fossacampingkillarney.com, 🗓 Ende März bis Ende Sept., GPS: N52°04.238' W009° 35.137'. Nördlich von Killarney (Fossa Village) gelegen.
- Beechgrove Caravan & Camping Park, ☏ +353(0)64/667 18 48, 📱 +353(0)87/904 81 23, ✉ info@killarneybedandbreakfast.com, 🖥 www.beechgrovecaravanandcamping.net, 🗓 Mai bis Ende Sept., GPS: N52°4.255' W009°34.888'. Nördlich von Killarney (Fossa Village) gelegen.

Hier nun die Weiterfahrt auf dem WAW von Kenmare auf dem Ring of Kerry - 2. Abschnitt.

# 2. Abschnitt: Kenmare - Tarbert - 385 km

Dieser Abschnitt führt komplett durch das County Kerry (🖥 www.gokerry.ie). Die Iren nennen es ihr Kingdom - hauptsächlich bezogen auf die sagenhaft schöne Natur. Auf der Iveragh-Halbinsel (Uibh Rathach) finden Sie die höchsten Berge

Irlands, alte Waldgebiete im Killarney Nationalpark, spektakuläre Steilküsten, die größte Rotwild-Population und mit Skellig Michael, die unglaubliche Insel im Atlantik, die zum UNESCO-Weltkulturerbe gehört. Und wenn Kerry das Kingdom ist, dann ist, laut den Iren, die Stadt Killarney das Juwel. Die Stadt am gleichnamigen Nationalpark und am Lough Leane (Loch Léin) gelegen, bietet wunderschöne Burgen, Herrenhäuser und auch eine prima Pub- und Musikszene.

## Ring of Kerry (ca. 180 km)
 www.ringofkerrytourism.com

Kenmare ist der südliche Beginn/Ende der bekanntesten irischen Panoramastraße, dem Ring of Kerry. Für diese Straße gibt es seit Jahren eine Regelung für Reisebusse: Sie fahren diese Panoramastraße gegen den Uhrzeigersinn, um Probleme beim Passieren zu vermeiden. Die Straße wurde in den letzten Jahren an vielen Stellen bereits ausgebaut. PKW-Fahrer sollten die Strecke im Uhrzeigersinn fahren. Das vermeidet Behinderungen durch Reisebusse. Wie schon geschrieben, war ich mit einem Hymercar unterwegs, also einem etwas schmaleren Wohnmobil. Es war für mich kein Problem, den Ring of Kerry im Uhrzeigersinn zu fahren.

Für alle Bustouren entlang des Ring of Kerry ist Killarney der Anfangs- und Endpunkt. Die Busse starten meist 10:30 in Killarney und sind um 17:00 wieder zurück in der Stadt. Die Busse fahren hauptsächlich auf der N70 um die Halbinsel. Die absoluten Highlights am äußersten Ender der Iveragh-Halbinsel, wie die Cliffs of Kerry, die Valentia Island mit dem spektakulären Bray Head und den wunderschönen Fischerort Portmagee, von dem die Boote zur Skellig Michael Insel fahren, fahren sie gar nicht an. Wenn Sie morgens den Ring of Kerry von Kenmare aus beginnen, sind Sie leicht zur Mittagszeit in Waterville und können kurz hinter dem Ort dem WAW auf der R567 folgen - so bekommen Sie die Reisebuskolonne gar nicht mit. Und wenn Sie alle Sehenswürdigkeiten am westlichsten Zipfel der Iveragh-Halbinsel besichtigt haben, passieren Sie den nördlichen Teil der Halbinsel (am nächsten Tag) auch erst gegen Nachmittag, wenn alle Reisebusse vorbei sind. Darum möchte ich Ihnen die Beschreibung des WAW in nördlicher Richtung weiter beschreiben, also im Uhrzeigersinn auf dem Ring of Kerry.

Der WAW in nördlicher Richtung verläuft von Kenmare auf der N70 Richtung Westen und ist knapp 180 km lang. Die Highlights sind auch hier wieder am Ende der Halbinsel zu finden: wunderschöne Steilküsten und Strände, die Insel Valentia, Skellig Micheal und Cliffs of Kerry.

Der WAW folgt der N70 aus dem Ort heraus. Der Ring of Kerry ist geradeaus Richtung Killarney ausgeschildert.

Für Irland sind die nächsten 13 km eher untypisch, wenn man nicht gerade auf einer Autobahn fährt: Die Straße verläuft fast schnurgeradeaus.

**5** Dromquinna Manor, links abbiegen

Dromquinna Manor, ☎ +353(0)64/664 28 88, ✉ admin@dromquinnamanor.com, 🖥 www.dromquinnamanor.com, GPS: N51°52.168' W009°38.533'. Die luxuriösere Art des Campens. Tolle Location!

Etwas weiter auf der N70 geht es jetzt durch ein bewaldetes Gebiet.

**13** Die Straße macht jetzt einen Rechts-Links-Knick und führt über die Blackwater Bridge, die über den gleichnamigen kleinen Fluss führt. Erwarten Sie hier bitte keine große Brücke. Kurz dahinter erreicht die Straße auch einmal wieder das Wasser.

Bei der Ortschaft Tahilla bei km 20 blicken Sie sehr schön auf die zerklüftete Küstenlinie mit der Bucht Coongar Harbour. Es wird zum Ende der Halbinsel hin aber noch wesentlich spektakulärer werden.

**27** **Sneem** (An tSnaidhm) 🍸 ✕ 🛒 🛏 ⛺ ⛽ 🛒 ⌘

Sneem Visitor Information Point, Joli Coeur Crafts, South Square, Sneem, Co. Kerry, ☎ +353(0)64/667 58 07, ✉ evaletanneur@eircom.net, 🖥 www.sneem.com

Der Ort wird durch den Sneem River zweigeteilt. So hat jeder Ortsteil einen parkähnlichen Platz bekommen. Wenn Sie einen Übernachtungsplatz suchen, fahren Sie vor der Brücke links hinein. Rechts von der Kirche liegt direkt am Sneem River ein Campingplatz. Zum Anmelden begeben Sie sich zu „Dan Murphy's Pub" rechts vor der Brücke.

Goosey Island Motorhome Park, Sneem, Ring of Kerry, ☎ +353(0)87/671 01 06, ✉ gooseyisland@gmail.com, GPS: N51°50.246' W009°53.995'

Tankstelle und Lebensmittelläden sind vorhanden. Hinter der Brücke auf der linken Seite kommt ein Bäcker. Hier haben wir uns zum Frühstückskaffee warme Scones gekauft - einfach nur lecker!

Eine Gedenktafel an einem der Plätze erinnert an Charles de Gaulle, der 1969 den Ort besucht hat. Dass auch hier viele der Häuser sehr farbig daherkommen, muss nicht extra erwähnt werden. Die fast 700 m hohen Berge im Hintergrund bieten einige schöne Wandermöglichkeiten.

Die Bergkette rückt im weiteren Verlauf der Straße gen Westen immer dichter an die Küste heran.

Hinter Sneem verläuft der WAW für die nächsten 10 km nicht mehr in Küstennähe.

## 41   Castle Cove ⛺ 🅿 🍴.

Im Ort geht es rechts ab zum *Staigue Stone Fort*. Es liegt 4 km von der Straße entfernt in den Bergen. Die Straße ist recht schmal und wenn die Bäume/Büsche entlang der Straße nicht geschnitten sind, kann es schon etwas am Womo kratzen. Aber das ⛫ Staigue Stone Fort ist absolut einen Besuch wert. Diese ringförmige Festung ist eine der besterhaltenen ihrer Art. Mit einem Durchmesser von 34,50 m ist das vor etwa 2.500 Jahre errichtete Fort auch eines der größten in Irland. Die Mauer ist bis zu 6 m hoch und stellenweise bis zu 4 m dick. Diese Trockenmauer, die Steine wurden ohne Mörtel aufeinandergestapelt, ist nur durch einen Eingang unterbrochen.

Das Fort steht auf einem Privatgrundstück. Am Eingang steht eine kleine Büchse, in die man für den Eintritt € 1 einwerfen möge. Neben dem Fort am Parkplatz ist ein kleines Café und ein kleines WC-Häuschen.

💻 www.staiguefort.com/staigue-fort/

45   Glenbeg schön am Wasser an einer Bucht gelegen.
⛺   Glenbeg Caravan & Camping Park, ☎ +353(0)66/947 51 82, 📱 +353(0)87/225 01 73, ✉ glenbeg@eircom.net, GPS: N51°45.562', W10°4.872'. 2 km vom Caherdaniel Village entfernt.

Es geht etwas bergauf und nach dem nächsten Rechtsknick beginnt die Bucht. Herumgefahren folgt ein weiterer Campingplatz kurz vor dem Ort Caherdaniel. Der Platz wurde terrassenförmig zum Wasser hin angelegt.

**47** ⚠ Wave Crest, Caherdaniel, Co. Kerry, ☎/FAX +353(0)66/947 51 88, ✉ wavecrest@eircom.net, 🖥 www.wavecrestcamping.com, 🕒 ganzjährig, GPS: N51°45.529' W010°5.467'. Platz mit toller Aussicht.

**49** Caherdaniel (Cathair Dónall) 🍷 ☕

Der Ort liegt etwa 150 m oberhalb der Derrynane Bay. Die Aussicht auf die vielen kleinen vorgelagerten Inseln, die Strände und Skellig Michael am Horizont ist einfach wundervoll. Der 300-Einwohner-Ort mit mehreren Pubs und Cafés hat weiter unterhalb einiges zu bieten.

Der WAW führt auf einen ↯ Abstecher hinunter zum Derrynane House und dem Derrynane National Historic Park.

⌘ Daniel O'Connel, Richter, Politiker und Staatsmann, hatte hier sein Elternhaus. Er wurde in der ersten Hälfte des 19. Jahrhundert in Irland berühmt für seine Bemühungen um die Gleichberechtigung der irischen Katholiken und die Beendigung der Union zwischen Großbritannien und Irland. Im Haus sind einige Möbel und Gegenstände aus seinem Leben und seiner Schaffenszeit ausgestellt. Im angrenzenden 130 ha großen Park mit einer wundervollen Küstenlandschaft aus Dünen, Palmen und meterhohen Farnen steht ein Ogham-Stein. Ogham ist ein früher in Irland benutztes Schriftsystem. Bei Ebbe ist es möglich, bis zur Abbey Island zu wandern. Der Ausblick auf die Skellig Michael und die Küste ist großartig.

♦ Derrynane National Historic Park, Derrynane House, Caherdaniel, Co. Kerry, ☎ +353(0)66/947 51 13, ✉ derrynanehouse@opw.ie, 🕒 März: 10:00-17:00, April bis Ende Sept. 10:30-18:00, Okt. 10:00-17:00, Nov. bis Mitte Dez. 10:00-16:00

**52** Parkplatz mit toller 📷 Aussicht.
**54** Parkplatz mit wundervoller 📷 Aussicht.
**55** WAW Abzweig hinunter zum Hafen, von wo eine Bootstour zur Skellig Michael angeboten wird.
Am Abzweig steht das Derrynane Hotel und die O'Connells Cove Beach Bar (Haltestopp der Bustouren).

56 Coomakista Pass mit großem Parkplatz und einer Christusfigur. Der Pass ist um die 210 m hoch und überquert hier die Beenarouke Mountain. Sie blicken hinunter in die Derrynane Bay, Abbey Island, Deenish Island und Scariff Island oder in die andere Richtung nach Waterville auf das Loher Stone Fort und in die Ballinskelligs Bay.

63 **Waterville** (An Coireán) ♀ ✕ 🍺 ⛽

🛈 Waterville Visitor Information Point, Charlie Chaplin Visitor Centre, Waterville, Co. Kerry, ☎ +353(0)66/947 88 18, ✉ chaplinfilmfestival@gmail.com

*Waterville, Ring of Kerry*

Es ist ein typischer Touristenort am Ring of Kerry mit großem Busparkplatz.

Die Lage des Ortes ist wundervoll: Er liegt an der Ballinskelligs Bay mit einem langen Strand und dem Lough Currane (🖥 www.loughcurrane.com). Der 600-Einwohner-Ort ist bei Golfern und Anglern sehr beliebt.

Sehr beliebt war der Ort auch bei **Charlie Chaplin**. 1952 war Chaplin in London, um seinen letzten Film Limelight zu promoten. Seine Wiedereinreise-Genehmigung in die USA wurde annulliert (Chaplin war gebürtiger Engländer), das FBI hielt ihn für einen Kommunisten. In seinem Exil wählte er die Schweiz als

Wohnsitz. 1959 reiste er mit der Familie auf dem Ring of Kerry und sie kamen dabei auch durch Waterville. Hier nächtigten sie im Butler Arms Hotel. Sie fanden solch ein Gefallen an dem Ort, dass sie in der folgenden Dekade jedes Jahr zur Osterzeit hierherkamen. Seine Kinder haben weiterhin Kontakt zu Waterville. So wird mit ihrer Erlaubnis jedes Jahr Ende August das Charlie Chaplin Comedy Film Festival in Waterville veranstaltet. An Charlie Chaplin erinnert eine Bronzestatue an der Hauptstraße. Wenn die Reisebusse in Waterville ankommen, stehen die Menschen hier Schlange für ein Foto. Einheimische Musiker spielen an dem Platz auf, um sich so ein paar Euros dazuzuverdienen.

Alles Notwendige für die Reise bekommen Sie in Waterville.

Der jetzt folgende Abschnitt von Waterville über Ballinskelligs, Cliffs of Kerry, Portmagee und die Valentia-Insel bis nach Cahersiveen wird als Skellig Ring Scenic Drive bezeichnet und wird von den Reisebussen nicht befahren, da die Straßen stellenweise etwas schmaler sind. Doch dieser etwa 50 km lange Abschnitt bietet meiner Meinung nach das Spektakulärste, was es auf der Iveragh-Halbinsel zu sehen gibt. Ich würde sogar noch weiter gehen und sagen, dass dieser Abschnitt mit das Schönste zu bieten hat, was es entlang des Wild Atlantic Way zu sehen gibt! Laden Sie sich die App Skellig Coast Ring herunter. Dort finden Sie wirklich tolle Informationen.

Der WAW führt hinter Waterville nun weg von der Küste.

**66** ⛽ Tankstelle und ✝ Kirche am New Chapel Cross. Fahren Sie hier links ab.

**68** Jetzt verlassen Sie den Ring of Kerry und fahren weiter auf dem WAW bzw. dem Skellig Coast Ring. Sie biegen links ab auf die R567. Der Skellig Coast Ring führt für mich zu einem der schönsten Abschnitte entlang des 2.500 km langen Wild Atlantic Way.

**72** Links lohnender Abstecher zum ⚑ Reenroe Beach (500 m).

**73** Links auf die R566 abbiegen.

**77** Links geht es zum ⛫ *McCarthy's Castle* (500 m, Ruine, Souvenirshop mit Café und Touristeninformation) in der Ortschaft **Ballinskelligs** (Baile n Sceilg), 🖥 www.visitballinskelligs.ie. Der Parkplatz liegt direkt am Ende eines schönen Sandstrands. Die Burgruine steht auf einem Felsen direkt vor dem Parkplatz. Wenn Sie am Strand stehen und nach rechts blicken, sehen Sie die Ruine der Ballinskelligs Abbey. Dieser kurze, etwa 1 km lange Spaziergang am Wasser entlang ist absolut lohnenswert. In das Kloster sollen die Mönche von Skellig Michael etwa im 13. Jh. übergesiedelt sein, nachdem sie wohl aufgrund einer langen Schlechtwetterperiode die Insel verlassen mussten.

Vom Parkplatz kommend geht es an der Kreuzung geradeaus weiter auf der R566 Richtung Portmagee. Die Straße führt hinter Ballinskelligs bergauf. Bei der Überquerung eines kleinen Bergpasses (Höhe ca. 110 m) eröffnet sich Ihnen ein wundervoller 📷 Blick auf die Skelligs (Skellig Michael, Small Skellig) und die nächste wunderschöne Bucht. Die Berge, zwischen denen die Passstraße hindurchführt, sind hier am Ende der Halbinsel immerhin noch um die 400 m hoch.

**84** St. Finian's Bay (The Glen) wieder am Wasser mit kleinem Strand. Naschkatzen können in dem kleinen Ort bei Skelligs Chocolate irische Schokolade probieren und kaufen (🖥 www.skelligschocolate.com).

Im Ort geht es am Spielplatz links ab über eine kleine Straße, zuerst recht sachte bergauf. Es geht an kleinen Farmen vorbei. Am Ende des Anstiegs fahren Sie in drei Spitzkehren um einiges steiler aufwärts. Die Vegetation nimmt ab und die Passhöhe liegt auf einer Höhe von fast 250 m (km 88). Von dem kleinen Parkplatz Coomanaspic aus blicken Sie voraus auf Portmagee und Valentia Island mit dem Bray Head Tower. Den Verlauf der Straße kann man von hier oben sehr schön sehen. An der nächsten möglichen Einfahrt nach links fahren Sie zum Café Kerry Cliffs (km 90). Vom Parkplatz aus gehen Sie (nach Zahlung eines Eintrittspreises) zu den Cliffs of Kerry auf den angelegten Wegen noch etwas bergauf und blicken dann aus einer Höhe von um die 100 m steil hinunter aufs Meer, zu den Skelligs und zum Bray Head, dem westlichen Ende von Valentia Island. Eine wirklich sensationelle 📷 Aussicht (🖥 www.kerrycliffs.com). Der nicht zugängige Teil der Cliffs ist um die 300 m hoch.

**91 Portmagee** (An Caladh), 🖥 www.portmagee.ie 🍷 ✕ ⌘ ⊛ 🚢

Dieser kleine Fischerort liegt sehr schön geschützt am Portmagee Channel. Die Pubs am Wasser laden förmlich zum Verweilen ein. Der Fisch kommt hier auf kürzestem Weg vom Meer auf den Teller. Und der Blick hinüber zur nahen Valentia Island ist prima. Von dem kleinen Hafen fahren die Boote zu den **Skellig Islands**, **Skellig Michael** (oder Great Skellig) und **Little Skellig**. Die Inseln liegen 12 km westlich der Iveragh Halbinsel im Atlantik.

*Portmagee*

⌘ ✿ **Skellig Michael** wurde 1996 zum UNESCO Welterbe erklärt. Auf ihr steht ein aus dem 6. Jh. stammendes, gut erhaltenes Mönchskloster. Das Kloster besteht aus sechs Beehive huts, den Bienenkorbhütten, so genannt weil sie die Form von Bienenkörben haben. Des Weiteren stehen hier Steinkreuze und Grabsteine. Etwa 600 Jahre lang wurde die Insel durchgehend von 13 Mönchen bewohnt. Die ganze Anlage wurde terrassenförmig auf einer Höhe von rund 200 m errichtet, der höchste Gipfel der Insel ist 218 m hoch. Über 600 in Handarbeit angelegte Treppen führen steil bergauf dorthin. Wer nicht schwindelfrei ist, sollte von einem Besuch der Insel absehen. Im Sommer nisten u. a. Papageitaucher (April-Juli) auf der Insel. Wale und Delfine sind häufig zu beobachten. Der Besuch dieser Insel ist ein absolutes MUSS. Meist auf der Rückfahrt wird noch die kleinere Insel umrundet. Sie ist für Menschen tabu. Auf ihr leben über 22.000 Basstölpel-Paare, weltweit eine der größten Populationen. Ein sagenhafter Trubel auf der Insel. Auch unglaublich zu beobachten, wie die Vögel aus großen Höhen mit angelegten Flügeln wie Pfeile ins Wasser stoßen, um Fische zu jagen. Skellig Michael ist einer der 15 *Signature Discovery Points*. (☞ 📷 Seite 9)

Die kleinen Boote, die zu den Inseln fahren, können maximal 12 Personen befördern und nur eine kleine Anzahl an Skipper erhalten jährlich eine Lizenz. Das bedeutet wiederum, dass in der Hochsaison eine Voranmeldung unabdingbar ist.

Eoin Walsh, ☎ +353(0)66/947 63 27, 📱 +353(0)87/283 35 22. Hier ist im Preis der Eintritt ins Skellig Experience Visitor Centre inklusive.
- Michael O'Sullivan, ☎ +353(0)66/947 42 55, 📱 +353(0)87/417 82 68
- Patrick Murphy, ☎ +353(0)66/947 71 56, 📱 +353(0)87/234 21 68
- Seanie Murphy, ☎ +353(0)66/947 62 14, 📱 +353(0)87/236 23 44
- Dan McCrohan, ☎ +353(0)66/947 61 42, 📱 +353(0)87/239 97 41, 💻 www.skelligsrock.com
- Brendan Casey, ☎ +353(0)66/947 24 37, 📱 +353(0)87/239 54 70, 💻 www.skelligislands.com
- Joe Roddy, ☎ +353(0)87/284 44 60, 📱 +353(0)87/617 81 14, ✉ skelligmichaelcruises@gmail.com, 💻 www. skelligmichaelcruises.com. Bieten Touren um die beiden Inseln an, ohne anzulegen.
- Dermot Walsh, ☎ +353(0)66/947 61 20, 📱 +353(0)86/833 95 49
- John O Shea (Caherdaniel), 📱 +353(0)87/689 84 31
  Die Boote legen zwischen April und Sept. zwischen 10:00 und 10:30 ab und sind zwischen 14:30 und 16:30 zurück. Preise pro Erwachsenen: € 60. Die Boote legen allerdings nur ab, wenn es die Wetterbedingungen zulassen.

ℹ Infos zur Insel erhalten Sie auch auf folgenden Internetseiten:
💻 www.worldheritageireland.ie, 💻 www.heritageireland.ie

*Basstölpel-Kolonie auf Little Skellig*

Von Portmagee können Sie über die Maurice O'Neill Memorial Bridge auf die **Valentia Island** fahren. Gleich hinter der Brücke finden Sie das ⌘ The Skellig Experience Visitor Centre. Eine Ausstellung über die Klosteranlage, den Skellig Leuchtturm, Flora und Fauna sowie ein sehr informativer Film bringen einem dieses Highlight des Wild Atlantic Way eindrücklich näher. Ein ✕ Restaurant und Souvenir-Shop sind ebenfalls in dem Gebäude untergebracht.

92  The Skellig Experience Visitor Centre, Valentia Island, Co. Kerry, ☎ +353(0)66/947 63 06, skelligexperience@live.com, www.skelligexperience.com, März, April, Okt., Nov.: 10:00-17:00, 5 Tage die Woche; Mai, Juni, Sept.: täglich 10:00-18:00; Juli + Aug.: täglich 10:00-19:00, Erwachsene € 5, Kinder € 3

93  An der Kreuzung hinter dem Visitor Centre geht es links ab in Richtung Bray Head und zum Geokaun Mountain & Fogher Cliffs.

94  Links zum Bray Head Parkplatz, geradeaus 3 km zum Geokaun Mountain. 500 m weiter stehen Sie am **Bray Head** Parkplatz (Seite 36) an einer Klippe mit wundervoller Aussicht über den Portmagee Channel und zu den gegenüberliegenden Klippen. Unternehmen Sie vom Parkplatz aus eine kleine Wanderung (2 km) hinauf zum 1815 erbauten Bray Tower, einem ehemaligen Wachturm. Die Aussicht ist einfach nur umwerfend. Gehen Sie dort mit Picknickkorb zum Sundowner hin - wonderful! Die Straße zum Geokaun Mountain ist zwar nicht die breiteste, aber die Aussicht vom 266 m hohen Berg ist es wert, erfahren/erklommen zu werden.

97  Geokaun Mountain & Fogher Cliffs, ☎ +353(0)87/649 37 28, www.geokaun.com, täglich 6:00-23:00, € 5 pro Auto, € 2 für Fußgänger/Radler.

Auf dem ersten Parkplatz (The Miner's View) können Sie zu einem Viewing Deck gehen und die Fogher Cliffs überblicken. Vom zweiten Parkplatz (The Shepard's View) startet ein Loop Walk um den Gipfel herum. Der obere Parkplatz (Carraig na Circe) bietet einen tollen Ausblick in alle Richtungen: Hinüber zur nächsten Halbinsel, der Dingle-Halbinsel mit Blasket Island, zum Cromwell Point Leuchtturm, den Skellig Rocks, und und und. 34 Informationsschilder geben Auskunft über die Ausblicke.

Vom Geokaun Mountain können sie hinunter zum Cromwell Point Leuchtturm fahren. Nur während geführter Touren können Sie den Leuchtturm auch von innen besichtigen.

## 100 Knightstown ♀ ✕ 🍺 ♨ ⛴

**i** Valentia Island Tourist Office, No. 3 Watch House Cottages, Knightstown, Valentia Island, Co. Kerry, ☏ +353(0)66/947 69 85, ✉ info@valentiaisland.ie,
🖥 www.valentiaisland.ie

Der größte Ort der Insel liegt am Ostzipfel der Insel direkt am Wasser. Von hier können Sie mit der ⛴ Fähre in 5 Minuten nach Reenard Point fahren, um die Fahrt auf dem Ring of Kerry fortzusetzen. Sie fährt alle 10 Min. von April bis Okt. von 7:45-21:30, So 9:00-21:30, (Juli, Aug. bis 22:00).

Pubs, Cafés, Restaurants laden zum Verweilen ein. Sehr schön ist der rot-weiße Town Clock Tower am Hafen.

Bekannt wurde die Insel Valentia durch ihre Transatlantic Cable Station. Nach mehreren fehlgeschlagenen Versuchen gelang es am 5. August 1858 ein transatlantisches Telefonkabel zwischen Valentia Harbour in Irland und Trinity Bay in Neufundland zu verlegen.

Noch älter ist der Tetrapod Trackway (Tetra = 4, Pod = Füße). Vor etwa 385 Millionen Jahren, als Irland noch südlich des Äquators lag, lebte hier ein krokodilähnliches Tier. Dieses Wirbeltier hinterließ Fußabdrücke im ufernahen Schlick, die über die Jahrtausende versteinerten. Sie zählen zu den ältesten Abdrücken von Wirbeltieren überhaupt. Insgesamt sind 150 Abdrücke zu besichtigen.

Informationen über die Geschichte der Insel erhalten Sie im örtlichen Museum.

⌘ Valentia Island Heritage Centre, School Road, Knightstown, ☎ +353(0)66/947 64 11, 🕒 Mai bis Sept.: 10:30-17:20. Museum über die Geschichte der Insel.

**103** An der Kreuzung zur N70 bzw. dem Ring of Kerry. Links ab Richtung Cahersiveen. 500 m weiter geht es links ab ans Wasser zum Mannix Point Campingplatz.

⛺ Mannix Point Camping & Caravan Park, Cahersiveen (Ring of Kerry), Co. Kerry, ☎ +353(0)66/947 28 06, 📱 +353(0)87/638 91 44,
✉ mortimer@campinginkerry.com, 💻 www.campinginkerry.com, 🕒 Mitte März bis Mitte Okt., GPS: N51°56.491' W010°14.679'

**104 Cahersiveen** (Cathair Saidhbhín) 🛒

ℹ Cahersiveen Visitor Information Point, ACARD, The Old Barracks, Marina Office, Cahersiveen, Co. Kerry, ☎ +353(0)66/947 27 77, ✉ acardsiveen@gmail.com, 💻 www.cahersiveen.ie

Der Ort mit seinen 1.200 Einwohnern liegt am Fuße des Beentee Mountain und am Fluss Fertha. Im Ort können Sie wieder alle Vorräte auffüllen. Die Straße führt vom Wasser weg auf etwa 125 m Höhe zwischen Berggipfeln hindurch, die um die 700 m hoch sind. Bergab geht es wieder Richtung Küste, aber nicht bis ganz auf Meereshöhe.

**114** ✗ Restaurant und ⛽ Tankstelle mit guter 🏔 Aussicht hinüber zur Dingle-Halbinsel.
Die Berge reichen im folgenden Abschnitt bis ans Wasser heran die Straße verläuft auf einem schmalen Grat oberhalb des Wassers.

**119** Parkplätze mit Blick über die Dingle Bay.

**128 Glenbeigh** (Gleann Beithe)
In Glenbeigh geht es gleich am Ortsanfang links ab auf dem ↪ WAW Abstecher 2 km zum Rosbehy Point mit einem wundervollen, langen 🏖 Strand. Die Parkplätze am Strand sind leider mit einer Höhenbegrenzung versehen. ☺ Auf der anderen Seite der Bucht, auf der Dingle-Halbinsel, befindet sich ebenfalls solch ein sagenhaft langer 🏖 Strand, der weit ins Wasser hineinragt (Inch Beach). Und da es dort keine Höhenbegrenzung am Parkplatz gibt und man sogar auf den Strand fahren darf, möchte ich Ihnen diesen Strand wärmstens empfehlen.

⚠ Glenross Caravan & Camping Park, Glenbeigh Village, Ring of Kerry, Co. Kerry, ☏ +353(0)66/976 84 51, 📠 +353(0)87/137 68 65, ✉ glenross@eircom.net, 💻 www.campingkerry.com, 📅 April bis Ende Sept., GPS: N52°03.53' W009°55.922'

⌘ Das *Kerry Bog Village Museum* in Glenbeigh vermittelt einen sehr schönen Einblick in das Leben und Arbeiten der Menschen in Irland im 18. und 19. Jh. Sie erhalten in dem Museumsdorf auch Informationen über „The Great Famine", die große Hungerskatastrophe in Irland Mitte des 18. Jahrhunderts (☞ Skibbereen).

♦ Kerry Bog Village Museum, Ballincleav, Glenbeigh, Co. Kerry, ☏ +353(0)66/976 91 84, ✉ info@kerrybogvillage.ie, 💻 www.kerrybogvillage.ie, 📅 täglich von 9:00-18:00, Erwachsene € 6,50, Kinder € 4,50

**140  Killorglin** (Cill Orglan), 💻 www.killorglinringofkerry.com 🍺 🍴 🛏 FUN

Der etwa 2.000 Einwohner zählende Ort Killorglin liegt nahe der Mündung des River Laune, der aus dem Lough Leane bei Killarney entspringt. Der Ort ist Anfangs- bzw. Endpunkt der Iveragh Peninsula und des Ring of Kerry.

In Killorglin findet jedes Jahr im August eines der ältesten Festivals Irlands statt: Puck Fair (💻 www.puckfair.ie). An drei Tagen ist eine wilde Bergziege gekröntes Oberhaupt der Stadt. Neben einem Pferde- und Rindermarkt wird in der gesamten Ortschaft drei Tage lang gefeiert. Ein riesiges Spektakel.

Nach der Flussüberquerung geht es links auf dem WAW weiter bis Castlemaine.

**150** Castlemaine. ⛽ Tankstellen finden Sie an der Kreuzung. Links geht es auf dem WAW weiter Richtung Dingle. Im Ort geht es ein weiteres Mal links ab auf die R561 und am Willkommensschild „Welcome to Dingle Peninsula" vorbei (💻 www.dingle-peninsula.ie).

Auch die **Dingle-Halbinsel** bietet schroffe Steilküsten, schöne Sandstrände, archäologische Fundorte und Berge, und alles ist in die unterschiedlichsten Grüntöne getaucht. Selbst die kargeren Landstriche sind grün getüncht. Am westlichen Zipfel, hinter Dingle auf dem Slea Head Drive, ist es im Sommer recht voll. Wenn Sie die Möglichkeit haben, fahren Sie diesen spektakulären, 50 km langen Abschnitt in den frühen Morgen- oder Abendstunden. Dann, wenn die „normalen" Touristen in ihren Unterkünften sind oder die Restaurants bevölkern, ist es hier

*Slea Head Drive, Dingle Halbinsel*

angenehm ruhig und Sie können diese einzigartige Landschaft entlang der kurvenreichen Panoramastraße richtig genießen. Am westlichen Ende der Halbinsel, am Slea Head, ist die Straße stellenweise recht schmal. Aber der WAW ist hier auch mit einem Womo befahrbar. Mit vorausschauender Fahrweise und der rücksichtsvollen Fahrweise der Iren klappt das schon!

Die Straße verläuft zwischen den Slieve Mish Mountains und der Küste flach und ziemlich gerade bis zum bereits erwähnten Inch Beach.

160 ⛽ Tankstelle.

170 **Inch** (Inse) mit dem sagenhaften 🏄 Inch Beach.
Fahren Sie ruhig ein wenig weiter auf den Strand hinauf Richtung Ende dieser sagenhaften 5 km langen Landzunge. Hier wird es immer leerer. Der breite Strand (bei Ebbe) mit seinen Dünen ist bei Wellenreitern sehr beliebt. Restaurants und einige Unterkünfte sind an der Straße vorhanden.

Es geht einige Meter bergauf und der WAW verläuft für einige Kilometer direkt oberhalb der Küste an den Ausläufern der Slieve Mish Mountains entlang.

**177** Kreuzung: Links geht es nach Dingle 17 km, rechts in die Ortschaft Annascaul. Sie fahren kurvig etwas bergauf und weiter durch flachere Landschaft. Rechts ragen fast 1.000 m hohe Berge gen Himmel.

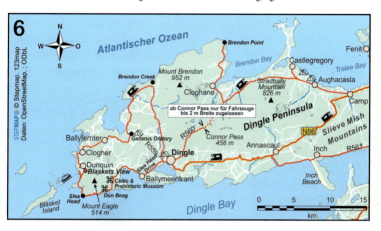

**194** **Dingle** (Daingean Uí Chúis) ♀ ✕ 🚐 ⛺ ⌘ 🚤

ℹ️ Dingle Tourist Office, Strand Street, Dingle, Co. Kerry, ☎ +353(0)66/915 11 88, ✉ dingletio@failteireland.ie, 🖥 www.dingle-peninsula.ie bietet viele Informationen über die knapp 50 km weit in den Atlantik ragende Halbinsel.

Dingle ist bei Iren als Touristenort sehr beliebt. Der berühmteste Einwohner der Stadt ist ein Delfin, Fungie. Er liebt es, die Boote, die Besucher seinetwegen in die Bucht hinausfahren, zu begleiten. Und das macht er bereits seit den 80er-Jahren. Er wurde nie gefüttert, er soll einfach ein Menschenfreund sein!

🚤 Dingle Dolphin Boat Tours, Unit 2, The Tourist Office, The Pier, Dingle, Co. Kerry, ☎ +353(0)66/915 26 26, ✉ info@dingledolphin.com, 🖥 www.dingledolphin.com

In der Dingle Brewing Company können Sie neben der Besichtigung der kleinen Brauerei ein kühles Tom Crean's Irish Lager kosten. Benannt wurde es nach Thomas „Tom" Crean, einem irischen Polarforscher, der in der Nähe (Anascaul) geboren wurde. Dort hatte er nach seinen Polar-Expeditionen mit Robert Falcon Scott und Shackleton das South Pole Pub eröffnet.

⌘ Dingle Brewing Company, Spa Road, Dingle, Co. Kerry, ☎ +353(0)66/915 07 43, ✉ hello@dinglebrewingcompany.com, 🖥 www.dinglebrewingcompany.com, 🕒 täglich 11:00-18:00, Eintritt: € 7

Abends sind die vielen Pubs (über 50 für 1.900 Einwohner) im Sommer immer gut besucht und Live-Musik dringt bis auf die Straßen. Jedes Pub, jedes Restaurant, jede Galerie etc. versucht, durch eine bunt gestrichene Fassade auf sich aufmerksam zu machen.

⚠ Rainbow Independent Hostel & Camping, ☎ +353(0)66/915 10 44, ✉ info@rainbowhosteldingle.com, 🖥 www.rainbowhosteldingle.com. Am Kreisel am Ortsausgang geradeaus, auf der rechten Seite.
♦ Dingle Camping & Caravan Site (Campail Teach an Aragail, Oratory House Camping), Gallarus, Baile na nGail, Dingle, Co. Kerry, ☎ +353(0)66/915 51 43, 📱 +353(0)86/819 19 42, ✉ info@dingleactivities.com, 🖥 www.dingleactivities.com/camping, 🕒 April bis Ende Sept., GPS: N52°10.383' W010°21.348'
📖 Irland: Dingle Way von Diana Steinhagen, Conrad Stein Verlag, Der Weg ist das Ziel Band 329, ISBN 978-3-86686-429-0, € 9,90

Das Ende der Dingle-Halbinsel ist ein Gaeltacht-Gebiet, d. h. dass hier offiziell Gälisch gesprochen wird. Das erkennt man auch an den nur auf Irisch geschriebenen Ortsschildern/Wegweisern. Dingle ist die größte Stadt in der Gälisch gesprochen wird.

Am Ortsausgang von Dingle fahren Sie am Kreisverkehr links ab und folgen dem WAW/Slea Head Drive (Slí Cheann Sléibhe).

**208** ⌘ *Celtic & Prehistoric Museum.* In dem lokalen archäologischen Museum finden Sie über 500 Artefakte von der Stein-, Bronze- und Eisenzeit. Staunen Sie über das Skelett eines Baby-Dinosauriers oder einen Mammutschädel samt riesiger Stoßzähne.

**210** ⌘ *Dunbeg Fort Visitor Centre* (Dún Beag, 🖥 www.dunbegfort.com). Ein Ringfort aus dem 5. Jh. v. Ch. Es liegt spektakulär oberhalb einer Steilküste. Im Besucherzentrum sind Restaurant/Café vorhanden. 🕒 März bis Ende Nov.: 9:00-18:00, Eintritt € 3

**211** ⌘ *Beehive Huts.* Liegen etwas oberhalb der Straße. Sie datieren aus dem 12. Jh. 🖥 www.discoverireland.ie, Eintritt: € 3

**213** Cean Sléibhe - **Slea Head**. Der südwestlichste Punkt der Dingle-Halbinsel. Prima Ausblick auf die Blasket Insel. Die Straße wurde hier in den steilen Felsen gehauen und ist recht schmal. Da die vorherrschende Fahrtrichtung im Uhrzeigersinn ist, ist sie aber recht gut zu fahren. Die Straße führt um den 514 m hohen Mount Eagle herum, der diesen wunderbaren Küstenabschnitt prägt.

Es folgen noch einige kleinere Haltebuchten.

**215** Die Straße ist jetzt wieder breiter. Es geht links weg an die Küste zum Dunquin Harbour. Hier legen die kleinen Fähren ab zur **Blasket Insel**.

Blasket Island Ferries, Dunquin Harbour, ☎ +353(0)66/915 64 22,
✉ info@blasketisland.com, 🖥 www.blasketisland.com

Die Insel war bis 1953 dauerhaft bewohnt. Abseits allen Trubels einige Wanderungen auf der Insel zu unternehmen, ist etwas Wunderbares. Die Insel ist heute beliebter Nistplatz vieler Vogelarten wie Papageitaucher, Basstölpel, mehrere Möwenarten, Lummen, Küstenseeschwalben, ... . Das Meer bietet um die Insel Delfinen, Minkwalen oder auch dem Riesenhai eine Heimat. Dieser zweitgrößte Fisch (hinter dem Walhai) wird hier oft beobachtet. Auch Kegelrobben fühlen sich hier wohl. Blasket Island bzw. Blaskets View ist einer der 15 *Signature Discovery Points*.

*Kegelrobbe*

**216** ⌘ The Blasket Centre. Das Besucherzentrum in Dún Chaoin (Dunquin) erzählt die Geschichte der Blasket Insulaner. ☎ +353(0)66/915 64 46, ✉ blascaod@opw.ie, 🖥 www.heritageireland.ie, 🕒 April-Ende Okt.: 10:00-18:00, Eintritt: € 4/2

**218** Kleiner Parkplatz am Straßenrand. Eine kurze Wanderung führt zum Clogher Head, einer Klippe. Die 📷 Aussicht ist wirklich toll. Das Land steigt zum Wasser hin an, um dann am Ende senkrecht abzufallen. Das Meer schlägt mit aller Macht und Getöse gegen die Felsen.

**220** Prima Parkplatz am Wasser an einer kleinen Bucht. Vorher passiert man die Häuser der Ortschaft Clogher mit der Louis Mulcahy Pottery (Töpferei).

**225** Ballyferriter (Baile an Fheirtéaraigh) 🛒 mit Supermarkt, ✝ Kirche und ⌘ Regionalmuseum (Múseam Chorca Dhuibhne). Liegt nicht am Wasser.
Die gut zu fahrende Straße verläuft kurvig nicht am Wasser entlang. Vor Ihnen türmt sich der 952 m hohe Mount Brendon auf.

**229** ✝ *Gallarus Oratory*. Es ist Irlands besterhaltene frühe christliche Kirche. Jetzt erwarten Sie aber keine Kirche mit Kirchturm - sie sieht eher wie ein umgedrehtes Boot aus, ist 6,5 m lang, fast genauso breit und 5,5 m hoch. Die Wände der Längsseite verlaufen nach oben hin spitz zu. Hier wurden unbehauene Steine fugenlos aufeinandergestapelt und trotzdem ist das Gebäude wasserdicht.
Im Gallarus Oratory Visitor Centre wird u. a. ein 15-minütiger Film gezeigt. Ein Coffee-Shop und Souvenir-Laden sind vorhanden.

ℹ Gallarus Oratory Visitor Centre, Dingle, ☎ +353(0)66/915 53 33,
✉ gallarusoratory@gmail.com, 🖥 www.gallarusoratory.ie, 8 km von Dingle entfernt

**240** Ein ↪ Abstecher des WAW führt zum Brendon Creek, einer kleinen Schlucht mit einem Pier unterhalb des Mount Brendon.
Der WAW verläuft jetzt an den Hängen des Mount Brendon entlang zurück nach Dingle.

**253** Wieder in Dingle.

Der Wild Atlantic Way führt von Dingle über den **Connor Pass** (An Conair, R560) auf die Nordseite der Dingle-Halbinsel. Auf einer gut ausgebauten Straße geht es an der Dingle Brewing Company bergauf. Der Connor Pass ist Irlands höchste Passstraße. Die Warnschilder an der Straße, dass Fahrzeuge, die diese Straße passieren wollen, nicht breiter als 1,80 m und länger als 7,30 m sein dürfen, sollte man ernst nehmen. Auch wenn Ihr Fahrzeug größer ist, fahren Sie zumindest die 7 km bis zur Passhöhe und genießen Sie die 📷 Aussicht vom 456 m hoch gelegenen Parkplatz, sie ist wirklich spektakulär. Der höchste Berg der namenlosen Gebirgskette ist der 952 m hohe Mount Brendan, immerhin der dritthöchste Berg Irlands.

Wenn Ihr Fahrzeug nicht weiter durch die Straße auf der anderen Seite des Passes passt, müssen Sie von Dingle auf der N86 die 17 km bis zur Kreuzung am Ortsanfang von Annascaul zurückfahren. Die Straße ist prima ausgebaut und führt langsam bergauf.

281  📷 Der höchste Punkt dieses Passes liegt auf knapp 200 m und der Ausblick voraus über die Tralee Bay ist prima. Unterhalb sieht man einige Campingplätze.

285  Die Ortschaft Camp mit Tankstelle.

287  Hier trifft die Straße vom Connor Pass kommend auf die N86. Fahren Sie ruhig auf der R560 Richtung Connor Pass unterhalb des 826 m hohen Stradbally Mountain entlang. Es folgen zwei Campingplätze an der Tralee Bay.

11 km  ⚠ Green Acres Caravan Park, Aughacasla, Castlegregory, Co. Kerry, ☎ +353(0)66/713 91 58, ✉ info@greenacrespark.com, 🖥 www.greenacrespark.com, 📅 Ostern bis Ende Sept., GPS: N52°14.289' W009°58.271', direkt am Wasser

13 km  ⚠ Anchor Caravan Park, Castlegregory, Tralee, Co. Kerry, ☎ +353(0)66/713 91 57, ✉ anchorcaravanpark@eircom.net, 🖥 www.anchorcaravanpark.com, 📅 April bis Ende Sept., GPS: N52°14.635' W009°59.132'

Weiter auf der R560 gelangen Sie an die Brendon Bay mit kilometerlangem ⚓ Strand. Fahren Sie z. B. in Stradbally rechts ab in Richtung Castlegregory Golf Link. Am Ende der Straße fahren Sie geradeaus zum Strand.

**290** Derrymoore links ab zum ⚓ Strand mit Parkplatz.
**298** Blennerville mit ⛽ Tankstelle und einer Windmühle am River Lee gelegen.

⌘     1800 erbaut ist sie Irlands größte Windmühle und noch voll funktionsfähig. Ein Besucherzentrum sowie Souvenirshops stehen auf dem Gelände. An der Flussmündung können Sie auch sehr schön Wasservögel beobachten.

- ♦   Blennerville Windmill & Visitor Centre, Blennerville, Tralee, ☎ +353(0)66/712 10 64, 🕐 April, Mai, Sept., Okt.: 9:30-17:30, Juni bis Aug.: 9:00-18:00, Eintritt: € 5/3

Von Blennerville legte das 3-Master-Segelschiff Jeanie Johnston insgesamt 16 x nach Nordamerika ab, um während der großen Hungersnot (Famine) zwischen 1847 und 1855 insgesamt 2.500 Iren einen Neuanfang zu ermöglichen. Ein Original-Nachbau des Schiffes liegt im Hafen von Dublin und steht dort zur Besichtigung bereit (💻 www.jeaniejohnston.ie).

Der WAW verläuft zwischen dem River Lee und der Marina, einem Kanal, bis nach

**300** **Tralee** (Trá Lí). 🍷 🍴 🛏 🏨 ⌘ 🎪
ℹ️   Tralee Tourist Office, Ashe Memorial Hall, Denny Street, Tralee, Co. Kerry,
      ☎ +353(0)66/712 12 88, ✉ traleetio@failteireland.ie

Tralee ist mit seinen 21.000 Einwohnern die Hauptstadt des County Kerry. Eine Fußgängerzone mit Einkaufszentren lädt zur Abwechslung mal zum Shoppen ein. Jährlich Mitte August findet das Festival „Rose of Tralee" statt. Frauen irischer Abstammung aus der ganzen Welt nehmen beim Schönheitswettbewerb Rose of Tralee teil. Der Titel des Wettbewerbs entstammt einer Textzeile eines alten Volksliedes über die Liebesgeschichte vom Mary O'Connor, in dem es hieß: „That made me love Mary, the Rose of Tralee". Über 50.000 Besucher kommen zu den vielen Veranstaltungen des einwöchigen Festivals in die Stadt
(💻 www.roseoftralee.ie).

⌘     Die Geschichte des County Kerry wird im Kerry County Museum in Tralee mit über 4.000 Ausstellungsstücken präsentiert.

◆ Kerry County Museum, Ashe Memorial Hall, Denny Street, Tralee, Co. Kerry,
☎ +353(0)66/712 77 77, ✉ info@kerrymuseum.ie, 🖥 www.kerrymuseum.ie,
🕐 Jan. bis Mai: Di-Sa 9:30-15:00, Juni bis Aug.: täglich 9:30-17:30, Sept. bis Dez.: Di-Sa 9:30-17:00, Eintritt: € 5

*Rose of Tralee*

Die Ashe Memorial Hall liegt mitten im Town Park mit dem Rose Garden. Hier erinnert eine Statue an Rose of Tralee.

Fußläufig vom Town Park entfernt liegt ein Campingplatz.

⛺ Woodlands Park, Dan Spring Road, Tralee, Co. Kerry, ☎ +353(0)66/712 12 35,
📱 +353(0)86/191 33 43, FAX +353(0)66/718 11 99,
✉ woodlandstralee@gmail.com, 🖥 www.kingdomcamping.com,
🕐 Feb. bis Ende Nov., GPS: N52°15.816' W9°42.180'

Der WAW folgt gleich am Stadtanfang (Ende der Marina) an der Ampel links ab der R874. Wenn Sie am nächsten Kreisel geradeaus fahren, geht es am Aqua Dome und dem Omniplex-Cinema vorbei. Die nächste größere Straße rechts hinein gelangen Sie zum ⛺ Woodlands Caravan & Camping Platz.

Dem WAW/R874 folgen Sie über einen kleinen Kreisel geradeaus zur nächsten Ampel an der nächsten größeren Kreuzung. Hier geht es auf die R551 nach links aus der Stadt hinaus.

**307** Kreisverkehr: Links führt der WAW Richtung Spa. Geradeaus sind es 9 km bis zum Sir Rodger's Campingplatz.

Zur weiteren Fahrt auf dem Wild Atlantic Way bis zur Fähre nach Tarbert ein paar Worte vorweg: Der folgende Teilabschnitt bis zum Ende dieses Abschnitts in Tarbert ist auf direktem Wege knapp 50 km lang. Der Wild Atlantic Way braucht 82 km. Er führt durch landwirtschaftlich genutzte Fläche und verläuft selten am Wasser. Sehenswert ist das Franziskanerkloster in Ardfert und die geteilten Strände Ladies Beach und Mens Beach in Ballybunion, geteilt von der auf einem Felsen stehenden Schlossruine. Da es gleich zu Beginn des nächsten Abschnitts (Tarbert - Galway) spektakulär weitergeht, kann man hier ruhigen Gewissens die direkte Variante auf der N69 wählen.

Darum hier eine spartanischere Beschreibung des WAW bis Tarbert.

**317** Fenit (An Fhianait) mit Aussichtspunkt Fenit Beach. Am Hafen liegt der St. Brendons Heritage Park. Vom Hafen können Sie Bootstouren zur Leuchtturminsel unternehmen ( www.fenitharbour.com).

**327** Ardfert (Ard Fhearta) mit Kathedrale aus dem 13. Jh. Die Grundmauern der Ruine sind noch sehr gut erhalten ( www.ardfert.ie).

**330** Links geht es zum Banna Strand und Sir Roger's Caravan & Camping Park.

Sir Roger's Caravan and Camping Park, Banna Beach, Ardfert, Co. Kerry, +353(0)66/713 47 30, info@sirrogers.com, www.sirrogers.com, Feb. bis Ende Dez., GPS: N52°20.21' W009°49.31'. Der Platz liegt 200 m vom 10 km langen Banna Strand entfernt.

**358** **Ballybunion** (Baile an Bhuinneánaigh) . Die zwei Strände Ladies Beach und Mens Beach kann man auf dem Cliff Walk sehr schön von oben betrachten. Getrennt werden Sie von einer kleinen Schlossruine auf einem Felsen.

Ballybunion Visitor Information Point, Ballybunion Visitor Gallery, Main Street, Ballybunion, Co. Kerry, +353(0)68/255 55, ballybuniontouristoffice@gmail.com, www.destinationballybunion.ie

Der Ort ist bei Golfern sehr bekannt, denn der hiesige Golfclub gehört zu den Top-Class-Plätzen des Landes.

Der WAW führt noch an einem weiteren Strand vorbei mit Blick auf den Mouth of the Shannon, den Mündungsbereich des Shannon Flusses.

### 385 Tarbert (Tairbeart) ⌘ 🚢

🅘 Tarbert Bridewell Courthouse and Jail - Visitor Information Point, Tarbert Bridewell Museum/Jail Visitor Centre, Tarbert, Co. Kerry, ☏ +353(0)68/362 79, ✉ tarbertbridewell@eircom.net, 🖥 www.tarbertbridewell.com

Das 1831 erbaute Gebäude Bridewell Courthouse & Jail diente über 100 Jahre als Gerichts- und Gefängnisgebäude. Heute könnten Sie in dem Kalksteingebäude eine kleine Ausstellung über die harte Gerichtbarkeit im 19. Jh. in Irland und über das Leben und Arbeiten von Thomas McGreevy, einem bekannten Poeten der Stadt, sehen.

*Fähre über den Shannon, Irlands längster Fluss*

2 km vom Ort Tabert entfernt können Sie von Tarbert Island aus den Fluss Shannon mit der Fähre nach Killimer überqueren. Das erspart Ihnen etwa 140 km Fahrt über Limerick und um die Shannon Mündung herum.

Shannon Ferry, Killimer, Kilrush, Co. Clare, ☎ +353(0)65/905 31 24, ✉ enquiries@shannonferries.com, 💻 www.shannonferries.com, GPS: Tarbert: N52.5873 W9.3599, Killimer: N52.61503 W9.38081. 🕒 Okt. bis März: Ab Killimer Mo-Sa 7:00-19:00, So 9:00-19:00 immer zur vollen Stunde, ab Tarbert Mo-Sa 7:30-19:30, So 9:30-19:30 immer zur halben Stunde. April, Mai, Sept.: Ab Killimer Mo-Sa 7:00-20:00, So 9:00-20:00 immer zur vollen Stunde, ab Tarbert Mo-Sa 7:30-20:30, So 9:30-20:30 immer zur halben Stunde. 1. Juni 31. Aug.: Ab Killimer Mo-Sa 7:00-21:00, So 9:00-21:00 immer zur vollen Stunde, ab Tarbert Mo-Sa 7:30-21:30, So 9:30-21:30 immer zur halben Stunde. In der Zeit vom 29. Mai bis 24. Sept. fährt eine 2. Fähre von Killimer Mo-So 10:30-17:30 zur halben Stunde, von Tarbert 11:00-18:00 zur vollen Stunde.
Auto: Einfache Fahrt € 18, Hin- und Rückfahrt € 28, inkl. Passagiere.
Womo: Einfache Fahrt € 20, Hin- und Rückfahrt € 25,50, inkl. Passagiere.
Online buchen gibt 15 % Rabatt.

# 3. Abschnitt: Tarbert - Galway - 239 km

Dieser Abschnitt führt entlang der Küste des County Clare (Contae An Clár) mit Highlights wie Loop Head mit dem Loop Head Peninsula Drive und den Cliffs of Kilkee, den weltberühmten Cliffs of Moher und der Mondlandlandschaft „The Burren". Hinzu kommen die der Küste vorgelagerten Aran Islands. Das County Clare ist bei den Iren als „the banner county" bekannt. Die Tradition des Tragens von Bannern geht zurück bis zur Battle of Clontarf im Jahre 1041.

## County Clare
- www.clare.ie
- www.westclare.net

**0** Killimer. Knapp 20 Min. dauert die Überfahrt über die Mündung des Shannon River. Es geht vorbei am Tarbert Leuchtturm (Baujahr 1834) zur Anlegestelle in Killimer.
Am Anleger geht es an der Tankstelle links ab Richtung Kilrush. Der WAW bleibt aber nicht lange auf der N67, sondern, führt bei
**6** links hinein nach Moyne auf der L2016 (Coast Road) ans Wasser. Am Kilrush Creek Marina entlang erreichen Sie das Zentrum.

**11** **Kilrush** (Cill Rois)

Mit knapp 3.000 Einwohnern ist Kilrush die zweitgrößte Stadt im County Clare und liegt an der Mündung des Shannon. Die Stadt war früher ein wichtiger Marktplatz in der Region. Die Straße am Marktplatz im Zentrum ist breiter als in den meisten anderen Städten und steigt vom Hafen sachte bergan. Hier findet auch jeden Donnerstag der Farmers Market statt, auf dem Produkte aus der Region angeboten werden.

Kilrush Farmers Market, The Square, Do 9:00-14:00 (März bis Dez.)

Auch in Kilrush sind die Häuserfassaden bunt gestrichen und sehr gepflegt. Es gibt hier alles, was Sie für die Reise benötigen.
Die Mündung des Shannon ist die einzige Stelle in Irland, wo Delfine ganzjährig leben, und ein bekannter Geburts- und Aufzuchtplatz des Großen Tümmlers. Damit ist sie für den Schutz von Delfinen, Walen und Schweinswalen von besonderer Bedeutung.

🐋 Shannon Dolphin and Wildlife Foundation, Merchants Quay, Kilrush, Co. Clare, ✉ shannondolphins@gmail.com, 💻 www.shannondolphins.ie, 📅 Mai bis Sept.

Vom Yachthafen fahren Boote zur Scattery Island, die eine Vielzahl von Stein-Monumenten beherbergt. Bis 1978 war die Insel bewohnt. Die Chance, auf der Fahrt zur 3 km entfernten Insel Delfine zu sehen, ist recht groß.

🚢 Scattery Island Centre, Merchants Quay, Kilrush, Co. Clare, ☎ +353(0)65/682 91 00, ✉ scatteryisland@ealga.ie, 💻 www.heritageireland.ie

Der WAW führt auf der N67 aus der Stadt heraus.

16   Moyasta. Hier kommen 🚂 Dampflok-Fans auf ihre Kosten, denn auf einer ca. 2 km langen Strecke fährt hier eine Dampflok aus dem Jahre 1890.

🚂 West Clare Railway, Moyasta, Kilrush, Co. Clare, ☎ +353(0)65/905 12 84, ✉ info@westclarerailway.ie, 💻 www.westclarerailway.ie. Fragen Sie vorher an, ob der Zug auch fährt und nicht gerade repariert wird.

20   Der WAW biegt von der N67 links ab.
25   Die Häuser von Querrin mit Campingplatz.
⛺ Purecamping, Kilkee, Querrin, Co. Clare, ☎ +353(0)65/905 79 53, 📱 +353(0)86/381 92 16, 💻 www.purecamping.ie, GPS: N52°37.864' W-9°35.895'

29   Doonaha mit Campingplatz.
⛺ Green Acres Caravan & Camping Park, Doonaha, Kilkee, Loop Head Peninsula, Co. Clare, ☎/FAX +353(0)65/905 70 11, ✉ niall@greenacrescamoing.ie, 💻 www.camping-ireland.ie/parks/clare/green-acres-caravan-camping-park, 📅 März bis Ende Okt., GPS: N52°44.125, W9°32.042. Liegt schön am Wasser.

34   Carrigaholt liegt an der Mündung des Moyarta River. Am Ende des Hafens steht die ♜ Ruine des Carrigaholt Castle aus dem 15. Jh.
Vom Hafen können Sie eine wunderbare Bootstour zu den Delfinen in der Shannon-Mündung unternehmen.

🐋 Dolphin Watch, The Square, Carrigaholt, Loop Head Peninsula, co. Clare, ☎ +353(0)65/905 81 56, ✉ info@dolphinwatch.ie, 💻 www.dolphinwatch.ie, € 35, Kinder bis 16: € 20. Dauer 2-3 Std.

Die Straße verlässt jetzt die Küste und führt auf der R487 über die Ortschaft Cross mit einer kleinen Kirchenruine samt Friedhof nach

**46** Kilbaha an der Kilbaha Bay. Der Blick geht über die Shannon-Mündung hinüber bis zu den Brenadon Mountains auf der Dingle-Halbinsel. Pubs und Restaurants liegen in dem Ort direkt am Wasser. Aus dem Ort hinaus geht es etwas bergauf, wo Sie an der linken Seite Kilbaha Gallery & Crafts besuchen können (täglich von 10:00-17:00).

Die kleinere **Loop Head Halbinsel** hat keine Berge anzubieten. Sie ist hügelig und der Bewuchs ist nicht sehr hoch, sodass der Blick wunderbar weit schweifen kann. 3 km vorm Ende der Straße taucht der Leuchtturm vor Ihnen auf.

**52** **Loop Head Lighthouse**

⌘ Der Leuchtturm wurde 1854 errichtet und kann besichtigt werden. Vom Balkon des Turmes in 23 m Höhe blicken Sie bei gutem Wetter Richtung Norden bis zu den Bergen von Connemara und Richtung Süden zu den Brendon Mountains und der Blasket Insel.

♦ Loop Head Lighthouse, Kilbaha, Kilrush, Co. Clare, klordan@clarecoco.ie, www.loophead.ie, April bis Ende Sept. täglich 10:00-18:00, Erwachsene € 5, Kinder € 2, GPS: N52.5610, W-9.9296. Im Leuchtturmwärter-Haus finden Sie eine Ausstellung über die Geschichte der irischen Leuchttürme. Es ist auch möglich, in den Gebäuden des Leuchtturms zu übernachten.

*Blick vom Loop Head Leuchtturm*

*Zerklüftete Steilküste der Loop Head Halbinsel*

Die Steilküste rings um den Leuchtturm ist auf einigen Wanderungen wunderbar zu erkunden. Am Ende der Halbinsel, am Loop Head, steht ein abgetrennter Felsen (Diarmuid and Gráinne's Rock), auf dem im Frühling und Sommer Vögel brüten. Machen Sie einen Spaziergang entlang der Spitze der Halbinsel, der Ausblick ist berauschend. Die Klippen sind hier um die 80 m hoch. Und immer auch Ausschau nach Walen und Delfinen halten! Auf dem grünen Rasen hinter dem Leuchtturm ist in weißen Buchstaben E I R E geschrieben. Das ist noch ein Relikt aus dem 2. Weltkrieg. Es zeigte den Piloten, dass sie sich in neutralem Luftraum befanden. Diese Markierungen finden Sie noch öfter entlang der Küste. Loop Head ist einer der 15 *Signature Discovery Points* entlang des Wild Atlantic Way.

Die Fahrt zurück vom Leuchtturm entlang der Nordküste der Halbinsel nach Kilkee hat einige Highlights zu bieten.

55 Erster möglicher Abzweig. Links auf der L2000 führt die WAW Richtung Ross Bridges. Es geht an zwei schönen Buchten vorbei bis zum Parkplatz von

| | |
|---|---|
| 58 | Ross Bridges. Das Wasser des Atlantiks hat hier über Jahrtausende Felsen ausgehöhlt und Felsbrücken modelliert. Es waren einst mehrere solcher Felsbrücken vorhanden, aber auch diese sind mit der Zeit eingestürzt. Nur eine dieser Brücken existiert noch. |
| | Die Straße ist hier nicht die breiteste, aber es ist wirklich kaum etwas los auf der Strecke und Ausweichstellen kommen in guten Abständen. Nach 6 km sind Sie wieder auf der R487, der Sie bis km |
| 70 | folgen. Hier biegen Sie links auf den WAW auf eine schmalere Straße. Fahren Sie an ein paar Häusern vorbei und nehmen Sie eine Rechts-Links-Kurvenkombination. Danach fahren Sie oberhalb einer Steilküste entlang. Vorgelagert ist eine Felsinsel, die Illaunonearaun, eine Natural Heritage Area. Ein wirklich wundervoller 🛈 Ausblick! Ab hier - bis Kilkee - beginnt eine der schönsten Strecken des gesamten Wild Atlantik Way. |
| 85 | Parkplatz Kilkee Cliffs. Ein wunderbarer Parkplatz, um von dort aus etwas an den Klippen entlangzuwandern. Die Klippe vorn am Parkplatz (Castle Point) ist bei Anglern sehr beliebt. Auch hier sind die Klippen über 70 m hoch und man sieht weitere allein stehende Felsen im Wasser. |
| | Die folgenden 6 km bis Kilkee verläuft die Straße oftmals sehr dicht an den Klippen entlang. Halten Sie so oft an, wie es geht, und gehen Sie bis an die Abbruchkante, um die vielen Felsinseln und Felsbögen zu bestaunen. |
| 91 | **Kilkee** (Cill Chaoi), 🖥 www.kilkee.ie 🛏 🚉 🛶 |
| 🛈 | Kilkee Visitor Information Point, Any Occasion Gift Shop, Circular Road, Kilkee, Co. Clare, ☎ +353(0)65/905 68 80, ✉ anyoccasion@outlook.com, 🖥 www.discoverireland.ie |

Der Hauptort der Loop Head Halbinsel ist um eine hufeisenförmige Bucht herum gebaut. Am westlichen Ende der Bucht liegt ein Parkplatz. Hier beginnt der 🚶🚶 Loop Head Walk. Dieser etwa 3 km lange, angelegte Weg führt an einigen spektakulären Küstenabschnitten entlang. Am Parkplatz liegt das Diamond Rocks Café (🖥 www.diamondrockscafe.com).

Die knapp 70 km entfernten Cliffs of Moher sind sicherlich spektakulärer, da sie auch um einiges höher sind, doch den Touristentrubel hat man an den Kilkee Cliffs nicht. Und sie sind wirklich atemberaubend schön.

In Kilkee findet jeden Sonntag ein schöner Markt statt. Lokale Produkte werden angeboten.

🛒 Kilkee Farmers' Market, O'Curry Street, Sonntag 10:00-14:00 (Mai bis Aug.)

Der WAW verlässt den Ort auf der N67 Richtung Norden.

102 **Doonbeg** (An Dún Beag), www.doonbeg-ireland.com

Doonbeg Visitor Information Point, Doonbeg Community Development Company, Doonbeg, Co. Clare, +353(0)65/905 52 88, dcd@doonbeginfo.com

Strandcamping Caravan & Camping Park, Killard Road, Doonbeg, Co. Clare, +353(0)65/905 53 45, +353(0)85/836 73 24, strandcampingdoonbeg@gmail.com, www.strandcampingdoonbeg.com, März bis Ende Okt.. GPS: 52.7354237 -9.534030. Der Platz liegt an der Doughmore Bay.

105 WAW Abstecher zur Doughmore Bay (1 km) und zum Doonbeg Golf Resort. Vom Parkplatz geht es durch die Dünen zum sichelförmigen Stand. Der 18-Loch-Golfplatz wurde vom berühmten Golfer Greg Norman angelegt.

116 Quilty mit Tankstelle direkt am Wasser. Der Blick führt hinüber bis ans südliche Ende der Cliffs of Moher.

120 WAW Abzweig nach Spanish Point (Rinn na Spáinneach) mit schönem Strand. Der Ort wurde benannt nach den Spaniern, die hier 1588 starben, als die Schiffe der spanischen Armada auf ihrem Rückzug vom Versuch, die Britischen Inseln zu erobern, auf Grund liefen.

Der Ort hat einen schönen Strand, der bei Wellenreitern beliebt ist.

124 Wieder an der N67.

136 **Lahinch** (An Leacht) (auch Lehinch geschrieben)

Gleich am Ortsanfang liegt der

Ocean View Caravanpark, Miltown Malbay Road, Lahinch, Co. Clare, +353(0)65/708 16 26

Der Ort liegt an der geschützten Liscannor Bay. Der One-Mile-Beach ist einer der Hot Spots bei Surfern. Lahinch steht im Guinness Buch der Rekorde mit den meisten Surfern, die gleichzeitig eine Welle reiten. Gleich hinter dem Strand schließt sich ein sehr schöner und international bekannter Golfplatz an.

Der WAW folgt in Lahinch links ab der R478 Richtung Cliffs of Moher zwischen zwei Golfanlagen hindurch. Danach wird der Inagh River überquert. Kurz darauf liegt auf der linken Seite das Sandfield House Pitch and Putt. Hier können Sie auf verkürzten Bahnen einen Runde Golf spielen.

Das kostet keine € 10 und die Anlage liegt wundervoll in den Dünen des angrenzenden Strandes kurz vor Liscannor.

141 Liscannor mit einem schönen Fischerhafen. ⛽ Tankstelle vorhanden.
In dem etwa 600-Einwohner-Ort wurde der Erfinder des Unterwasserboots, John Philip Holland, geboren.

142 WAW Abstecher zum Lehane View Point

146 Die Straße führt bergauf zum **Cliffs of Moher Visitor Centre**.

Eine Million zahlende Besucher kommen jährlich zu den **Cliffs of Moher**. Reisebusse drängeln sich dicht an dicht auf dem Besucherparkplatz. Wer kann, sollte die Zeit zwischen 11:00 und 15:00 meiden, da es zu dieser Zeit sehr voll ist. Da es nur den offiziellen Parkplatz am Besucherzentrum gibt, müssen Sie hier den Eintritt bezahlen.

- Cliffs of Moher, ☎ +353(0)65/708 61 41, ✉ info@cliffsofmoher.ie, 🖥 www.cliffsofmoher.ie. Es gibt auch eine schöne Audio-Video-App bei iTunes.
 🕐 Jan., Feb., Nov., Dez.: täglich 9:00-17:00; März, Okt.: 9:00-18:00 (Wochenenden und Feiertage bis 18:30); April: 9:00-18:30 (Wochenenden und Feiertage bis 19:00); Mai, Sept.: 9:00-19:00 (Wochenenden und Feiertage bis 19:30); Juni: 9:00-19:30 (Wochenenden und Feiertage bis 20:00); Juli, Aug.: 9:00-21:00, Eintritt: Erwachsene € 6, Kinder unter 16 Jahren frei, Senioren, Studenten, Behinderte: € 4

Das Besucherzentrum ist wunderbar in einen Felsen gebaut worden. So sind nur der Eingangsbereich und die Fenster des Restaurants im Obergeschoss zu sehen. Das Dach des Gebäudes ist grasbewachsen. Neben einem Coffee-Shop und einem Restaurant gibt es natürlich einen großen Bereich für Merchandise-Artikel. Dazu kommen Ausstellungsräume mit Exponaten über die Klippen und die umliegende Region sowie ein Kinosaal, in dem ein animierter Film über die Klippen sowie die Tierwelt über und unter Wasser gezeigt wird.

Der Name der Klippen stammt von der Ruine des Küstenforts „Mothar" ab, das im ersten Jahrhundert vor Christi erbaut wurde. In der Nähe seines Standorts wurde der napoleonische Signalturm 1803 am Hag's Head errichtet. Seine Ruine bildet quasi das südliche Ende der 8 km langen Cliffs of Moher. Sie können die gesamte Küstenlinie entlangwandern. Die höchste Stelle der Klippen erreichen Sie in der Nähe des O'Brien's Tower mit 214 m.

Der offizielle Bereich der Cliffs erstreckt sich etwa 500 m rechts und links von der 🛈 Haupt-Aussichtsplattform. Der Rest der 8 km Wanderung führt über private Grundstücke. Die Wege dort sind nicht asphaltiert wie im offiziellen Teil, aber die Aussicht ist trotzdem grandios.

Von der Südplattform hat man einen sehr guten Blick auf eine Papageitaucher-Kolonie und andere Vogelarten. Die Papageitaucher halten sich in der Zeit von April bis Juli hier auf. Besonders morgens, bevor sie aufs Meer hinausfliegen, oder gegen Nachmittag, wenn sie vom Meer zurückkommen, können Sie sie gut beobachten.

Von der Südplattform blicken Sie auch sehr gut auf die Klippen und den allein stehenden Felsen unterhalb des O'Brien's Tower. Gen Süden geht der Blick bis zum Hag's Head. Die Nordplattform befindet sich an der höchsten Stelle der Cliffs, Knockardakin, 214 m über dem Meeresspiegel. Auf der Plattform steht der

O'Brien's Tower (Eintritt: € 2/1). Er wurde schon 1835 vom Grundbesitzer Cornelius O'Brien als Aussichtsturm für die Touristen erbaut. Von hier hat man einen sagenhaften Blick entlang der Steilküste bis zum 8 km entfernten Hag's Head. Aber auch die Aran Islands oder die Galway Bay sind zu sehen. Bei sehr guter Sicht können Sie auch die Twelve Bens (auch bekannt als Twelve Pins) in Connemara sehen (Richtung Norden). Oder Sie erblicken Richtung Süden Loop Head und die dahinter liegenden Berge in Kerry.

Von der Nordplattform können Sie die 5 km bis nach Doolin entlang des Coastal Walk wandern. Sie können auch den gesamten Cliffs of Moher Coastal Walk von Doolin nach Liscannor entlang wandern. Es existiert ein Bus-Shuttle-Service von einigen Parkplätzen. Weitere Infos unter
 www.cliffsofmoherwalk.ie.

Die Cliffs of Moher sind einer der 15 *Signature Discovery Points* entlang des Wild Atlantic Way.

☺ Da es im Sommer lange hell ist, kommen Sie am besten erst nach 21:00 zu den Klippen. Dann ist das Besucherzentrum zwar geschlossen, aber das

*Die weltberühmten Cliffs of Moher*

Parken ist kostenlos und Sie können den Sonnenuntergang fast allein genießen. Ich bin hier einmal abends hingefahren, um den Sternenhimmel von den Klippen aus zu betrachten - sensationell!

Big Wave Surfer kommen hier auch auf ihre Kosten: „Aill na Searrach" oder „Ailliens" heißen die Wellen am Fuße der Cliffs of Moher. Sie können dort an die 10 m hoch werden. Mit dem Jetski werden die Surfer von Doolin an die Stelle gezogen. Diese riesigen Wellen türmen sich aber nur auf, wenn stürmische Bedingungen mit östlichen Winden vorherrschen.

Kurz hinter dem Besucherparkplatz geht es etwas bergab.

**152** An der Kreuzung führt der WAW nach links bergab auf der R459 in den Küstenort

**155 Doolin** (Dúlainn) ⚠

🛈 Doolin Visitor Information Point, Doolin Hotel, Fitz´s Cross, Doolin, Co. Clare,
☎ +353(0)65/707 56 49, ✉ eugenegarrihy@gmail.com,
🖥 www.doolin-tourism.com, www.doolin.biz

In Doolin gibt es zwei Campingplätze. Der erste liegt direkt an der Kreuzung am Ortsanfang.

⚠ O'Connors Riverside Camping & Caravan Park, Doolin Village, Co. Clare,
📱 +353(0)85/281 98 88, FAX +353(0)65/707 43 14, ✉ info@campingdoolin.com,
🖥 www.campingdoolin.com, 🗓 Mitte März bis Mitte Okt.,
GPS: N53°0.981' W9°22.701'

Der zweite Campingplatz liegt an der Kreuzung links und über die Fisher Street knapp 2 km entfernt am kleinen Hafen von Doolin mit Blick auf die Cliffs of Moher.

⚠ Nagles Camping & Caravan Park, Doolin, Co. Clare, ☎ +353(0)65/707 44 58,
✉ ken@doolincamping.com, 🖥 www.doolincamping.com, 🗓 Mitte März bis Mitte Okt., GPS: N53°00.999' W009°24.115'. Liegt direkt am Hafen mit prima Aussicht.

Vom Doolin Pier legen die Schiffe zu den Aran Inseln sowie zu den Cliffs of Moher ab.

⛴ Cliffs of Moher Cruises, ☎ +353(0)65/707 59 49, ✉ info@doolin2aranferries.com,
🖥 www.mohercruises.com oder 🖥 www.doolin2aranferries.com, 🗓 März bis Nov. 8:00-20:00. Abfahrtszeiten: 12:00, 15:00 und 17:15. € 15 pro Erwachsener. Die Tour

dauert 1 Stunde und führt bis zur Höhe des Besucherzentrums. Es geht dicht an den frei stehenden Felsen heran, an dessen steilen Wänden Vögel nisten. Diese imposante Felsfront wirkt von unten noch einmal gigantischer. Einen Ausflug, den ich nur empfehlen kann.

Weitere Bootstouren dieses Anbieters: Cliffs of Moher + Aran Islands, Cliffs of Moher 360 Tour und Cliffs of Moher Tour von Galway.

Doolin liegt zwischen drei der größten Sehenswürdigkeiten Irlands: den Cliffs of Moher, The Burren, eine pittoreske Kalkstein-Landschaft, die ihresgleichen sucht, und den Aran Inseln. Und der Ort ist ein Zentrum traditioneller irischer Musik. Mir hat es hier besonders das McGann's angetan. Ein tolles Pub, in dem auch sehr gutes Essen serviert wird und während der Live-Sessions, die in den Sommermonaten täglich stattfinden, immer super Stimmung herrscht. Mehrere Gründe, um etwas länger in dieser Region zu verweilen.

⚥✕ McGann's, Main Street Roadford, Doolin, ☏ +353(0)65/707 41 33, 🖥 www.mcganns-pub.com

*Mit 7,3 m ist er der zweitgrößte Stalaktit der Erde*

Wenn das Wetter einmal nicht so gut sein sollte und Sie z. B. nicht mit dem Boot zu den Cliffs of Moher fahren können, gibt es eine fantastische Alternative: Doolin Cave. In dieser Höhe bekommen Sie den größten Stalaktiten (das ist der, der von oben nach unten hängt) in der nördlichen Hemisphäre zu sehen. Das Teil ist sagenhafte 7,3 m lang!

⌘ Doolin Cave & Visitor Centre, Doolin, Co. Clare, ☏ +353(0)65/707 57 61, ✉ tours@doolincave.ie, 🖥 www.doolincave.ie, 🗓 März bis Nov.: 10:00-17:00. Zu jeder vollen Stunde starten die Touren mit maximal 25 Teilnehmern, in der Hochsaison alle halbe Stunde. Es geht erst einmal über Treppen 80 m in die Tiefe.

In dem schönen Besucherzentrum lädt ein Café zum Verweilen ein. Oder wandern Sie auf dem angelegten Farmland Nature Trail. Der 1 km lange Rundweg um den Eingang der Höhle zeigt einige indigene Pflanzen und auch einige Farmtiere.

> Der WAW ist jetzt identisch mit der Burren Coast Road und führt aus Doolin in nördlicher Richtung heraus.

160 Vorbei an der Doolin Cave (☞ oben) ist voraus das Ballinalacken Castle auf einem Hügel zu sehen.

161 An der Kreuzung links ab auf dem WAW zur Küste. Geradeaus geht es durch ein Tor zum Ballinalacken Castle, das auf dem Gelände des gleichnamigen Country House Hotels steht.

> Die Straße führt kurvig bergab an die Küste und in die spektakuläre Landschaft des Burren hinein.

### ❁ The Burren

Das Gebiet des Burren ist etwa 250 km² groß, wovon 1.673 ha in den Burren Nationalpark integriert sind. Der kleinste Nationalpark Irlands wurde 1991 gegründet. Der Name Burren, auf gälisch „Boireann", bedeutet so viel wie „Fel-

*Vegetation in den Felsspalten im Burren Nationalpark*

siger Ort". Und das trifft den Nagel auf den Kopf: Das Hauptelement des Parks ist der graue Kalksandstein. Der Park wirkt wie eine Mondlandschaft. Das klingt jetzt erst einmal ziemlich trostlos, ist es aber nicht. Über 75 % der irischen Pflanzenspezies findet man in den Burren. Das reicht von alpinen, mediterranen bis zu arktischen Pflanzenarten, die hier in den Ritzen der Kalkstein-Plateaus gedeihen. 23 der 27 nativen Orchideenarten wachsen hier, aber auch Johanniskraut, Thymian, Pfefferminze, Silberwurz, Enzian, ...

Eine sehr informative Internetseite über den Burren liefert der Burrenbeo trust: 🖳 www.burrenbeo.com.

> Der WAW verläuft jetzt knapp 20 km in Küstennähe durch die karge Landschaft des Burren. Einige kleinere Parkbuchten ermöglichen einen Stopp an der Straße. Unternehmen Sie einmal einen kleinen Spaziergang und wandern Sie über die zerklüfteten Felsplateaus. Schauen Sie dabei in die Risse und Spalten in den Felsen und bestaunen Sie die unglaubliche Vielzahl an Pflanzen. Ein absolut surreales Bild, aber wunderschön. Wo Pflanzen es überall schaffen zu überleben und wie wenig sie dafür benötigen, ist einfach sagenhaft.

> Der WAW verläuft jetzt unterhalb von über 300 m hohen Kalkstein-Bergen und dicht am Atlantik entlang.

169 Fanore mit Strand (leider noch mit Höhenbegrenzung am Parkplatz).
175 Black Head mit kleinem Leuchtturm. Die Straße führt um den knapp 300 m hohen Gleninagh Mountain herum in östliche Richtung, am Ufer der Black Head oder Ballyvaughan Bay entlang.
185 **Ballyvaughan** (Baile Uí Bheacháin) 🅿 🍴. Dieser kleine Fischerort liegt an der Kreuzung mit der N67, die weiter Richtung Galway führt. In der Umgebung von Ballyvaughan befinden sich einige Sehenswürdigkeiten.

## ↪ Kleine Extra-Tour

Um zu den Sehenswürdigkeiten zu gelangen, verlassen Sie den WAW und fahren auf der N67 Richtung Lisdoonvarna. Nach knapp 2 km geht es links ab auf die R480. Keine 2 km weiter geht es links zur Aillwee Cave & Birds of Prey.

Die Straße führt am Ende bergauf zu einer weiteren Höhle. Der Eingang zur Höhle befindet sich im Besucherzentrum, das direkt an den Felsen gebaut wurde. Diese Höhle hat keinen spektakulären Stalaktiten wie die Doolin Cave zu bieten, doch es ist sehr schön zu sehen, wie das Wasser die Gänge ausgewaschen hat.

Der unterirdische Gang ist 1 km lang. Große Teile des Burren-Gebiets sollen von Höhlen durchzogen sein, die meisten wurden bis heute noch nicht erkundet oder sind noch nicht für die Öffentlichkeit zugänglich. Vom oberen Parkplatz haben Sie eine famose 🅿 Aussicht Richtung Ballyvaughan, die Galway Bay und die hufeisenförmig angeordneten, terrassenförmigen Karstberge.

Eine Plateauebene tiefer finden Sie die Anlage des Birds of Prey. Eine Vielzahl an Greifvögeln wird hier präsentiert. Während einer Flugshow erfahren Sie Näheres über die jeweilige Vogelart. Eine prima Show vor einer tollen Bergkulisse.

⌘ Aillwee Cave & Birds of Prey, Ballyvaughan, Co. Clare, ☏ +353(0)65/707 70 36, 🖳 www.aillweecave.ie, 🕒 Juli + Aug.: 10:00-18:30, März bis Juni, Sept. bis Okt.: 10:00-17:30, Jan., Feb., Nov., Dez.: 10:00-17:00. Kombi-Ticket: € 18/10, nur Aillwee Cave: € 12/5,50, nur Bird of Prey Centre: € 10/8

Hinter dem Abzweig zur Aillwee Cave führt die R480 kurvig bergauf. An einem Parkplatz haben Sie noch einmal sehr schön die Möglichkeit, diese einzigartige Landschaft zu Fuß zu erkunden. 8 km von Ballyvaughan entfernt erreichen Sie den Parkplatz Poulnabrone Dolmen. Von der Straße aus können Sie schon das ⌘ Großsteingrab (Megalithic Tomb) sehen, das wunderbar frei in der Karstlandschaft steht. Man vermutet, dass es etwa 2500 v. Chr. errichtet wurde. Der Deckstein wiegt um die 5 Tonnen. Gleich hinter dem Megalithgrab folgt das Caherconnell Stone Fort.

♦ Caherconnell Stone Fort, Carron, Kilfenora, Co. Clare, ☏ +353(0)65/708 99 99, ✉ info@caherconnell.com, 🖳 www.caherconnell.com, GPS: N53°02.513' W009°08.329'

Neben dem Rundfort, an dem noch Ausgrabungen stattfinden, können Sie sich auch eine Sheepdog-Demonstration (Schäferhund-Vorführung) anschauen. Hirten zeigen Ihnen, wie sie mit einer Pfeife ihre Hunde dirigieren, damit diese u. a. eine kleine Schafherde zusammenführen und zu einem bestimmten Ort bringen. Café (auch hier alle Produkte aus der Region) und Souvenirshop laden zum Verweilen ein.

Weiter der gut ausgebauten Straße folgend, gelangen Sie an die Kreuzung zur R476, auf der Sie in Richtung Kilfenora (Cill Fhionnúrach) fahren. In diesem kleinen Ort gibt es einiges zu sehen. Zuerst sollten Sie sich im The Burren Centre über diese einzigartige Landschaft informieren. U. a. erfahren Sie in einem 12-minütigen Film Interessantes über ihre Entstehung. In der anschließenden Ausstellung können Sie das gesehene Wissen vertiefen. Von außen wirkt das Besucherzentrum klein, bieten aber nach hinten noch erstaunlich viel Platz.

🛈 Burren Visitor Information Point, The Burren Centre, Kilfenora, Co. Clare,
☎ +353(0)65/708 80 30, ✉ info@theburrencentre.ie, 🖥 www.theburrencentre.ie,
🗓 Juni, Juli, Aug.: täglich 9:30-17:30, März bis Mai, Sept.: 10:00-17:00

Gleich neben dem Burren-Besucherzentrum steht die 1189 erbaute Kilfenora Cathedral. Beim Besuch der Ruine lohnt der Blick auf Kleinigkeiten wie Schnitzereien über Tor- und Fensterbögen. Der Ort Kilfenora (Cill Fhionnurach) ist in Irland bekannt als „die Stadt der sieben Kreuze". Hier finden Sie die größte Anhäufung von Hochkreuzen in Irland, wie etwa das berühmte Doorty Cross. Einige dieser Hochkreuze sind in der Kirchenruine ausgestellt, ein weiteres finden Sie hinter dem Friedhof auf einer Wiese.

Über Lisdoonvarna geht es zurück zum Ausgangspunkt dieses kleinen Abstechers (knapp 55 lohnende km) nach Ballyvaughan. Lisdoonvarna ist der Ort mit dem einzige Heilbad Irlands. Jedes Jahr findet hier zeitgleich zum Erntedankfest das Lisdoonvarna Matching Festival, Europas größter Heiratsmarkt, statt.

Weiter auf dem Wild Atlantic Way.

**185  Ballyvaughan** (Baile Uí Bheacháin).

🛈 Ballyvaughan Visitor Information Point, The Village Stores, Ballyvaughan, Co. Clare,
☎ +353(0)65/707 74 64, ✉ info@ballyvaughantourism.com

Auf der N67 geht es weiter Richtung Galway. Die Straße führt recht wellig und kurvig um ein paar Buchten herum, häufig mit Blick auf die terrassenförmigen Berge des Burren.

| 196 | ↳ WAW-Abstecher Flaggy Shore. Der Strand ist nichts Besonderes. |
| --- | --- |
| 200 | Der WAW führt jetzt durch das County Galway. |
| 202 | ↳ WAW-Abstecher ♖ Tracht Beach. Parkplatz (mit Höhenbegrenzung, die aber offen war) mit Toilettenhaus und Bänken an einem kleinen Strand. |
| 205 | Kinvarra (Cinn Mhara) ♀ ♜. Ein kleiner Hafenort mit einer Burgruine. Hier kann man prima an der Hafenmauer sitzen und ein kühles irisches Malzgetränk aus den angrenzenden Pubs genießen. ♜ Das Dunguaire Castle wurde um 1520 erbaut. Die gut erhaltene kleine Burg, deren Bauweise an die typischen Turmhäuser (Tower House) erinnert, lohnt einen Besuch, 🕐 April-Mitte Okt.: 10:00-16:00, Erwachsene: € 6. |
| 215 | Es geht links ab auf die N18. |
| 225 | ↳ WAW-Abstecher zum Rinville Park. |
| 226 | In Oranmore am Einkaufszentrum links zum WAW-Abstecher Rinville Park, rechts geht es auf er R338 (Coast Road) nach Galway. Der Rinville Park grenzt an die Galway Bay. Vom Parkplatz führt ein 3,5 km langer Wanderweg durch ein kleines Waldgebiet zum Rinville Castle. |
| 231 | An der Kreuzung links abbiegen. |
| 235 | Auf die R339 links abbiegen. Nach 500 m links auf die Lough Atalia Road am Wasser entlangfahren. Nach der Eisenbahnunterführung folgt ein Rechtsknick. Folgen Sie danach der R336 nach links. Sie gelangen zum kleinen Hafen von Galway. Hier gibt es an „The Docks" recht zentral gelegene Parkplätze (Dock Street). Zu Fuß ist es nicht weit ins Zentrum von Galway. |
| 239 | **Galway (Gaillimh)** ♀ ✕ ⌘ ✝ |
| ℹ | Galway Discover Ireland Centre, Aras Failte, Forster Street, Galway City Centre, Co. Galway, ☏ +353(0)91/53 77 00, ✉ irelandwestinfo@failteireland.ie, 💻 www.galwaytourism.ie, 💻 www.galwayguide.ie |

Von den über 75.000 Einwohnern der Stadt sind 20 % Studenten, also eine sehr junge Stadt. Das spiegelt sich auch in der Pub- und Musikszene wieder. Die Stadt an der Galway Bay und dem River Corrib bietet viele schöne Plätze zum Relaxen. Nach der vielen Natur und nur wenigen Menschen (außer an den Cliffs of Moher) ist der Trubel der Stadt recht ungewohnt.

⌘ Im *Galway City Museum* können Sie die Geschichte der Stadt von 1800 bis 1950 erleben. Auch ein Exemplar der früheren Fischerboote (Galway Hooker)

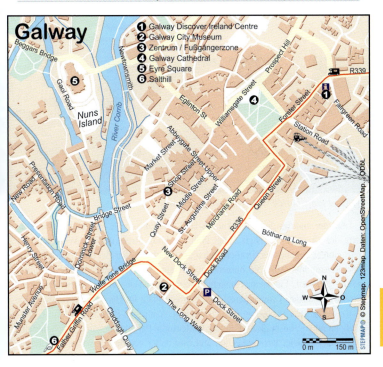

ist ausgestellt. Aber auch interessante archäologische Funde aus der frühen Geschichte sind zu sehen. Sie finden es am Mündungsbereich des River Corrib, der durch die Stadt fließt.

♦ Galway City Museum, Spanish Parade, Galway, ☎ +353(0)91/53 24 60, ✉ museum@galwaycity.ie, 🖥 www.galwaycitymuseum.ie, 🕐 Di-Sa 10:00-17:00, So 12:00-17:00 (von Ostersonntag bis Sept.), Eintritt frei

✝ Die *Galway Cathedral* heißt eigentlich „Cathedral of our Lady Assumed into Heaven and St. Nicholas". Sie steht leicht erhöht am Westufer des River Corrib auf Nuns Island. Es ist eine recht „junge" Kirche. Mit ihrem Bau wurde 1958 begonnen und sieben Jahre später war sie fertiggestellt. An ihrem Standort befand sich früher ein Gefängnis.

*Wassersport auf dem Corrib River in Galway*

Auf der anderen Seite des Flusses liegt im Zentrum die Fußgängerzone. Entlang der Quay Street, High Street über die Shop Street und die William Street plus einiger abgehender Straßen finden Sie Geschäfte aller Art und natürlich Pubs und Restaurants. Und Sie bekommen hier eine sehr lebendige Straßenmusiker-Szene geboten. Ein kleines bisschen über die William Street hinausgegangen, erreichen Sie den Eyre Square, den zentralen Platz im Herzen von Galway. Der Platz wurde zwar nach dem Besuch des amerikanischen Präsidenten John F. Kennedy im Jahr 1965 in „John F. Kennedy Memorial Park" umbenannt, doch der alte Name ist einfacher auszusprechen und wird daher von den Bewohnern weiterhin verwendet. Eine JFK-Büste steht im Park

Südwestlich vom Zentrum liegt Salthill. Beliebt ist hier ein Spaziergang auf „The Prom", so die Abkürzung für die Promenade, die direkt an der Galway Bay entlangführt. In der Ferne sieht man die Aran Inseln. The Prom ist 2 km lang und führt auch an Geschäften und Pubs vorbei.

### Irish Coffee
Um durchgefrorenen Passagieren im Restaurant des Flughafens Foynes, die auf ihren Weiterflug nach Übersee warteten, etwas Gutes zu tun, servierte Joseph Sheridan Kaffee mit einem Schuss irischen Whiskey. Die Gäste fragten, ob das brasilianischer Kaffee sei, worauf Joseph antwortete: "Nein, dass ist Irish Coffee!" Das war im Jahr 1942. Weltweit bekannt wurde das Heißgetränk zehn Jahre später, als das Café Buena Vista im amerikanischen San Francisco das Rezept kopierte.

Die heiß servierte Kaffeespezialität wird wie folgt zubereitet: 4 cl Irish Whiskey mit 1 bis 2 Teelöffel braunem Zucker in einem hitzebeständigen Irish Coffee Glas erhitzen. Danach das Glas mit heißem Kaffee auffüllen. Zum Schluss wird halb aufgeschlagene Sahne mit einem Löffel so vorsichtig darüber gegeben, dass sie sich nicht mit dem Kaffee vermischt. Gerne noch etwas Raspelschokolade als Deko obendrauf! Der Irish Coffee wird ohne Löffel kredenzt, denn man trinkt/schlürft ihn durch die kalte Sahne hindurch.

Die Irish Coffee Gläser sind tulpenförmige, dickwandige Gläser, die gut hitzebeständig sind.

# 4. Abschnitt: Galway - Sligo - 699 km

Dieser Abschnitt verläuft zu großen Teilen durch Connemara (Conamara) im County Galway (🖥 www.galway-irland.ie). Die geschwungenen Formen der bis zu 700 m hohen Berge im Landesinneren sind immer wieder von der Küste aus zu sehen.

Einige Highlights dieses Abschnittes sind der Clifton Sky Drive, Achill Island, Downpatricks Head, Connemara- und Ballycroy National Park und Kylemore Abbey and Garden. Und es geht ins nächste County mit Namen Mayo.

Info-Seiten über Connemara:
🖥 www.visitconnemara.com, 🖥 www.loveconnemara.com

6   Der Wild Atlantic Way führt auf der R336 Richtung Western aus der Stadt hinaus. Nach knapp 3 km erreicht die Straße die Salthill Promenade. Am Ende von The Prom, am Golfplatz vorbei, liegen drei ⛺ Campingplätze. Die ersten beiden liegen am Wasser.

⛺   Salthill Caravan & Camping Park, Knocknacarra, Salthill, Co. Galway,
☏ +353(0)91/52 39 72, 📱 +353(0)86/817 55 51,
✉ info@salthillcaravanpark.com, 🖥 www.salthillcaravanpark.com, 📅 Ende März bis Ende Sept., GPS: N53°15.30' W009°6.10'

♦   O'Halloran's Carvan & Camping Park, Salthill, Galway, Co. Galway,
📱 +353(0)86/874 74 22, 🖥 www.ohalloranscaravanpark.com, 📅 Mai bis Sept., GPS: N53°15.30' W009°6.10'

♦   Bayview Caravan & Camping Park, Salthill, Galway, Co. Galway, ☏ +353(0)91/52 33 16, 🖥 www.bayviewcaravanpark.com, GPS: N53°15.566' W009°6.383'

Hinter Galway beginnt wieder eine Gaeltacht-Region, ein Gebiet, in dem Irisch die offizielle Sprache ist. Sie sehen es u. a. wieder an den Ortsschildern/Hinweisschildern, die meist nur auf Irisch geschrieben sind.

**7** An der Kreuzung links ab gen Westen auf der R336.
Die Straße verläuft nahe der Küste durch kleinere Ortschaften.

**8,5** ↳ WAW-Abstecher zum ⚑ Silver Strand (An Trá Bhán). Parkplatz leider mit Höhenbarriere.

**21** Spiddal (An Spidéal). Hier führt ein kurzer Abstecher zum kleinen Hafen und einem alten Steinhaus samt kleinem Friedhof (Sean Chéibh an Spidéil). Souvenirs der besonderen Art finden Sie im Spiddal Craft Village & Café (Ceardlann an Spidéil), wo Sie auch die Künstler antreffen,
💻 www.spiddalcrafts.com.

**35** ↳ WAW-Abstecher links Ceibh Bhaile na Habhann, ein kleiner Pier am Wasser.
An dem Abzweig folgt der WAW nicht mehr der R336 nach rechts, sondern führt geradeaus weiter. In dieser Region gibt es wieder sehr viele Steinmauern als Begrenzung für die Ländereien. Und da die Landschaft recht wellig ist, kommen die Steinmauern sehr schön zur Geltung. Die Straße führt nach Rossaveel (Ros an Mhíl). Von dort legen die Fähren zu den Aran Inseln ab.

**39** **Rossaveel** oder Rossaveal (Ros a'Mhíl) mit den Haupt-Fähranlegern zu den Aran Inseln.

Aran Island Ferries, 37-39 Forster Street, Galway, Co. Galway,
☎ +353(0)91/5689 03, ✉ info@aranislandferries.com,
💻 www.aranislandferries.com. Die Fährfahrt zur Hauptinsel dauert 40 Min.

Die **Aran Inseln** (Oileáin Árann) bestehen aus drei Haupt- und vier kleineren, unbewohnten Inseln. Die östliche und kleinste der drei bewohnten Inseln ist Inis Oírr (Inisheer), die mittlere ist die Inis Meáin (Inishmaan) und die größte Inis Mór (Inishmore). Sie sind quasi eine Verlängerung des Burren und ragen 25 km hinaus in den Atlantik. Erst seit 1970, als die Inseln elektrifiziert wurden, ist das Leben für die Bewohner etwas angenehmer geworden. Die Inseln bilden eine der aktivsten Gaeltacht-Gemeinden Irlands. Jährlich kommen Menschen auf die Insel, um in Sprachkursen Gälisch zu lernen.

Auf Inishmore mit seinen um die 800 Einwohnern finden Sie einige bedeutende prähistorische Fundstätten. Am bekanntesten ist das Dun Aengus (Dun Aonghasa), ein halbkreisförmiges Steinfort direkt an den 100 m hohen Klippen an

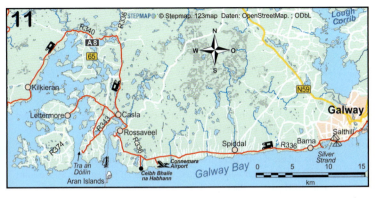

der Westküste. Es soll im 2. Jh. vor Christus erbaut worden sein. Aber auch Dolmengräber, Steinkreuze, Ruinen von frühen Kirchen etc. aus christlicher, vorchristlicher und keltischer Kultur sind zu besichtigen. Markant sind auch die Trockensteinmauern, die alle drei Inseln durchziehen. Ein Netz von Tausenden von Kilometern durchziehen die Inseln! Und alle Mauern kommen ohne Mörtel aus, die Steine werden einfach geschickt aufeinandergestapelt. Sie bieten auch der Vegetation Schutz. So gedeihen auf der Insel über 400 verschiedene Wildblumen. Wenn Sie auf der Insel übernachten möchten, sollten Sie die Reservierung vorab tätigen (www.aranislands.com). Die Insel erkunden Sie am besten mit dem Fahrrad. Mieten können Sie es direkt am Hafen. Oder lassen Sie sich mit einer Kutsche über die Insel chauffieren.

Inis Meáin (Inishmaan) (www.inismeain.com), die mittlere Insel, ist zugleich die unberührteste der drei bewohnten Inseln. An die 150 Menschen leben auf dem 5 x 3 km großen Eiland. Hier können Sie ebenfalls Steinforts (Dun Conchuir, Dun Ferbhai) besichtigen.

Die kleinste Insel Inisheer (www.rothai-inisoirr.com) bewohnen etwa 250 Menschen. Sie setzen ganz auf den Tourismus. Auf einer Rundfahrt mit dem Rad kommen Sie am alten Leuchtturm, dem O'Briens Castle oder dem Plassy-Schiffswrack vorbei. Die alte Kirche O'Teampall Chaomháin liegt samt Friedhof in einer Düne. Sie muss ständig freigeschaufelt werden, damit sie nicht vom Sand bedeckt wird. Wie auf den anderen beiden Inseln, können Sie auch auf Inisheer übernachten und mit dem Fahrrad auf gut ausgeschilderten Wegen die Inseln erkunden. Natürlich gibt es auf allen drei Inseln angelegte Wanderwege.

Informationen über die Aran Inseln finden Sie u. a. auf www.visitaranislands.com.

Der WAW führt auf der R372 wieder auf die R336.

**44** Casla (Costelloe) mit ⛽ Tankstelle. In dem Ort führt ein ↪ WAW-Abstecher nach Tra an Dóilín und Droichead Charraig an Logáin. Ersteres ist ein Strand und der zweite Abstecher führt zu einem Steindamm, über den die Straße R374 führt. Dieser doppelte Abstecher ist knapp 35 km lang und nicht unbedingt nötig zu fahren. Am Strand kann man sehr gut stehen.

Der WAW folgt weiter der R336 durch eine weite, felsige Landschaft mit vielen Seen und kleineren Hügeln.

**56** Der WAW verlässt die R336 und biegt links ab Richtung Kilkieran und Carna auf die R340. Der Abschnitt entlang der Connemara-Küste bis Clifton ist sehr abwechslungsreich und spannend zu fahren. Die Straße führt mal am Wasser mit Blick auf kleine Inseln, mal an Berghängen entlang und an Seen vorbei oder durch eine weite Landschaft. Die Straße führt um Buchten herum und zu schönen Stränden. Und die Vegetation ist ebenfalls spannend: Viele unterschiedliche Grüntöne bezirzen das Auge.

**72** Die Ortschaft Cill Chiaráin (Kilkieran) ist am Wasser gelegen.

**80** Carna. Hier verlässt der WAW die R340 und führt links weg dichter an die Küste der kleinen Halbinsel heran.

**88** Wieder an der R340.

**96** Der WAW biegt links ab auf die R341 nach Roundstone. Die Straße verläuft jetzt öfter in Wassernähe. Es geht um die Bertraghboy Bay herum.

**104** **Roundstone (Cloch na Rón)**, 💻 www.roundstone.ie 🍴 ⛽

Die Ortschaft liegt sehr schön zwischen dem westlichen Ende der Bertraghboy Bay und am Fuße der Errisbeg Mountains. Vom kleinen Hafen fahren die Fischerboote hinaus, um mit Hummern, Langusten, Krebsen, Makrelen und einer Vielzahl weiterer Fischarten zurückzukehren, die Ihnen in den Restaurants frisch zubereitet kredenzt werden. Kleine Tankstelle vorhanden.

**107** ↪ WAW-Abstecher nach Port na Feadóige mit Campingplatz direkt am Strand.

⚠ Gurteen Bay Caravan Park, Roundstone, Connemara, Co. Galway,
☎ +353(0)95/358 82, ✉ gurteen@eircom.net, 💻 www.gurteenbay.com,
📅 März bis Nov., GPS: N53°22.950' W009°57.167'. Liegt sehr schön an einem Strand in einer geschützten Bucht.

117 **Ballyconneely** mit ⛽ Tankstelle. WAW-Abstecher links zur Bunowen Bay 5 km. Es geht an der Ruine des Bunowen Castle (Privatgrundstück) vorbei. 1 km hinter Bunowen Bay liegt am Aillebrack Pier das Connemara Smoke House & Visitor Centre, eine Fischräucherei (🖥 www.smokehouse.ie).
Hinter Ballyconneely verläuft die Straße recht kurvig weiter. Es folgen zwei schön gelegene Parkplätze.

122 Ein WAW-Abstecher führt auf einer kleinen Straße links hinein zum Alcock and Brown Monument (1 km). John Alcock und Arthur Whitten Brown waren die ersten Piloten, die Non-Stopp über den Atlantik flogen und hier landeten. Das Monument in Form eines Seitenleitwerks erinnert an diese Pionierleistung. Es steht auf einem Hügel, von dem Sie einen wunderbaren Blick über diese wunderschöne Landschaft haben. Die Region und das Monument sind einer der 15 *Signature Discovery Points* entlang des Wild Atlantic Way.

## 126 Clifden (An Clochán) ♀ ✕ 🍺 🍽 FUN

🛈 Clifden Tourist Office, Galway Road, Clifden, Co. Galway, ☏ +353(0)95/211 63,
✉ clifdentouristoffice@failteireland.ie, 🖥 www.visitconnemara.com

Der knapp 3.000 Einwohner zählende Ort liegt wunderschön zwischen der Clifden Bay, einer malerischen Berglandschaft, und der Mündung des Owenglin River. Die bis zu 730 m hohen Berge der The Twelve Pins oder Benna Beola (Beanna Beola) schließen sich im Osten an. Clifden gilt bei den Iren als die „Hauptstadt der Connemara". Der Marktplatz mit Obelisk ist das Zentrum des Ortes. Von ihm gehen die Market Street und die Main Street ab. Hier finden Sie viele Cafés, Pubs und Restaurants.

Der Ort beherbergt in den Sommermonaten zwei- bis dreimal so viele Menschen wie Einwohner. Im August und September ist Festival-Zeit in Clifden. Es beginnt am 3. Donnerstag im August mit dem viertägigen „Connemara Pony Festival", bei dem sich alles um diese kleine Pferderasse dreht, ob bei Sportveranstaltungen oder auf dem Pony Markt am Sonntag. Im September folgt das 10-tägige „Clifden Arts Festival" mit Musik, Theater, Literatur und Kunstausstellungen. Kein Haus, das nicht in dieses Festival mit eingebunden ist. Und abends gibt es besonders in den Pubs Live-Sessions ohne Ende.

Die großen Lebensmittelläden finden Sie im Ostteil der Stadt, im neuen Industriegebiet an der N59 Richtung Galway.

Vom Marktplatz führt die Beach Road knapp 2 km zu einem Parkplatz am Boardwalk Café und Bar. Ein schöner Platz am Wasser zum Relaxen.

Der Wild Atlantic Way führt jetzt von Clifden westwärts auf die Aughrus Peninsula (🖥 www.aughruspeninsula.com) mit einigen spektakulären Küstenabschnitten. Der erste beginnt gleich hinter dem Ort. Der WAW führt vom Marktplatz über die Seaview Road zur Sky Road (links runter Beach Road, rechts hoch Sky Road). Sie passieren das Abbeyglen Castle, in dem heute ein Hotel integriert ist.

**131** Eine kleine Straße führt zur efeubewachsenen ♜ Ruine des Demesne Castle. Sie können sie aber auch sehr gut von der oberhalb verlaufenden Straße sehen. Die Sky Road steigt jetzt wellig bergauf bis bei km

**134** an einem Parkplatz der höchste Punkt erreicht ist. Der 📷 Ausblick über die Clifden Bay und ihre Inseln ist vom Feinsten.

Vom Parkplatz aus geht es bergab.

*Parkplatz an der Sky Road bei Clifden*

136 Wenn Sie an dem Rechtsknick links abbiegen und in die rechte Straße fahren, kommen Sie nach 2 km an den kleinen Strand von Eyrephort. Ein schöner Platz für einen Stopp.

Die Straße verläuft weiter am Wasser bis

143 Kreuzung zur N59. Links geht es weiter zum Connemara Nationalpark und nach Letterfrack (11 km). Rechts sind es 4 km nach Clifden. Wenn Sie diese Straße 2 km Richtung Clifden fahren, biegen Sie in dem Rechtsknick auf die kleine Straße geradeaus ab, die zum Clifden Campingplatz führt.

⛺ Clifden Camping & Caravan Park, Shanakeever, Westport Road, Clifden, Co. Galway, ☎ +353(0)95/221 50, 📱 +353(0)87/759 50 35, ✉ info@clifdencamping.com, 💻 www.clifdencamping.com, 🗓 Anfang April bis Ende Sept., GPS: N53°30.098' W10°1.051'

Kaum auf der N59 geht es keine 200 m weiter auf dem WAW links ab auf die R341 Richtung Gladdaghduff (9 km). Die Straße führt häufig am Wasser entlang. Bei km

**149** geht es links zum

⛺ Clifden eco Beach Camping & Caravaning Park, Claddaghduff Road, Clifden, Connemara, Co.Galway, ☏ +353(0)95/440 36, 📱 +353(0)87/126 76 87, ✉ actonsbeach@gmail.com, 💻 www.actonsbeachsidecamping.com, GPS: N53°31.433',W010°7.00'. Liegt schön am Wasser an einem kleinen Strand.

**152** Gladdaghduff (An Cladach Dubh). Ein 🚲 WAW-Abstecher führt 1 km links weg zum 👁 Omey Island Aussichtspunkt. Vom angelegten Parkplatz können Sie bei Ebbe über den Strand zur knapp 1 km entfernten Omey Insel gehen/fahren.
Gleich hinter dem Abzweig liegt die The Strand Bar (mit kleiner Tankstelle). Ein schöner Platz zum Draußensitzen mit prima Aussicht.
Der weitere Weg um die Halbinsel führt zum Hafen von Cleggan (km 160) an der Cleggan Bay. Hier legen die Fähren zur 9 km entfernten Insel Inishbofin ab. Restaurants und Pubs liegen an dem kleinen Fischerhafen. Auf dem Rückweg zur N59 geht es nicht mehr am Wasser entlang. Sie passieren ein größeres Moorgebiet auf dem Weg zur Kreuzung.

*Landschaft vor Letterfrack*

**166** Links abbiegen auf die N59 Richtung Westport.
Hinter der Ortschaft Moyard folgt der Abzweig (rechts) zum Connemara National Park. Die Straße dorthin führt bergauf an die westlichen Ausläufer der The Twelve Pins Mountains. Wie in allen sechs irischen Nationalparks ist auch hier der Eintritt frei. Parkgebühren werden auch nicht erhoben.

**175** ❀ **Connemara National Park.** 🖥 www.connemaranationalpark.ie.

In dem 2.957 ha großen Park können Sie zwischen vier angelegten Wanderungen wählen. Sie haben eine Länge zwischen 0,5 und 3,7 km, wobei letztere auf den 445 m hohen Diamond Hill hinaufführt. Berge, Moore, Heidelandschaft, Wiesen und Wälder sind in dem 1980 eröffneten Nationalpark geschützt. In einem Tea-Room können Sie kleine Speisen aus lokaler Produktion genießen. 🕒 Das Besucherzentrum ist von März bis Okt. geöffnet, der Park ist ganzjährig zugänglich.

**176 Letterfrack** (Leitir Fraic) 🍴 🛒 🅿
In der Ortschaft haben Sie jetzt zwei Möglichkeiten, weiter Richtung Norden zu fahren. Der offizielle Wild Atlantic Way geht von der N59 links ab Richtung Rinvyle und verläuft auf einer sehr schönen Straße zwischen Bergen und dem Atlantik. Geradeaus auf der N59 kommen Sie zu einer der meistbesuchten Sehenswürdigkeiten Irlands, der **Kylemore Abbey & Victorian Walled Garden**. Bis dorthin sind es 5 km.

⌘ Kylemore Abbey & Victorian Walled Garden, ☎ +353(0)95/520 00, ✉ info@kylemoreabbeytourism.ie, 🖥 www.kylemoreabbeytourism.ie, 🕒 April bis Juni: 9:00-18:00, Juli, Aug.: 9:00-19:00, Sept., Okt.: 9:30-17:30, Nov. bis März: 10:00-16:30, Eintritt: € 13, unter 10 Jahren frei, GPS: N53°33.696' W009°53.360'

Das „Märchenschloss" steht sehr fotogen am Fuße eines bewaldeten Berges und am Ufer des Lough Pollacappul. Erbaut wurde das Gebäude 1866 als Landsitz für den Kaufmann und Politiker Mitchell Henry und seiner Frau Margaret. Im Schloss sind einige wenige Räumlichkeiten zu besichtigen, der Rest wird seit 1922 als Benediktinerkloster genutzt. Mehr als 150 Klosterschülerinnen leben hier zusammen mit den Benediktiner-Nonnen.

Infos unter 🖥 www.kylemoreabbey.com.

Auf dem Anwesen steht auch noch die sehr schöne gotische Kapelle Church of Our Old Lady of the Wayside. Der Baumbewuchs um das Schloss ist sehr exotisch: Taxidien, Douglas-Fichten, Sequoiem oder Kamelien wurden hier gepflanzt. Etwas mehr als 1,5 km vom Schloss entfernt liegen die wunderschönen Gärten von Kylemore. Die Highlights sind der etwa 2,4 ha große Mauergarten und das Gewächshaus. In einem angrenzenden Café können Sie in ruhiger Atmosphäre lokale Produkte genießen. Zwischen dem Schloss und den Gärten verkehrt ein Pendelbus.

Am Eingang zur Kylemore Abbey finden Sie ein Besucherzentrum mit Restaurant und riesigem Souvenirshop. Da viele Reisegruppen mit Bussen ankommen, lohnt es sich, entweder gleich am Morgen oder gegen Nachmittag hier vorbeizuschauen, da ist es etwas ruhiger.

In Letterfrack biegt der WAW links ab Richtung Rinvyle auf dem Connemara Loop ( www.goconnemara.com).

182 Die kleine Ortschaft Tully Cross. Ein WAW-Abstecher führt hier geradeaus weiter über Tully zum Crump Island View (ca. 4 km). Diesen Ausblick können Sie auch 500 m vorher vom Renvyle Beach Campingplatz aus genießen, da dieser direkt am Wasser liegt.

⚠ Renvyle Beach Caravan & Camping Park, Renvyle Peninsula, Tullybeg, Renvyle, Connemara, Co. Galway, ☏ +353(0)95/434 62,
 renvylebeachcaravanpark@gmail.com,  www.renvylebeachcaravanpark.com,
 April bis Ende Sept., GPS: N53°36.183' W009°59.086'

In Tully Cross führt der WAW weiter auf der L5102. Die Berge reichen immer dichter ans Wasser heran und voraus fällt der Blick auf die über 800 m hohen Berge der Mweelrea Mountains. Da die Straße etwas erhöht am Berghang entlangführt, ist auch der Blick über das Meer prima.

187 Wunderschön am Wasser liegt der Connemara Campingplatz.
⚠ Connemara Caravan & Camping Park, Lettergesh, Renvyle, Co. Galway,
 ☏ +353(0)95/434 06,  connemaracamping@eircom.net,
  www.connemaracaravans.com. Liegt am One-Mile-Lettergesh Beach. Mit dem Bergpanorama auf der einen Seite und dem Blick über das Meer gen Westen zur Insel Inishturk auf der anderen Seite ist das wirklich ein wunderschöner Ort.

Die Straße überquert einen kleinen Fluss und entfernt sich vom Wasser Richtung Landesinnere etwas bergauf. Es geht direkt am Lough Muck entlang, an dessen gegenüberliegendem Ufer der Berg Garraun einige Hundert Meter in die Höhe ragt. Am Ende des Sees führt die Straße zwischen

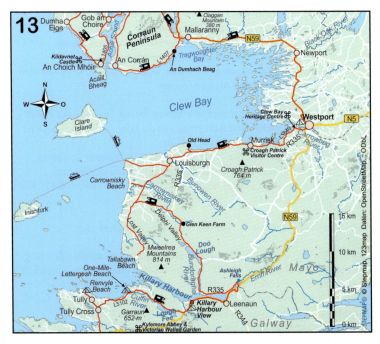

zwei Bergen hindurch zu einem weiteren See, dem größeren Lough Fee. Der Blick über den See auf die Berge der Connemara ist wundervoll. Auch hier verläuft die Straße direkt am See entlang. Da Sie auf einer „Hochebene" fahren, ist ein wundervoller 360°-Rundumblick auf die Berge gegeben.

196 Der WAW trifft wieder auf die N59 und folgt ihr links weg nach Leenaun 7 km. Rechts zum Connemara National Park sind es 13 km.

198 Parkplatz **Killary Harbour View**. Der Blick führt über den einzigen Fjord Irlands. Er ist immerhin 16 Kilometer lang. An seinem Nordufer liegt der 814 m hohe Mweelrea Mountain. Der Fjord bildet die natürliche Grenze zwischen den Counties Galway und Mayo. In dem Fjord, der an seiner tiefsten Stelle 45 m tief ist, werden Lachse und Muscheln gezüchtet. Killary Harbour ist einer der 15 *Signature Discovery Points* entlang des Wild Atlantic Way.

Schräg gegenüber vom Parkplatz liegt Killary Adventure. Hier können Sie auch zelten oder mit Womos übernachten.

⚠ Connemara Campsite, Killary Adventure Company, Leenane, Co. Galway, ☏ +353(0)95/434 11, ✉ info@connemaracampsite.com, 🖥 www.connemaracampsite.com. Es ist ein einfacher Platz. Bei Killary Adventure können Sie einige Outdoor-Aktivitäten buchen.

Auf einer 90-minütigen Bootstour können Sie den Fjord von der Wasserseite aus betrachten und nicht selten wird das Boot von Delfinen begleitet. Die Anlegestelle der Boote folgt bei km

**200** 🚢 Killary Fjord Boat Tour, Nancy's Point, Killary Fjord, Leenane, Co. Galway, ☏ +353(0)91/56 67 36, ✉ info@killaryfjord.com, 🖥 www.killaryfjord.com, 📅 Abfahrtszeiten im Juni, Juli, Aug.: 10:30, 12:30, 14:30, 16:00, Fahrpreis: € 21, Kinder 11-17 Jahre € 10

**202 Leenaun** / Leenane (Án Líonán), 🖥 www.leenanevillage.com

Der Ort liegt kurz vorm Ende des engen Fjords in einer wundervollen Berglandschaft, dessen Gipfel an die 700 m hoch sind. Die Hauptsehenswürdigkeit ist (außer der faszinierenden Natur) das Sheep and Wool Centre, in dem Sie mehr über die Schafzucht und die Herstellung von Wolle in der Connemara erfahren. Und natürlich können Sie auch flauschige Produkte käuflich erwerben.

🐑 Sheep and Wool Centre, Leenane, Co. Galway, ☏ +353(0)95/423 23, ✉ leenane@eircom.net, 🖥 www.sheepandwoolcentre.com, 📅 Mitte März bis Okt: 9:30-17:00, Eintritt: € 5 / € 3

**207** Ende des Fjords. Hier zweigt der WAW links ab auf die R335, um auf der gegenüberliegenden Uferseite entlangzuführen. Hier liegt auch die Grenze zwischen dem County Galway und Mayo. Die N59 führt geradeaus weiter direkt nach Westport (31 km).

**208** Nach der Fahrt am Fjordende entlang folgt die Überquerung des Erriff River. Von der Brücke aus können Sie schon die **Ashleigh Falls** (Aasleagh Falls, Eas Liath) sehen. Von einem kleinen Parkplatz direkt hinter der Brücke aus können Sie zu dem Wasserfall gehen. Kurz bevor der Fluss in den Killary Harbour mündet, bringt er es zwar nur auf eine Fallhöhe von 3,5 m, aber das ganze Szenario ist einfach schön. Am Ende des Sommers können Sie hier beobachten, wie Lachse versuchen, das natürliche Hindernis zu überwinden, um in ihre Laichgründe zu gelangen.

*Ashleigh Falls*

214 Bis hier ging es wunderbar am Wasser entlang. Jetzt steht einer Weiterfahrt entlang des Killary Harbour der 814 m hohe Mweelrea Mountain im Weg. Der WAW führt jetzt durch das Delphi Tal am Bundoragha River entlang. Die Berge ziehen sich landeinwärts immer mehr zusammen.

218 Am Ufer des Doo Lough Sees. Eine unglaublich schöne Strecke: Die Berge rechts und links des Sees ragen fast 800 m in die Höhe und man kann den Straßenverlauf am Ostufer des Sees verfolgen. Am nördlichen Seeende folgt ein weiterer kleiner See. An seinem Ende öffnet sich das Tal und die Straße führt noch etwas weiter bergauf. Hier steht ein Kreuz, das an die Opfer der Doolough Tragedy erinnert. Während der Famine, der großen Hungersnot in Irland, zogen Hunderte Menschen aus Louisburgh durch das Tal zur Delphi Lodge, um dort Nahrung zu erbitten. Sie wurden zurückgewiesen und mussten wieder umkehren. Auf ihrem Weg zurück durch das Tal erfroren und verhungerten viele von ihnen.

224 **Glen Keen Farm**. Sie ist eine der größten Schaffarmen Irlands. Hier können Sie einer Schafscher-Vorführung, einer Schäferhund-Show oder einer Torfstech-Vorführung beiwohnen. Natürlich gibt es auch ein Besucherzentrum mit Café und Souvenirladen.

♦ Glen Keen Farm, Louisburgh, Co. Mayo, ☎ +353(0)87/616 73 96, glenkeenfarm@gmail.com, www.glenkeenfarm.com, Mi-So 10:30-17:30

Mit den Bergen im Rücken geht es jetzt durch eine weite Landschaft.

**227** Der WAW biegt links ab auf der R378. Dieser Abstecher führt Sie zu zwei Stränden und einem Hafen.

**232** ↳ An der Kreuzung am Friedhof fahren Sie den Abstecher zum Silver Strand nach links. Diese Straße führt durch das Lost Valley (🖥 www.thelostvalley.ie), eine wunderschöne Landschaft mit Blick auf das Meer. Sie endet an der nördlichen Seite des Mweelrea Mountains. Die letzten knapp 2 km ist die Straße etwas schmaler, aber der wundervolle Strand ist diesen Abstecher absolut wert.

Nach 9 km erreichen Sie ⚓ Tallabawn Beach, auch Silver Strand genannt. Er ist wirklich ein Traum von einem Strand. Vom Parkplatz (mit Toilettenhäuschen) gehen Sie bei Ebbe auf dem Strand an Dünen vorbei, knapp 500 m bis zum Wasser.

Der WAW führt an dem Friedhof rechts ab weiter Richtung Louisburgh.

**233** ↳ Abstecher zum ⚓ Carrownisky Beach (Trá Ceathrú Uisce) 2 km. Ein sagenhaft langer Strand, der bei Wellenreitern sehr beliebt ist. Eine Surfschule und Life Guard finden sich dort.

**238** ↳ Abstecher zu einem kleinen Hafen. Hier legen die Fähren zur Clare Island und nach Inisturk ab. (6 km)

Die Landschaft ist jetzt komplett flach.

**239** **Louisburgh** (Cluain Cearbán), 🖥 www.louisburgh.com

Der Ort liegt am Bunowen River, aber nicht am Meer. Voraus blicken Sie auf den Croagh Patrick Mountain mit seinem wunderschönen Kegel. Am Ortsausgang finden Sie noch eine ⛽ Tankstelle.

**242** ↳ WAW-Abstecher zum Old Head (1 km). An dem Strand, der an einem kleinen Hafen mit Pier beginnt, ist im Sommer sehr viel los. Der Parkplatz hat eine Höhenbarriere, aber am Pier kann man ganz gut parken. Caravan-Parks und Holiday Cottages liegen in Strandnähe.

**252** **Murrisk** und das Great Famine Monument. Das Monument erinnert an die große Hungersnot zwischen 1845 und 1849. Der Dubliner Künstler John Behan hat dieses Mahnmal erschaffen. Es zeigt ein Coffin Ship in Form eines Sarges und skelettierte Menschenkörper an den Masten. Im Jahr 1997 wurde es von Präsidentin Mary Robinson enthüllt.

Gegenüber liegt der Parkplatz zum Croagh Patrick Visitor Centre, allerdings mit Höhenbegrenzung. An der Straße gibt es aber auch einige Parkplätze.

**Croagh Patrick** (Cruach Phádraig) ist der heilige Berg der Iren, bei den Pilgern auch als „The Reek" bekannt. Jährlich erklimmen etwa 100.000 Bergsteiger den Gipfel. Viele von ihnen sind Pilger, die den Berg bevorzugt am Garland Friday und Garland Sunday (letzter Freitag und Sonntag im Juli) erklimmen (ca. 25.000). Das Croagh Patrick Visitor Centre liegt in Murrisk am Wanderweg am Fuße des Croagh Patrick, gegenüber dem National Famine Monument.

Der 764 m hohe Berg gilt als heilig, weil einer Sage nach der Heilige Patrick im Jahr 441 n. Chr. von Aschermittwoch bis Ostern (40 Tage) auf dem Berg gefastet und gebetet hat. Danach hat er die Gottheit Crom besiegt und mit einem Zauber alle Reptilien von der Insel verbannt. Auf dem Gipfel ließ er eine Kapelle errichten, die 1905 geweiht wurde.

Die Pilger starten von der Murrisk Abbey den anspruchsvollen Aufstieg über die Nordseite des Berges. Der Anstieg dauert ca. 2 bis 2 Std. 30 Min. Einige Pilger streben sogar barfuß oder auf Knien dem Gipfel entgegen, was dann wohl etwas länger dauert. Im Inneren der Kapelle auf dem Gipfel befindet sich ein Stein, in dem die Abdrücke der Knie des Heiligen Patrick vom Beten zu sehen sein sollen.

Oben angekommen haben Sie natürlich einen umwerfenden 360°-Panoramablick. Die Clew Bay (Cuan Mó) mit ihren über 350 Inseln ist spektakulär von oben zu betrachten.

⌘ Croagh Patrick Visitor Centre, ☎ +353(0)98/641 14, ✉ info@croagh-patrick.com, 🖥 www.croagh-patrick.com, 🕐 März bis Mai, Sept. bis Okt.: 10:00-17:00, Juni bis Aug.: 9:00-19:00

**257** Tankstelle.

**258** WAW links ab auf der Coast Road (L5840) zum Westport Quay 3 km. Nach 500 m fährt man wieder mal am Wasser entlang.

**261** **Westport Quay**. Ist wie eine kleine Waterfront am Hafen von Westport, direkt an der Mündung des Carrowbeg River gelegen.

Am Quay liegt das Clew Bay Heritage Centre. Von der vorchristlichen Zeit bis heute wird die Geschichte von Westport und der Clew Bay gezeigt.

⌘ Clew Bay Heritage Centre, The Quay, Westport, Co. Mayo, ☎ +353(0)98/268 52, 🖥 www.westportheritage.com, 🕐 Juni bis Ende Sept: Mo-Fr 10:00-17:00, Juli + Aug. zusätzlich: So 15:00-17:00, Okt. bis Mai 10:30-14:00, € 3

**263** Historisches Zentrum von **Westport** (Cathair na Mart).

ℹ Westport Tourist Office, Bridge Street, Westport, Co. Mayo, ☎ +353(0)98/25 71 11, ✉ westport@failteireland.ie, 🖥 www.westporttourism.com

Auch Westport (ca. 6.000 Einwohner) erstickt im Sommer am Straßenverkehr, da die Straßen auch hier sehr schmal sind und das Verkehrsaufkommen immer größer wird. Die N59 und die N5 verlaufen direkt durch die Stadt.

Vom „The Octagon" im Zentrum der Stadt zweigen die Haupt-Einkaufsstraßen ab: Shop Street, James Street und Bridge Street. Pubs, Cafés, Restaurants, Shops, Galerien etc. finden Sie hier. Durch das Zentrum fließt auch der Carrowbeg River.

*Westport House*

⌘ Eine Sehenswürdigkeit der Stadt ist das Westport House & Pirate Adventure Park. Das Haus wurde für die Familie Browne 1730 vom deutschen Architekten Richard Cassels erbaut und vom Briten James Wyatt fertiggestellt. Die Brownes sind direkte Nachkommen der Pirate Queen Grace O'Malley, die im 16. Jh. die Küsten von Mayo kontrollierte. Sie war die Anführerin des O'Malley Clans, der einige Burgen im Westen Irlands besaß. Eine der Burgen bildet das Fundament des Westport House.

Seit 1960 kann man das Haus besichtigen. Das Interieur, so z. B. der Dining Room, sind wunderschön. Bis heute haben über 4 Mio. Menschen das Haus mit seiner Parklandschaft, den Gärten und Terrassen besichtigt. ☞ Kontaktdaten siehe Westport Campingplatz.

Auf dem Grundstück liegt auch der Campingplatz.

△ Westport House Caravan & Camping Park, Westport, Co. Mayo, ☏ +353(0)98/277 66 oder 252 06, ✉ camping@westporthouse.ie, info@westporthouse.ie, 🖥 www.westporthouse.ie, 🕑 Mitte März bis Anfang April, Ende April bis Mitte Sept., GPS: N53°48.334' W009°32.333'

Der Wild Atlantic Way verlässt Westport auf der N59.

**277 Newport** (Baile Uí Fhiacháin) 🍷 ⛽

🛈 Newport Community Tourist Office, Newport, Co. Mayo, ☏ +353(0)98/418 95, ✉ tourism@newportmayo.ie

Der Black Oak River fließt durch den Ort. Vor der Überquerung des Flusses ins Zentrum des Ortes liegen einige Pubs an der rechten Straßenseite. Neben der Autobrücke steht ein sehr schönes Eisenbahn-Viadukt aus dem 19. Jh. mit sieben Rundbögen. Tankstelle vorhanden.

Der WAW führt jetzt um die Clew Bay herum, verläuft aber recht selten in Wassernähe.

**293 Mallaranny**/Mulranny (An Mhala Raithni) (🖥 www.mulranny.ie) ⛽. Der Ort liegt sehr schön am Fuße des Claggan Mountain (380 m) und nahe der Clew Bay. Über Stege kann man vom Ort trockenen Fußes auf dem Mulrany Causeway durch die Marschlandschaft der Tragwoughter Bay bis zum vorgelagerten Strand wandern. Dieser Weg wurde bereits 1889 angelegt.

Im Ort bei km 295 biegt der WAW links ab auf die L1404 nach An Corrán.

**296** Ein ⚑ WAW-Abstecher führt auf einer kleinen Straße links zum schönen Strand von Mallaranny (800 m). Gleich am Abzweig gibt es eine Höhenbarriere, die aber geöffnet war.

Der folgende Abschnitt bis zur Achill Island und die Insel selbst gehören für mich mit zu den Highlights entlang des Wild Atlantic Way.

Die hier angenehm breite Straße führt an der Südküste der Corraun-Halbinsel sehr häufig am Wasser entlang. Es ist stellenweise fast menschenleer, nur Schafe kreuzen hier mal die Straße. Der Blick geht über das Ende der Clew Bay zur Clare Insel hinüber. Die Küste ist nicht sehr steil, das Land steigt sachte bergan, das Landschaftsbild ist felsig.

298 An  Dumhach Beag - Aussichtspunkt. Die Strände sind hier sehr steinig, was aber auch etwas hat: von sehr kleinen bis Basketball-großen, vom Wasser feingeschliffenen Steinen, über die die Wellen des Atlantiks rauschen.

303 Parkplatz mit Blick auf die kleine, felsige Insel Acaill Bheag, auf der ein großer Leuchtturm steht. Sie passieren die Häuser der Ortschaft An Corrán. Die Straße macht jetzt einen 90°-Rechtsknick. Der Blick geht über den Achill Sound zur Achill Island hinüber. 11 km bis Gob an Choire. Nach einigen Kilometern sehen Sie voraus die Brücke, die über den Achill Sound und zur Insel führt.

315 Links auf die R319 nach Gob an Choire.

317 **Gob an Choire**  gleich hinter der Brücke.

### Achill Island (Oilean Acaill)

Achill Tourism, Davitt Quarter, Achill Sound, ☏ +353(0)98/204 00 oder 207 05, ✉ info@achilltourism.com,  www.achilltourism.com, www.visitachill.com.
Mit 146 km² ist sie Irlands größte Offshore Insel.

*Küstenlinie Achill Island*

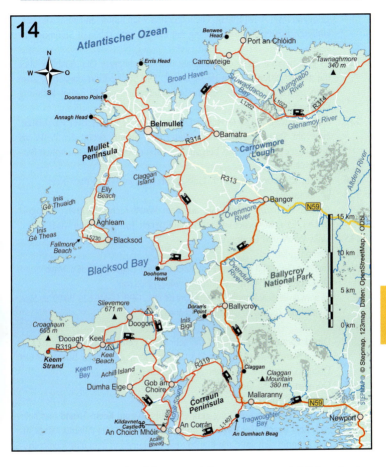

319  Der WAW verläuft auf der L1405 links weg weiter am Achill Sound entlang.

326  Hinter der Lifeboat-Station steht die Ruine des Grace O'Malley's Castle (Kildavnet Castle). Auch dieses Turmhaus gehörte der legendären Piratenkönigin Grace O'Malley. Hier beginnt auch die Ortschaft An Choich Mhóir. Die Straße biegt rechts ab. Der Blick geht hier auf die nahe

gelegene Insel Acaill Bheag. Die folgenden 9 km führen an einem wild zerklüfteten Küstenabschnitt entlang mit einigen sehr schönen Stellmöglichkeiten.

330 Es ging bergauf zu einem Parkplatz mit Infoschildern. Der Ausblick über die wildumtosten Klippen ist sagenhaft. Die Straße führt danach in zwei Serpentinen zu einer kleinen Bucht hinunter und erhöht weiter Richtung Dumha Eige.

332 Links Abzweig in die Ortschaft Dumha Eige. Es folgen zwei Parkplätze, einer am Strand der Ortschaft. Hinter dem Strand zweigt der WAW ins Inselinnere. Es geht etwas bergauf, am Fuße eines über 330 m hohen Berges entlang.

336 An der Kreuzung zur R319. Links weiter sind es 10 km nach Keel.

338 ⛽ Tankstelle.

340 An der Kreuzung fahren Sie auf dem WAW rechts Richtung Doogort (8 km). Es geht vorbei an Feldern, auf denen Torf gestochen wird.

345 Links WAW und Doogort.

346 Campingplatz

△ Lavelle´s Caravan & Camping Park, Golden Strand, Dugort, Achill, Co. Mayo,
☎ +353(0)86/231 45 96, ✉ joseph.lavelle@yahoo.com,
🖥 www.lavellescaravanpark.com, 📅 April bis Okt., GPS: N54°0.629' W009°59.526'.
Mit direktem Zugang zu einem sehr schönen Strand.

Direkt voraus blicken Sie auf die sehr schön geformte Spitze des 671 m hohen Slievemore (An Sliabh Mór). Unterhalb liegt an einer Bucht der Ort Doogort, ebenfalls mit einem sehr schönen Strand.

347 Doogort (Dumha Goirt) 🍷 🍴

355 **Keel** (An CAol) △ ⛽

An der folgenden Kreuzung geht es rechts ab zum **Keem Strand** und links zum **Keel Beach**. Der Ort liegt am Keel Lough und dem Atlantik. Im Sommer befindet sich am Campingplatz ein Container, in dem eine kleine Touristeninformation untergebracht ist.

△ Keel Sandybanks Caravan & Camping Park, Keel, Achill Island, Co. Mayo,
☎ +353(0)98/432 11, ✉ info@achillcamping.com, 🖥 www.achillcamping.com,
📅 Ostern bis Anfang Sept., GPS: N53°58.466' W010°4.616'

Direkt vor dem Campingplatz liegt Keel Beach, ein schöner langer Strand, der am östlichen Ende von 400 m hohen Bergen begrenzt wird, die steil aus dem Meer ragen. Eine tolle Aussicht. Am Meer und auch auf dem See können Sie in Surfschulen Kiten lernen. Der Golfplatz liegt gleich östlich des Platzes.

An der Kreuzung rechts gefahren, kommen Sie nach

**359** Dooagh (Dumha Acha), das sich an der Küste entlangstreckt. Viele der Häuser sind weiß gestrichen. Hinter dem Ort geht es auf der Straße ordentlich die Rampe hoch kurvig an einem Berghang entlang. Ein wirklich spektakulärer Abschnitt, fällt der Hang doch zum Wasser hin steil hinunter. Schräg voraus sieht man den  Keem Strand an der Keem Bay, geschützt von hohen Bergen. Der leicht gelbliche Sandstrand hebt sich kontrastreich vom Grün der Berge und dem Türkisblau des Wassers ab. In Serpentinen geht es zum Strand hinunter. Ein wirklich toller Platz zum Relaxen (km 365). **Keem Strand** ist einer der 15 *Signature Discovery Points* entlang des Wild Atlantic Way.

*Keem Strand*

Der höchste Berg um diese hufeisenförmige Bucht ist der 665 m hohe Croaghaun. Seine westliche Flanke soll eine der höchsten Klippen Europas sein. Es gab mal einen Fischer, der Bootstouren dorthin anbot, doch leider ist er verstorben. So hat man z. Z. keine Möglichkeit, per Boot an die Klippen zu gelangen. Vom Keem Strand können Sie aber eine Wanderung hinauf zum Gipfel antreten.

Wieder an der Kreuzung in Keel: Auf der R319 sind es auf direktem Weg zurück zur N59 bei Mallaranny 28 km

**403** Kreuzung R319/N59. Links ab geht es auf der N59 Richtung Ballycroy und zum Ballycroy National Park Visitor Centre. Sie fahren durch ein schmales, bewaldetes Tal ein Stück bergab, bis es sich öffnet und Sie ans Wasser gelangen. Die Straße bleibt einige Zeit fast auf Meereshöhe, der Blick kann dabei wunderbar in die Ferne schweifen.

**408** Claggan (An Cloigeann) Ein Parkplatz, von dem Sie eine prima Aussicht auf Achill Island und Richtung Landesinnere über die weite Heidelandschaft haben. Ein angelegter Pfad über Holzstege führt entlang des Ufers durch eine Marschlandschaft. Sehr schön zur Vogelbeobachtung. Er gehört schon zum ✿ Ballycroy National Park.

**415** **Ballycroy**. In dem Ort gibt es den ↳ WAW-Abstecher zum Doran's Point und zur Inis Bigil Fähre (3 km).

*Ballycroy National Park*

Im Ort rechts ab geht es zum **Ballycroy National Park Visitor Centre**. Ein sehr großes, modernes Besucherzentrum mit Ausstellungsräumen und Café. Auf einem 30-minütigen Trail lernen Sie einiges über die Vegetation des Parks. Von einer Anhöhe aus sehen Sie die sanften Hügel der Nephin Beg Range, die den Kern des 118 km² großen Nationalparks bilden. Durch die Nephin Beg Range führen auch Wanderwege. Der Bangor Trail startet im Ort Bangor und führt bis nach Newport. Man benötigt etwa 9 Stunden für die Strecke. Die Gegend zählt zu den abgeschiedensten des Landes. So beherbergt der Park auch eines der größten intakten Regenmoore Europas, die für zahlreiche Tiere und Pflanzen sehr wichtig sind. Aber auch Sumpfgebiete, Heidelandschaften und Flussgebiete werden geschützt.

Ballycroy National Park Visitor Centre, Ballycroy Village, Westport, Co. Mayo, ☎ +353(0)98/498 88, ballycroyvisitorcentre@ahg.gov.ie, www.ballycroynationalpark.ie, April bis Ende Okt.: 10:00-17:30, Eintritt frei

Der WAW führt durch weites Land mit sanft geschwungenen Bergen am Horizont. In einigen Bereichen wird Forstwirtschaft betrieben.

**431** **Bangor** (Baingear). Nach der Überquerung des Ovenmore River geht es im Ort an der Hauptkreuzung links auf der R313. Der WAW bleibt nicht lange auf der R313, sondern biegt 500 m weiter links ab Richtung Doohoma Head/Dumha Head (Ceann Ramhar). 17 km auf häufig schmaleren Straßen sind es von Bangor zur Landspitze Doohoma Head in der Blacksod Bay mit dem Aussichtspunkt Ceann Ramhar (km 448). Vom dortigen Strand blicken Sie hinüber zur Achill Island und zur Mullet Halbinsel.

**469** Abzweig zur Oileán Chloigeann (Claggan Island) 3 km. Es ist eine Gezeiteninsel, zu der Sie auf einem schmalen Pfad durch Dünen gelangen.

**471** Kreuzung zur R313. Der WAW folgt der Straße links ab Richtung Béal an Mhuirthead (Belmullet).

**474** An der Kreuzung zur R313/R314 gibt es eine Tankstelle. Die Straße verläuft jetzt oberhalb des Wassers auf einem schmalen Landstreifen an den ersten Häusern von Béal an Mhuirthead (Belmullet) vorbei.

**477** **Béal an Mhuirthead** (Belmullet). Alles im Ort vorhanden.
Ab dem Ort verläuft der WAW auf der Mullet-Halbinsel. Als Erstes führt die Straße zum Südzipfel der Halbinsel, danach folgen drei Abstecher im nördlichen Teil der dort etwas breiteren Halbinsel.

Am Kreisel fahren Sie geradeaus und über die Brücke und folgen der R313 nach links ab (am großen Supermarkt vorbei).

**489** Elly Beach (Trá Oiligh). Ein schöner, geschützter, hufeisenförmiger Strand. Hier ist auch die schmalste Stelle der Halbinsel. Keine 200 m sind es zum Strand an der Westseite der Mullet-Halbinsel.

**493** Aghleam (Eachléim) ⛽.

**495** Parkplatz an einem Strand.

**497** Blacksod (Gob an Fhoid Duibh). Am kleinen Hafen steht ein schöner Leuchtturm, der 1864 aus heimischem Granit erbaut wurde. Von hier legen Fähren zur Insel Inis Gé Theas ab, die vor der Westküste der Halbinsel liegt. Der Blick reicht hinüber zu den Steilküsten von Achill Island. Vorm Hafen zweigt der WAW rechts ab und führt auf der L5230 hinüber zur Westküste.

**499** Auf dem kleinen Bergrücken folgt ein Parkplatz. Hier geht es zu einem Steinkreis. Er wurde im Jahr 1993 zu Ehren der Heiligen Deirbhile (St Dervilla) errichtet. Schöner Ausblick zu beiden Seiten der Halbinsel.
Der Steinkreis liegt am North Mayo Sculpture Trail (Tír Sáile)
💻 www.mayo-ireland.ie/en/things-to-do/museums/tir-saile.html. Insgesamt 15 Open-Air-Kunstwerke finden Sie in Nord-Mayo.

**500** An der Kreuzung geht es geradeaus am Friedhof vorbei zum Strand von Fallmore (1 km).
An der Kreuzung rechts ab führt der WAW gleich an der nächsten Kreuzung nach links zur nächsten Sehenswürdigkeit (Marienstatue).

**502** Es geht über eine sehr schmale Straße zu einem Parkplatz mit Marienstatue. Auf der schmalen Straße können Sie bleiben, denn sie führt zurück nach Aghleam. Oder Sie fahren zurück zur Kreuzung und biegen links ab Richtung Aghleam.

**521** Wieder in Belmullet am Abzweig zu den nördlichen Sehenswürdigkeiten.
Die Straße zu den ersten Abstechern verzweigt sich nach 2 km: Links sind es 7 km nach Ceann an Eanaigh (Annagh Head), geradeaus geht es 5 km nach Dún na mBó (Doonamo Point). Bei Dún na mBó steht eine Skulptur direkt an der kleinen Steilküste an einem Zugloch. Das Kunstprojekt gehört zum North Mayo Sculpture Trail (Tír Sáile). Das wirkt natürlich nur, wenn die See etwas stürmischer ist. So etwas finden Sie auch an der Sehenswürdigkeit Downpatrick Head, nur bei stürmischer See um einiges spektakulärer.

Ceann an Eanaigh liegt am Ende einer kleinen, felsigen Halbinsel und gehört auch zum Trí Sáile.

Der nächste ↯ WAW-Abstecher biegt von der R313 kurz vor dem Supermarkt in Belmullet links ab auf die L1201 zum Erris Head (Ceann Iorrais) 9 km. Nach knapp 4 km, hinter einem Rechtsknick verläuft der WAW links ab auf einer schmalen Straße durch die Einsamkeit bis Erris Head. Vom dortigen Parkplatz führt ein 5 km langer Rundwanderweg um den Erris Head an der Felsküste entlang. Hier liegt auch der höchste Punkt der Mullet-Halbinsel. Der Blick entlang der Erris-Küstenlinie ist sehr schön.

525 Wieder an der Tankstelle und Kreuzung R313/R314 vor Belmullet.
Der WAW folgt nun der R314 links ab durch eine weite Landschaft bis in die Ortschaft Barnatra.

533 An der ⛽ Tankstelle geht es links hinein Richtung Broadhaven auf der L1202. Die Straße führt - um eine Hügelkette herum - häufig am Wasser entlang. Zum Schluss, bevor es wieder auf der R314 weitergeht, geht es an der Sruwaddacon Bay entlang, in die der Fluss Muingnabo mündet.

549 Wieder an der R314 geht es weiter Richtung Ballycastle, aber nur für ein kurzes Stück.

*Torfabbau bei Carrowteige*

**551** ↪ WAW-Abzweig auf der L1023 nach **Ceathrú Theidhg** (Carrowteige) 13 km. Das ist jetzt ein ziemlich weiter Abstecher, da Sie ja die gleiche Strecke auch wieder zurückfahren müssen, aber ich war von den Aussichtspunkten am Ende der Straße sehr begeistert.

Die Straße führt auch hier durch eine offene Landschaft. Die Region zählt zu den menschenleersten des Landes. Hier ist alles noch sehr ursprünglich. Voraus sehen Sie, wie sich die Landschaft erhebt. Und genau dort geht es hin. Folgen Sie der Straße durch die Ortschaft Ceathrú Theidhg (Carrowteige) bis ans Ende zu einer T-Kreuzung. Dort fahren Sie rechts zu den Sehenswürdigkeiten An Bhinn Bhuí (Benwee Head) und Oileán Mionnón. Über eine kleine Straße (knapp 1,5 km) gelangen Sie entlang eines Torfabbaugebietes zu einem Parkplatz, an dem eine kunstvolle Wetterschutzhütte steht (gehört zum Tír Sáile). Der Ausblick von den steilen Klippen in die geschützte Bucht ist wunderbar. Entlang der kleinen Straße nehmen Sie auch den Linksabzweig durch das Torfabbaugebiet bis zum Ende der kurzen Straße. Von dort gehen Sie vor an die Klippen. Der Blick auf die Küste und die Inseln ist einfach atemberaubend. Die Klippen am

Benwee Head sind an die 250 m hoch. Dieser sagenhaft schöne Küstenabschnitt zieht sich bis nach Downpatrick Head hin.

Wenn Sie an der T-Kreuzung links fahren, kommen Sie an einen Strand mit Wiese, auf der man gut parken kann.

Zurück auf dem Weg fahren Sie hinter dem Ort Ceathrú Theidhg links die Straße weiter hinunter nach Port an Chlóidh. An der geschützten Bucht liegt ein schöner Strand. Unternehmen Sie von hier aus eine Wanderung am kleinen Pier entlang bergauf zu den Klippen. Die Aussicht ist wieder spektakulär. Auf einer Wiese an den Klippen ist mit Steinen überdimensional das Wort EIRE und die Zahl 63 geschrieben. Es diente den Alliierten im Zweiten Weltkrieg zur Orientierung, damit sie wussten, dass sie sich auf neutralem Boden befinden, um sicher zu landen.

An der Kreuzung (km 551) sind es auf der R314 noch 27 km bis Ballycastle. Die Straße erreicht bei km 563 wieder die Küste und verläuft knapp 100 m oberhalb des Meeresspiegels.

**571** Céide Fields Visitor Centre

In dem **Céide Field**, einer großen Torflandschaft oberhalb der Klippen, wurde eine über 5.000 Jahre alte Siedlung freigelegt. In dem sehr schönen Besucherzentrum erfahren Sie in der Ausstellung alles über die Entstehung des Torfs und dessen Nutzung. Ein Film veranschaulicht alles noch einmal in interessanten Bewegtbildern. Die Ausgrabungsstätte kann vom Besucherzentrum aus besichtigt werden.

⌘ Céide Fields Visitor Centre, Ballycastle, Co. Mayo, ☏ +353(0)96/433 25,
  🖥 www.heritageireland.ie, 🗓 Juni bis Ende Sept.: 10:00-18:00, sonst 10:00-17:00, Eintritt: € 4/2, 🖥 www.ceidefields.com

Auf der anderen Straßenseite geht es ein paar Stufen auf eine Plattform hinunter, die direkt an die knapp 100 m hohe Steilküste reicht und einen prima Ausblick ermöglicht.

**576** Rechts ab zum Doonfeeney Graveyard. Dieser kurze Abstecher gehört nicht zum WAW, aber auf einem sehr schmalen Weg erreichen Sie nach knapp 1 km einen alten Friedhof (Doonfeeney Graveyard). Auf diesem steht Irlands zweitgrößter Stehender Stein, der es auf eine Höhe von 5,5 m bringt. Es sind noch einige Gravuren, wie ein Kreuz, im schmalen Stein zu entdecken. Eine efeubewachsene Kirchenruine steht auf der anderen Straßenseite.

Auf der Fahrt vom Céide Fields Richtung Ballycastle können Sie immer wieder den frei stehenden Felsen vor Downpatrick Head sehen.

**579** **Ballycastle** (Baile an Chaisil). Entlang der Hauptstraße geht es in dem Ort aufwärts. Oben biegt der WAW links ab zum Downpatrick Head.

**584** ↳ WAW-Abstecher (2 km) zum **Downpatrick Head** (Ceann Dhún Pádraig).

Der Parkplatz liegt direkt am Wasser, am Ende der Bunatrahir Bay (Cuan Bhun an Trathair). Im Sommer steht am Parkplatz auch ein Burger-Imbisswagen. Etwa 500 m geht es über eine Wiese bergauf zur Steilküste. Auf dem Weg dorthin kommen Sie an einer weiteren „Skulptur" der Trí Sáile vorbei. In der Wiese befindet sich ein „Blowhole", und dieses hat schon enorme Ausmaße. Das Loch ist etwa 30 m tief und bis zum Rand der Steilküste sind es auch knapp 100 m. Ein wirklich enormer Weg, den das Wasser schon durch das Gestein gegraben hat. Wenn jetzt stürmisches Wetter das Wasser in diesen unterirdischen Kanal drückt, kann es durch das Zugloch spektakulär nach oben entweichen. Von einer erhöht erbauten Plattform können Sie in das Loch schauen.

*Nord Mayo Küstenlinie mit den Stags of Broad Haven*

Sehenswert an der Steilküste ist der nur einen Steinwurf entfernt stehende Brandungsfelsen Dún Briste direkt vor der Abbruchkante. Er ragt 50 m hoch aus den Fluten. In seinen Felsspalten nisten Vögel. Aber auch an der geschwungenen Küstenlinie von Downpatrick Head können Sie an den senkrechten Felsen nistende Vögel beobachten. Auch hier finden Sie auf dem Feld nahe der Steilküste mit Steinen auf den Boden gelegt den Schriftzug EIRE plus die Zahl 64. Der Blick Richtung Westen hinüber zur Steilküste von Nord-Mayo ist fantastisch. Hier oben den Sonnenuntergang zu genießen ist etwas Wunderbares. Das kleine Steinhaus diente im Zweiten Weltkrieg als Beobachtungshaus. Die Statue, die nahe der Steilküste steht, wurde Anfang der 1980er errichtet. Sie ersetzte eine Statue von St. Patrick aus dem Jahre 1912. Downpatrick Head ist einer der 15 *Signature Discovery Points* entlang des Wild Atlantic Way.

*Downpatrick Head*

Wieder am Abzweig zum Downpatrick Head verläuft der WAW links weg auf einer schmaleren Straße nicht mehr am Wasser entlang bis
**591** Lackan Strand (Trá Leacan) mit einer wunderschönen Bucht.
**598** Wieder an der R314. Links sind es auf dem WAW 6 km bis Killala
**604** Killala (Cill Ala) 💻 www.killala.ie
⛽ Tankstelle gleich am Ortsanfang. Der WAW schlägt hier einen kurzen Abstecher zum Killala-Quay vor. An der Quay Road mit kleinem Parkplatz blicken Sie in die Killala Bay.
**614** Am Ortsanfang von Ballina geht es links hinein zu einem Campingplatz.
⚠ Belleek Park, Faranoo, Ballina, Co. Mayo, ☎ +353(0)96/715 33,
✉ stay@belleekpark.com, 💻 www.belleekpark.com, 📅 März bis Ende Sept.,
GPS: N54°8.053' W009°9.520'

**615** **Ballina** (Béal an Átha 🛒 ✝)

ℹ️ Ballina Community Tourist Office, 41 Pearse Street, Ballina, Co. Mayo,
☎ +353(0)96/728 00, ✉ ballinatouristoffice@gmail.com

Der Fluss Moy fließt durch den größten Ort des County Mayo. Im berühmten Ridge Pool in Zentrum der Stadt haben es Angler auf Lachse abgesehen.

Sehenswert sind die ♜ Ruinen von Moyne Abbey und Rosserk Friary aus dem 15. Jh. etwas außerhalb der Stadt.

Überragt wird der Ort von der imposanten presbyterianischen Kirche ✝ St Muredach's Cathedral, die am Ufer des Moy River steht. In Ballina bekommen Sie wieder alles, was Sie für die weitere Reise benötigen.

> Am ersten Kreisverkehr nehmen Sie die erste Ausfahrt und folgen dem WAW/N59 Richtung Sligo. Am zweiten Kreisverkehr geht es geradeaus hinüber und am 3. Kreisverkehr nehmen Sie die erste Ausfahrt, fahren über die Brücke über den Moy River und biegen links ab. An der folgenden Kreuzung verlassen Sie die N59 und biegen links ab auf die Quay Road und folgen dem WAW direkt am Moy River entlang.

**620** Ballina Quay.
**627** An der Kreuzung geht es links ab auf der R297 Richtung Inishcrone/Enniscrone.
**628** **Enniscrone** (Inis Crabhann), 💻 www.enniscrone.ie,
💻 www.discoverenniscrone.com. Es gibt auch eine App auf Deutsch bei iTunes: Discover Enniscrone

Am Golfplatz und Caravanpark vorbei können Sie vor der kleinen Brücke über den Bellawaddy River nach links auf den Strand fahren. 5 km ist er lang, wird nur durch eine Flussmündung unterbrochen. An ihn schließt sich eine schöne Dünenlandschaft an. Auf dem am Strand gelegenen Meisterschafts-Golfplatz können Sie auch wieder Pitch N Putt (Schnuppergolf) spielen. Ausrüstung wird gestellt. Der traditionelle Fischerort und beliebte Badeort liegt nicht mehr im County Mayo, sondern im County Sligo. Dem Pier von Enniscrone huldigt der WAW auch einen Abstecher, der im Ort gut ausgeschildert ist. ⛽ Tankstelle im Ort vorhanden.

⚠ Atlantic Caravan Park, Enniscrone, Co. Sligo, ☎ +353(0)96/361 32,
FAX +353(0)96/369 80, ✉ atlanticcaravanpark@eircom.net,
💻 www.atlanticcaravanpark.com, 📅 April bis Sept., GPS: N54°12.589' W9°6.041'

**640** **Easkey**, www.easkey.ie
Easkey Park, Main Street, Easkey, Co. Sligo, +353(0)87/618 68 66, 263 35 21, easkeypark@gmail.com, www.easkeypark.com,
GPS: N54°17.148' W8°57.695'. Ein neuer Campingplatz.

**641** Hinter der Brücke links ab zum WAW-Abstecher Easkey-Beach (1 km).
Am Steinstrand steht das O'Dowd Castle, ein Turmhaus aus dem frühen 13. Jh. Die Wellen brechen hier an der felsigen Küste ganz speziell, sodass der Ort bei Surfern extrem beliebt ist. Die Irish Surfing Association hat in dem Ort ihr Hauptquartier eingerichtet.

**647** Der WAW biegt hier von der R297 links ab auf die L2302. Die Küste ist flach, die Straße nur leicht wellig und führt häufig geradeaus.

**655** WAW-Abstecher zum Aughris Head (1,5 km)
Ein wunderbar gelegener, kleiner Campingplatz liegt direkt am Wasser mit kleinem Strand. Nebenan steht die Beach Bar. In dem Pub müssen Sie sich auch für den Campingplatz anmelden. Was will man mehr? Campen neben einem Pub direkt am Strand! Vielleicht nur noch wunderbare Live-Musik am Abend.

⚠ The Beach Bar, Aughris Head, Templeboy, Co. Sligo, ☎ +353(0)71/917 64 64, ✉ info@thebeachbarsligo.com, 🖥 www.thebeachbarsligo.com

**662** Rechts halten auf die L6206.
**664** Kreuzung zur N59. Der WAW biegt nach links in Richtung Ballysadare und Sligo
**672** ⛽ Tankstelle.
**678** Ballysadare (Baile Easa Dara) 🍴
Der Ort liegt am Ende der gleichnamigen Bucht. Großer Supermarkt im Ort. In den beiden Kreisverkehren nehmen Sie jeweils die erste Ausfahrt und folgen der N59.
**681** 2 x links abbiegen Richtung Strandhill und Knocknarea auf die R292.

Knocknarea ist ein Berg auf der Cúil Irra Halbinsel, um den der WAW herumführt. Auf dem 325 m hohen Gipfel finden Sie einen großen Steinhügel, der 55 m im Durchmesser und 10 m in der Höhe misst. Der Sage nach liegt hier die Iron Age Queen Maeve begraben. Archäologen glauben, dass der Steinhügel aus dem Jahre 3.000 vor Christus stammt.

**685** Im Ort Ransboro biegen Sie am Kreisverkehr an der Kirche rechts ab (3. Ausfahrt) und erreichen nach 1,5 km **Carrowmore**. Hier finden Sie auf den Grabfeldern über 60 Gräber, unter anderem bis zu 5.000 Jahre alte Megalithgräber. Infos unter
🖥 www.carrowkeel.com/sites/carrowmore/index.html
Wenn Sie am Kreisel geradeaus weiterfahren, kommen Sie nach 2 km an eine Kreuzung, an der Sie links fahren. Hier gelangen Sie zum Parkplatz unterhalb des Knocknarea. Eine 45-minütige Wanderung führt Sie hinauf zum Steinhügel. Die Aussicht über die Sligo Bay hinüber zur Benbulben-Bergkette ist atemberaubend.
**691** **Strandhill** (An Leathros) 🖥 www.gostrandhill.com. Im Ort nehmen Sie den Abzweig Richtung Airport bzw. Maritime Centre, um ans Wasser bzw. zum Campingplatz zu gelangen.

⚠ Strandhill Caravan & Camping Park, Strandhill, Co. Sligo, ☎ +353(0)71/916 81 11, ✉ strandhillcvp@eircom.net, 🖥 www.sligocaravanandcamping.ie, 📅 April bis Ende Sept., GPS: N54°16.299' W008°36.153'. Der Platz wird nur durch Sanddünen vom langen Strand getrennt. Der Blick auf den Knocknarea vom Campingplatz ist sehr lohnend.

*Eissturmvogel*

An der kleinen Promenade gleich neben dem Campingplatz finden Sie Pubs, Restaurants und Cafés. Am Ortsende gibt es eine ⛽ Tankstelle.

**699** **Sligo** (Sligeach), 🖳 www.sligo-ireland.com 🍷✕ 🛏 ⌘

ℹ️ Sligo Discover Ireland Tourist Information Centre, Old Bank Building, O'Connell Street, Sligo, Co. Sligo, ☎ +353(0)71/916 12 01, ✉ northwestinfo@failteireland.ie, 🖳 www.sligotourism.ie

Die Stadt an der Mündung des River Garavogue hat ca. 20.000 Einwohner. Nach Galway ist Sligo die zweitgrößte Stadt im Westen Irlands.

⌘ Sligo Art Gallery im Yeats Building 🖳 www.sligoartgallery.com
♦ The Yeats Society, Yeats Memorial Building, Hyde Bridge, Sligo,
    ☎ +353(0)71/914 26 93, ✉ info@yeatssociety.com, 🖳 www.yeatssociety.com
♦ In der Model Arts & Niland Gallery finden Sie eine Ausstellung zeitgenössischer irischer Kunst u. a. mit Exponaten von Jack B. Yeats, dem Bruder von William B. Yeats. The Mall, Sligo, +353(0)71/914 14 05, ✉ info@themodel.ie, 🖳 www.themodel.ie,
    🕒 Di-Sa 10:00-17:30, Do 10:00-20:00, So 12:00-17:00

Sligo gilt als das Shopping-Center des Nordwestens. Man ist hier stolz auf seine vier Shopping Malls. Das Stadtbild ist dadurch etwas schwierig: Neben einigen Gebäuden aus dem 18. Jh. stehen „moderne" Gebäude der Gegenwart, wie die Shopping Center. Ob das harmoniert, muss jeder für sich entscheiden.

# 5. Abschnitt: Sligo - Derry/Londonderry - 592 km

Der Wild Atlantic Way führt durch die Counties Sligo, knapp 10 km durch Leitrim und dann durch das County Donegal bis hoch zum nördlichsten Punkt Irlands, bis Malin Head. Die Highlights dieses Abschnitts sind Mullaghmore Head in Sligo, die Steilküsten von Sliabh Liag, die zu den höchsten und schönsten in Europa gehören, der Fanad Head Leuchtturm, die Benbulben Mountains (Binn Ghulbain) und natürlich das nördlichste Ende der Insel, Malin Head. Je weiter Sie nach Norden kommen, umso menschenleerer und unberührter wird die Landschaft. Die abgeschiedene Lage der Grafschaft Donegal bietet Naturliebhabern weitere wunderbare Strände, Buchten, Torflandschaften und viele Möglichkeiten, an wunderschönen Stellplätzen mit toller Aussicht zu verweilen. Nur alles noch viel unberührter und menschenleerer. Donegal ist die viertgrößte Grafschaft Irlands und wirkt wie eine eigene Welt. Es beherbergt auch die größte Gaeltacht-Region (Irisch sprechende Region) des Landes.

> Infos über das County Donegal: www.govisitdonegal.com, www.dun-na-ngall.com, www.whatsondonegal.com, donegal app im App Store erhältlich.

Wenn Sie auf der N4 den River Garavogue überqueren, fahren Sie an der nächsten Kreuzung links ab auf die R291 Richtung Rosses Point.

**4** Der WAW biegt rechts ab. Geradeaus führt der WAW-Abstecher zum Rosses Point Viewpoint. In Rosses Point geht es es sehr schön an einer kleinen Promenade am Wasser entlang mit Blick auf Oyster Island mit einem kleinen Leuchtturm. An der folgenden Rechtskurve sehen Sie die Statue einer Frau mit Richtung Meer ausgebreiteten Armen. Es ist die Gedenkstätte „Waiting On Shore". An der folgenden Kreuzung geht es nach links zum Rosses Point, am Campingplatz vorbei und zum Strand.

**8** **Rosses Point** (An Ros), www.rossespoint.net.
Der Campingplatz liegt wunderbar oberhalb der Drumcliff Bay. Der Blick auf den Knocknarea und die Benbulben Gebirgskette ist wunderschön. Voraus steht auf Coney Island ein weiterer Leuchtturm.

> Greenlands Caravan & Camping Park, Rosses Point, Co. Sligo, ☏ +353(0)71/917 71 13, rossespointcvp@eircom.net, www.greenlandscaravanpark.com, April bis Mitte Sept., GPS: N54°18.424' W008°34.161'

An den sehr schönen Strand grenzt der County Sligo Golf Club mit einem Championship Course an.

Rosses Point ist ein wirklich sehr schöner Platz zum Verweilen. Auch Irlands Literaturnobelpreisträger William Butler Yeats verbrachte seine Sommerferien gern in Rosses Point.

12   Wieder am Abzweig des WAW geht es jetzt nach links. Über eine etwas kleinere Straße fahren Sie kurvig zur N15.
15   Kreuzung zur N15. Es geht links ab in die Ortschaft Rathcormack 🅿 🍴.

17  **Drumcliff** (Droim Chliabh). Hier lohnt ein Stopp an der ✟ St. Columba's Church. Die Kirche steht am Fuße der Benbulben Mountains. Hier sehen Sie direkt an der Straße die Reste eines Rundturms. Auf dem Friedhof direkt an der Friedhofsmauer stehen zwei Hochkreuze. Das eine ist 3,83 m hoch und sehr gut erhalten. Es datiert aus dem 11. Jh. Das zweite steht direkt an der Mauer an der Straße und ist stark beschädigt, nur noch der Schaft ist zu sehen. Es soll noch ein drittes Hochkreuz existiert haben. Teile dieses Hochkreuzes wurden bei Restaurierungsarbeiten der Kirche 1999 im Mauerwerk entdeckt.

Auf dem Friedhof am Eingang zur Kirche finden Sie das Grab von **William Butler Yeats** (1865-1939). Der in Dublin geborene Yeats verfasste Prosa, Lyrik, Essays und Dramen. Er gründete 1902 mit Mitstreitern die Irish National Theatre Society, aus der das Dubliner Abbey Theatre, das spätere irische Nationaltheater, entstand. Dieses leitete er bis 1936. Yeats zählt zu den bedeutendsten englischsprachigen Schriftstellern des 20. Jahrhunderts. 1923 erhielt er als erster Ire den Literaturnobelpreis. Sligo war seine spirituelle Heimat.

Nach der Gründung des Irischen Freistaats war Yeats von 1922-1928 Mitglied des irischen Senats. Er verstarb im Januar 1939 in der Nähe von Nizza und wurde in Roquebrune-Cap-Martin begraben. 1948 wurde er nach Drumcliff umgebettet.

25  **Grange**. Im Ort geht es links rein zum WAW-Abstecher Streedagh L3203 (4 km). Nach 1,5 km geht es rechts weiter zu einer Landspitze. Nach einer schönen Bucht vor einem 90°-Rechtsknick folgt ein kleines Stück weiter der 3 km lange Strand Streedagh Beach. Er ist wie eine Sichel geformt und zu beiden Seiten von Wasser umgeben, traumhaft! Ein Spaziergang bis ans Ende der Sichel ist absolut lohnend.

31  Cliffony (Cliafuine). In der Ortschaft biegt der WAW ab auf die R279 nach Mullaghmore. Auf dem Weg dorthin passieren Sie hohe Sanddünen, ein kleines Waldgebiet und sehen auf der linken Seite Classiebawn Castle.

35  **Mullaghmore** (An Mullach Mór).

Der Fischerort hat einen sehr geschützten, kleinen Hafen mit Pier, an den sich ein endloser Strand anschließt. Lassen Sie Ihr Fahrzeug auf dem Parkplatz am Hafen stehen und wandern Sie auf dem ca. 4 km langen Rundweg um die Halbinsel zum Mullaghmore Head. Gehen Sie die Straße gegen den Uhrzeigersinn,

*Classiebawn Castle mit Benbulben im Hintergrund, Mullaghmore Halbinsel*

das ermöglicht Ihnen am Ende des Rundwegs einen Blick auf Classiebawn Castle mit dem Tafelberg des Benbulben im Hintergrund. Die Burg mit ihrem markanten Turm kann man nicht besichtigen, da sie in Privatbesitz ist. Die Wanderung führt Sie auch an den felsigen Küsten der Halbinsel vorbei. Sie können die Strecke natürlich auch mit dem Auto fahren. Einige schöne Parkbuchten warten mit spektakulären Aussichten. Die Steilküste ist nicht sehr hoch, hier sind es große glatte Felsplatten, die ins Meer ragen und an denen sich die Wellen brechen. Die Mullaghmore Halbinsel liegt am Beginn der Donegal Bay. Mullaghmore Head ist einer der 15 *Signature Discovery Points* entlang des Wild Atlantic Way.

Fahren Sie auf dem Rückweg nach Cliffony an der Kreuzung zur R279 geradeaus weiter, um zur N15 im Ort zu gelangen.

40 An der N15. Links geht es weiter auf dem WAW Richtung Norden.
45 Der WAW erreicht das County Leitrim.
48 Tullaghan ⛽.
50 **Bundoran** (Bun Dobhráin) 🍷✗☕🛏🛒🎡⛽
ℹ Bundoran Community Tourist Office, The Bridge, Bundoran, Co. Donegal,
☎ +353(0)71/984 13 50, ✉ info@discoverbundoran.com,
💻 www.discoverbundoran.com

*Beliebter Surfstrand bei Bundoran*

Bundoran ist der südlichste Ort des County Donegal an der Grenze zum County Leitrim. Es ist ein sehr lang gezogener Ort (5 km) an der Westküste. Im Sommer ist hier sehr viel los, so viel, dass man eine Umgehungsstraße zwischen Bundoran und Ballyshannon gebaut hat, da ansonsten im Ort kein Vorankommen mehr war. Badeparadiese, Freizeitparks, Kino, Surfschulen, ... der Ort hat ziemlich aufgerüstet, um der steigenden Touristenzahl aus dem In- und Ausland gerecht zu werden. Bundoran ist einer der Hotspots bei Surfern.

In Bundoran führt ein ↪ WAW-Abstecher zum ⚑ Tullan Beach, einem kilometerlangen Strand. Auch dieser ist bei Surfern sehr beliebt. Der Parkplatz liegt oberhalb des Strandes, was eine prima Aussicht ermöglicht. Hinter dem Sandstrand türmen sich Dünen auf. Vom Parkplatz aus führt der Cliff Walk Footpath an der Küste entlang ins Zentrum des Ortes. Ein weiterer Walk liegt im Westen, der West End Scenic Cliff Walk.

54  ↪ WAW-Abstecher zum Tullan Beach.
59  **Ballyshannon** (Béal Átha Seanaidh)

Der Ort mit seinen knapp 3.000 Einwohnern liegt am Erne River. Am Kreisverkehr fahren Sie links ab über die alte Brücke ins Zentrum des Ortes (WAW). Geradeaus geht es an der Staumauer, die den Erne staut, vorbei zum örtlichen Campingplatz. Noch vor dem Passieren der Staumauer fahren Sie an der Brücke der Umgehungsstraße (N15) vorbei.

Der Ortskern liegt an einem Hang, der hinter der Kirche beginnt. Bekanntester Einwohner von Ballyshannon ist der Rockgitarrist und Singer-Songwriter Rory Gallagher. Zu seinem Gedenken, er verstarb 1995, findet alljährlich im Sommer ein Festival statt (www.rorygallagherfestival.com). Eine Bronzestatue in Lebensgröße steht im Zentrum.

⚠ Lakeside Caravan & Camping, Beleek Road, Ballyshannon, Co. Donegal, ☎ +353(0)71/985 28 22, 📱 +353(0)87/955 15 44, ✉ lakesidecentre@eircom.net, 🖥 www.lakesidecentre.ie, 📅 Mitte März bis Ende Okt., GPS: N54°29.816' W008°10.350'. Liegt am Assaroe Lake oberhalb der Stadt nahe der Grenze zu Nordirland.

Der südliche Zipfel der Grafschaft Donegal ist hier sehr schmal, die Grenze zu Nordirland ist von Ballyshannon gerade einmal 7 km entfernt. Einen Grenzübergang finden Sie aber nicht mehr.

**62** Im Kreisel fahren Sie die erste Ausfahrt links WAW/R231. Geradeaus geht es auf der N15 Richtung Donegal. An einem weiteren Kreisel fahren sie geradeaus weiter.

**69** Rossnowlagh (Ros Neamhlach).

**71** Links ab geht es 1 km bis zum 🏖 Strand von Rossnowlagh.

**72** Vor dem Hotel links abbiegen, dann kommen Sie direkt an den Strand.

Hier gibt es ein halbes Dutzend Caravanparks, in denen Sie Mobile Homes mieten können. 🚐 Stellplätze für Wohnmobile hat nur einer. An den schmalen Zugangswegen zum Strand ist es sehr schwer zu parken, da es eng und sehr voll ist. Der Strand ist schier unendlich, 6,5 km.

Fahren Sie am Sandhouse Hotel rechts bis ans Ende der Straße (T-Kreuzung), biegen Sie links ab und die nächste rechts. Auf der rechten Seite liegt der Campingplatz. Der WAW geht an der T-Kreuzung rechts weiter.

**73** ⚠ Boortree Touring & Camping Park, Rossnowlagh, Co. Donegal, 📱 +353(0)85/165 59 17, ✉ info@rossnowlaghcamping.com, 🖥 www.rossnowlaghcamping.com, 📅 März bis Ende Okt., GPS: N54°33.912', W008°12.750'

| | |
|---|---|
| 75 | Wieder an der R231. |
| 79 | Ballintra (Baile an tSratha). Es geht links ab auf der N15 Richtung Derry. |
| 81 | ↪ WAW-Abstecher zum ❦ Murvagh Beach (Trá Mhuir Mhaigh) 3 km. Das Besondere an diesem Strand ist, dass sich gleich hinter den Dünen ein Kiefernwäldchen anschließt. Nur leider können Sie hier nicht parken, da eine Höhenbegrenzung nur Fahrzeuge unter 2 m hindurchlässt. |
| 85 | Laghy (An Lathaigh) ⛽ 🍴 |
| 86,5 | Rastplatz. |
| 88 | Am Kreisel geht es links Richtung Donegal. |
| 90 | **Donegal** (Dún na nGall), 🖥 www.donegaltown.ie ✕ 🍴 🛏 Gleich am Ortsanfang geht es rechts zum Donegal Craft Village. |
| 92 | Parkplatz mit der Touristeninformation am River Eske. Von hier können Sie das Zentrum sehr gut zu Fuß erkunden. |

ℹ Donegal Discover Ireland Centre, The Quay, Donegal Town, Co. Donegal,
☎ +353(0)74/972 11 48, ✉ donegal@failteireland.ie

Der triangleförmige Marktplatz, um den herum Hotels, Restaurants und Geschäfte angesiedelt sind, bildet das Zentrum des Ortes. Auf dem Platz steht ein Obelisk, der an die „Four Masters" erinnert. Vier Franziskaner-Brüder sammelten Anfang des 17. Jh. alles über die keltische Mythologie und Geschichte. Ihr Werk „Annals of the Four Masters" gilt als eines der wichtigsten Bücher über die keltische Mythologie und Geschichte bis 1618.

♜ Gleich neben dem Marktplatz liegt am River Eske die Ruine des im 15. Jh. errichteten Donegal Castle, erbaut für den O'Donnell Clan.

♦ Donegal Castle, Donegal Town, Co. Donegal, ☎ +353(0)74/972 24 36,
✉ donegalcastle@opw.ie, 🖥 www.heritageireland.ie/en/north-west/donegalcastle,
🕒 Ostern bis Mitte Sept.: täglich 10:00-18:00, Mitte Sept. bis Ostern: Do-Mo 9:30-16:30, Eintritt: € 4/€ 2

Am Ende des Parkplatzes an der Flussmündung des Eske in die Donegal Bay liegt die Ruine der Old Abbey. Sie wurde 1474 erbaut.

Ebenfalls am Parkplatz legen die Donegal Bay Waterbuses ab. 75 Min. cruisen die Boote in der Bucht zur Seal Island mit einer etwa 200 Tiere zählenden Robbenkolonie und weiteren Inseln.

🚤 Donegal Bay Waterbus, Quay Street, Donegal Town, Co. Donegal,
☎ +353(0)97/236 66, ✉ info@donegalbaywaterbus.com,
🖥 www.donegalbaywaterbus.com

Die Fahrt aus Donegal heraus führt über den Marktplatz und dann links auf die R925.

94 Am Kreisel zur N56 folgen Sie dem WAW nach links und passieren noch zwei ⛽ Tankstellen.

97 ↳ WAW-Abstecher zum Mountcharles Pier (3,5 km). Es geht 2 km am Wasser entlang. Sehr guter Platz zum Rasten.

102 ⛽ Tankstelle und 🍺 Pub.

113 ⛽ Tankstelle.

118 **Killybegs** (Na Cealla Beaga) ⛽ 🍴
Gleich am Ortsanfang passieren Sie eine Tankstelle und einen Supermarkt.

ℹ️ Killybegs Information Centre, Shore Road, Killybegs, Co. Donegal,
☎ +353(0)74/973 23 46, ✉ info@killybegs.ie, 🖥 www.killybegs.ie

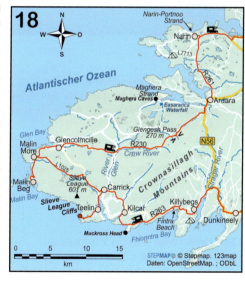

Killybegs hat den größten Fischereihafen Irlands. Große Fischtrawler legen hier an, um ihren Fang abzuladen. Bekannt ist der Ort auch für seine Teppichindustrie, so finden Sie Teppiche aus dem Ort u. a. im Weißen Haus in Washington, im Vatikan oder im Buckingham Palast. Wenn Sie noch einen Teppich für Ihr Womo benötigen, schauen Sie doch einfach im Killybegs International Carpet Making & Fishing Centre vorbei.

♦ The Carpet Factory Centre, New Row, Killybegs, Co. Donegal,
   ☎ +353(0)74/974 19 44, ✉ info@visitkillybegs.com, 🖥 www.visitkillybegs.com,
   📅 April bis Okt.: Mo-Fr 9:45-17:30, Nov. bis März 9:45-17:00, Eintritt: € 5

*Hafen von Killybegs*

Die Fahrt führt weiter direkt am Hafen entlang. Am folgenden Kreisel nehmen Sie die 2. Ausfahrt. Direkt vor dem nächsten WAW-Abzweig links ab auf die R263 geht es ebenfalls links hinein zu einem sehr schön gelegenen Campingplatz.

⛺ Killybegs Holiday Park, Killybegs, Co. Donegal, ☎ +353(0)87/276 97 65, ✉ info@killybegsholidaypark.com, 🖥 www.killybegsholidaypark.com, 📅 Ostern bis Ende Sept.. Der Platz ist terrassenförmig an einem Hang angelegt, mit wundervoller Aussicht über die Bucht und auf die beiden Leuchttürme Rotten Island Lighthouse (Vordergrund) und St John's Point Lighthouse. Ein Weg führt auch hinunter zum Wasser.

122  Der WAW biegt auf der R263 links ab.
125  ↳ WAW-Abstecher Fhionntra Bay. Es geht 500 m zum Teil steil auf einer schmalen Straße bergab zum Fintra Beach Parkplatz. Es schließt sich ein schöner Strand an. Auf dem Strand stehend blicken Sie auf die Crownasillagh Berge
Der WAW verläuft sehr schön oberhalb der Küstenlinie mit Blick auf Meer und Richtung Berge, die immer dichter an die Küste rücken.

| 129 | Der WAW verlässt die R263 nach links Richtung Küste. Die Straße ist nicht die breiteste, aber es kommen immer wieder Ausweichbuchten. Die Strecke ist hügelig und führt immer wieder direkt am Wasser und an Berghängen entlang mit schönen Aussichten. |
| --- | --- |
| 133 | Aussichtspunkt Muckross Head (Cionn Mhucrois), eine kleine Halbinsel mit Blick übers Meer. |
| 136 | Im Ort Kilcar geht es geradeaus weiter wieder zur R263 und nach Carrick (An Charraig) 4 km. |
| 138 | An der Kreuzung geht es links ab auf die R263. |
| 140 | Carrick (An Charraig) am River Glen. Nach der Brücke über den Fluss geht ein WAW-Abstecher am Quinns Supermarket links hinein auf die Teelin Road zu einem „der" Highlights entlang des Wild Atlantic Way, zu den Slieve League (Sliabh Liag), einer einzigartigen Steilküste (7 km). Die Straße verläuft die ersten 3 km am Fluss entlang. Danach geht es rechts weiter. Geradeaus sind es 1,5 km zum Teelin Pier, von dem Sliabh Liag Boat Trips Bootstouren zu den Klippen anbieten! |

Sliabh Liag Boat Trips, Teelin Pier, +353(0)87/628 46 88, 66pbyrne@gmail.com, www.sliabhleagueboattrips.com, Boote fahren von April bis Okt. um 10:00, 12:00, 14:00, 16:00, 18:00, (20:00), Preise: Erwachsene: € 20-25 (je nach Anzahl); 13-18 Jahre: € 15; 5-12 Jahre: € 10

Die Straße führt am Slieve League Cliffs Centre mit dem Ti Linn Café & Craft Shop vorbei (www.slieveleaguecliffs.ie). Es geht jetzt etwas kurviger bergauf in die Berge. Nach 2 weiteren km erreichen Sie einen größeren Parkplatz mit Toilettenhäuschen. Der Parkplatz liegt auf einer Höhe von 150 m. Eine schmale Straße führt die letzten 2 km zuerst steil bergauf. Danach geht es kurvig oberhalb der Klippen bis zu einem weiteren kleinen Parkplatz. Es ist möglich, hier am Straßenrand zu parken. Wenn es voller ist, könnte es vielleicht etwas schwierig werden, mit einem größeren Womo dort zu wenden, da die Straße auch nicht besonders breit ist. Der obere Parkplatz liegt auf einer Höhe von 205 m.

**Slieve League** (Sliabh Liag). Sie gehören zu den höchsten Meeresklippen Europas. Die höchste Stelle dieser spektakulären Klippen beträgt 601 m. Das ist 3-mal höher als die Cliffs of Moher! Und faszinierend sind auch die Farben der Felsklippen, die in den unterschiedlichsten Rot/Braun/Gelb-Tönen schimmern, je nach Lichteinfall intensiver. Auf dem One Man's Path können Sie zum höchsten Punkt der Klippen wandern - Schwindelfreiheit und ordentliche Wanderschuhe vorausgesetzt. Die Distanz beträgt etwa 10 km (hin und zurück), für die Sie etwa 4 Stunden benötigen. Man braucht auch etwas Glück, um die Klippen zu sehen,

*Slieve League (Sliabh Liag) Steilküste,
eine der höchsten Meeresklippen Europas*

denn Wolken verhüllen oft den oberen Teil. Sliabh Liag ist einer der 15 *Signature Discovery Points* entlang des Wild Atlantic Way.

140 Hinter Carrick steigt der WAW bergan. Er verläuft quasi auf der Rückseite der Klippen entlang. Diese Region zählt zu den ursprünglichsten der gesamten Insel.

144 Der WAW biegt links ab auf die L1025 nach Málainn Mhóir (Malin More) und nach Málainn Bhig (Malin Beg).
Sie können sehr gut riechen, womit die Menschen hier im Nordwesten heizen. Der Geruch nach verbranntem Torf, der aus den Kaminen der Häuser kommt, ist unverkennbar.

150 Gleann Cholm Cille Woolen Mill, Factory Shop mit Wollprodukten aus der Region 💻 www.rossanknitwear.ie

152 Málainn Mhóir (Malin More). Ein WAW-Abstecher führt links weg entlang der zerklüfteten Küste von Malin Bay (Bá Mhálanna) zum Silver Strand von Malin Beg (Málainn Bhig) 4 km. Vom Parkplatz geht es über Treppen steil bergab zu einem sagenhaft schönen Strand, der in einer hufeisenförmigen Bucht liegt. Er ist eingerahmt von einer ca. 50 m hohen Steilküste, über die an einer Stelle ein Wasserfall in Meer stürzt. Er liegt quasi am westlichen Ende der Slieve-League-Steilküste.
Der WAW verläuft ab Málainn Mhóir (Malin More) wieder häufig erhöht oberhalb des Wassers und bietet sehr schöne Ausblicke über die felsige Küstenlinie.

153 Kleiner Parkplatz mit schönem Blick über die Glen Bay. Auf der gegenüberliegenden Seite sehen Sie Glen Head mit einem alten Wachturm auf der Spitze.

155 ✡ Glencolmcille Folk Village, ✉ folkvillage@eircom.net,
💻 www.glenfolkvillage.com, 🗓 Ostersamstag bis Ende Sept.: Mo-Sa 10:00-18:00, So 11:00-18:00, Okt.: Mo-Fr 11:00-16:30, So 12:00-16:00, Eintritt: € 5/2,50. Hier können Sie anschaulich erfahren, wie die ländliche Bevölkerung in Donegal früher gelebt hat.

156 Glencolmcille (Gleann Cholm Cille), 💻 www.gleanncholmcille.ie ⛽ 🏛
Colm Cille oder auch Columban bedeutet Taube. Er war ein irischer Mönch und ist einer der drei Heiligen Irlands (neben Saint Patrick und Saint Brigid). Einfache Tankstelle und Lebensmittelladen im Ort.

*Stürmisches Wetter*

157 An Biddy's Crossroads Bar geht es auf dem WAW links ab auf die R230. Und das war es jetzt erst einmal für fast 30 km mit der Fahrt an der Küste entlang. Es geht durch eine Berg- und Torflandschaft mit Tendenz bergauf.

159 WAW rechts ab weiter auf der R230.

164 Auf der ersten Passhöhe angekommen führt der Blick zurück über die Bucht von Glencolmcille. Voraus blickt man auf sanfte Hügel. Die Straße verläuft angenehm bergab in das Tal des River Glen, um danach am Crocknamurrin Mountain Bog, einem Torfgebiet, wieder bergauf zu führen. Unterhalb der Straße verläuft der Crow River. Es ist hier kaum noch ein Haus zu sehen. Immer wieder passieren Sie Torfabbauplätze.

172 Die Passhöhe des **Glengesh Pass** liegt auf einer Höhe von 270 m. Die sanften, graswachsenen Berge ringsherum erreichen Höhen von bis zu 500 m. Den Blick hinunter in das vor Ihnen liegende Glengesh-Tal können Sie von einem Parkplatz aus genießen. Die Straße führt in Haarnadelkurven hinunter. Ein wundervolles Szenario mit dem Blick zwischen den Bergen hindurch zu einer weiten Ebene.

177 Kreuzung: Der WAW biegt links ab auf die N56 nach Ardara.
600 m nach der Kreuzung führt eine kleinere Straße nach links zum Easaranca Waterfall 6 km, zum Maghera Strand 7 km und den Maghera Caves 8 km. Die Straße verläuft zwischen einem Meeresarm und den Bergen

durch eine wunderschöne Landschaft. Der Wasserfall liegt direkt an der Straße. Von einem weiteren Parkplatz gehen Sie 400 m zum sehr schönen, breiten Strand von Marghera. In der Felsküste am westlichen Ende des Strandes können Sie 20 Höhlen, 8 Felsbögen und mehrere Tunnel besichtigen. Dies geht allerdings nur bei Ebbe oder bei Flut mit einem Kajak.

**179 Ardara** (Ard an Rátha) 🖥 www.ardara.ie 🍷✕🚐🅿⌘

🛈 Ardara Visitor Information Point, Ardara Heritage Centre, Ardara, Co. Donegal,
☏ +353(0)87/242 45 90, ✉ glenardfish@eircom.net

Ardara liegt an dem kleinen Fluss Owentocher, der nahe dem Ort in einen Meeresarm mündet. Im Ardara Heritage Centre erhalten Sie Informationen über die Herstellung von handgewebtem Tweed, was in dieser Region sehr verbreitet ist. Und natürlich können Sie sich hier auch neu einkleiden.

Nach dem Linksknick der N56 ins Zentrum können Sie Ihr Fahrzeug auf dem öffentlichen Parkplatz 200 m weiter rechts hinein abstellen. Aus Ardara hinaus geht es auf der R261 geradeaus weiter Richtung Narin.

**186** Hier geht es links (L7713) ab zu einem Campingplatz (3 km).

△ Tramore Beach Caravan & Camping Park, Rosbeg, Co. Donegal,
☏ +353(0)74/955 14 91, ✉ info@tramorebeach-rosbeg.com,
🖥 www.tramorebeachrosbeg.com, 📅 Mai bis Ende Sept.,
GPS: N54°48.566' W008°29.800'. Liegt schön in den Sanddünen.

Der WAW bleibt auf der R261 und verläuft durch eine hügelige Landschaft.

**191** ↳ WAW-Abstecher zum 🏖 Narin-Portnoo-Strand (1 km).
Dem langen und stellenweise sehr breiten Strand ist die Insel Inishkeel etwa 500 m vorgelagert, die man bei Ebbe zu Fuß erreichen kann. Pubs in der Nähe des Strandes. Der Caravanpark liegt hinter den Dünen und bietet auch einige Womo-Stellplätze.

△🚐 Narin Caravan Park, Narin, Portnoo, Co. Donegal, ☏ +353(0)74/954 51 31,
📱 +353(0)86/852 31 31,
🖥 www.caravanandcampingireland.com/parks/narin/narin_caravan_park.html,
📅 Mitte März bis Ende Okt., GPS: N54°50.539' W008°27.951'

**197** WAW-Kreuzung von der R261 zur N56. Der WAW verläuft auf der N56 nach links.

Die Straße führt sehr kurvig am Gweebarra River entlang.

**201** Überquerung des Gweebarra River und eine Picknick Area. Es folgt eine Tankstelle. Die Region, durch die Sie der WAW jetzt führt, heißt The Rosses (Na Rosa). Sie wird im Süden begrenzt durch den Gweebarra River und im Norden ist der Gweedore River ihre natürliche Grenze. Die Derryveagh Mountains begrenzen das Gebiet im Osten (🖥 www.therosses.ie). Es ist eine Gaeltacht-Region. Über 120 Seen und eine zerklüftete Küstenlinie prägen diese Landschaft, deren Schönheit am besten bei der Fahrt entlang der Küste zu bewundern ist. Der WAW versucht, diesem Anspruch gerecht zu werden, schafft dieses aber leider nicht so oft.

Die Straße verläuft durch eine leicht hügelige Landschaft. Das ermöglicht einen weiten Rundumblick. Stellenweise wird hier Forstwirtschaft betrieben.

**215 Dungloe** (An Clochán Liath) 🍷 ✕ 🛏 ⛺ 🛒 ✚ FUN

🛈  Dungloe Community Tourist Office, Ionad Teampeall Chroine, Chapel Road, Dungloe, Co. Donegal, ☎ +353(0)74/952 21 98, ✉ theionad@eircom.net,

💻 www.dungloe.info. Die Touristeninfo befindet sich in der Kirche mit kleinem Friedhof, die nicht mehr als solche genutzt wird. Die Bibliothek und ein Café sind neben der Touristeninformation zu finden.

Am Kreisverkehr geht es geradeaus weiter auf dem WAW. Links abgebogen kommt gleich ein Campingplatz.

⚠ Dungloe Touring Caravan Park, Carnmore Road, Dungloe, Co. Donegal, ☎/FAX +353(0)74/952 10 21, 📱 +353(0)87/950 49 83, ✉ charlesgreenedungloe@eircom.net, 💻 www.dungloecaravanpark.com, 📅 Mai bis Mitte Sept., GPS: N54°56.983' W008°21.467'. Liegt direkt im Ort.

An der nächsten Kreuzung rechts abbiegend geht es auf dem WAW (Main Street) aus der Stadt raus. Dabei passieren Sie die Kirche mit der Touristeninformation. Die Stadt hat wieder alles für die Reise zu bieten, inklusive eines Einkaufszentrums.

Jedes Jahr im August findet hier vor Tausenden von Besuchern das Mary from Dungloe International Festival statt. Irische Gemeinden aus aller Welt kommen zu diesem Festival, bei der eine junge Frau zur Mary from Dungloe gekürt wird.

Der WAW folgt jetzt der R259 in Küstennähe Richtung Nordwesten.

**222** ↳ WAW-Abstecher nach Ailt an Chorráin zum Fähranleger für die Fähren nach Árainn Mhór, an der Tankstelle links 1 km. Die Fähren (auch Fahrzeugtransport) fahren vom Burtonport zur Arranmore Insel 6-mal am Tag. Infos unter 💻 www.arranmorefastferry.com. Infos über die Insel: 💻 www.arainnmhor.com. Kurz vor dem Hafen sehen Sie an einem Haus einen überdimensional großen Hummer hängen. Das ist das ✕ „The Lobster Pot" Bar & Restaurant (bei Locals bekannt als Kelly's). Hier bekommen Sie u. a. frischen Hummer serviert, den Sie selbst aus einem Bassin aussuchen können (💻 www.lobsterpot.ie).

ℹ Burtonport Visitor Information Point, The Cope, Burtonport, Co. Donegal, ☎ +353(0)87/222 94 75, ✉ byrodo@eircom.net

**229** 📷 Aussichtspunkt Cionn Caslach.
Der WAW verläuft kurvig öfter Mal hinter einem Dünengürtel entlang, der den Blick auf das Meer verwehrt.

**233** ↳ WAW-Abstecher links ab zum 🏖 Carrickfin Beach (Trá Charraig Fhinn), einem Strand (3 km), der auf einer schmalen Landzunge mit schöner

Dünenlandschaft liegt. Vor dem Donegal Airport biegen Sie noch einmal links ab. Vom Parkplatz aus wandern Sie durch die Dünen zum Strand. Am Flughafen geradeaus kommen Sie zu weiteren sehr schönen Stränden (z. B. Dunmore Beach) auf dieser kleinen Halbinsel. Nur ist die Straße dorthin doch schmal.

**236** Annagry (Anagaire) 🅿 🍽. Der Ort liegt am Ende einer Bucht. Für diese entlegene Gegend Irlands finde ich es hier ziemlich dicht besiedelt. Sehr viele Häuser liegen entlang der Straße.

**239** Links an Leo's Tavern vorbei zum Campingplatz (800 m).

⚠ Sleepy Hollows Campsite, Meenaleck, Crolly, Co. Donegal, ☎ +353(0)74/954 82 72, ✉ sleepyhollows@eircom.net, 🖥 www.sleepyhollows.ie, 🗓 Mitte April bis Ende Sept., GPS: N55°1.834' W008°16.250'

**240** An der Kreuzung zur N56 fahren Sie links. Der Ort heißt Crolly (Croithlí). Tankstelle, Supermarkt vorhanden.

**241** Gleich hinter dem Ort biegt der WAW wieder von der N56 links ab auf die R257.

**246** Bunbeg (An Bun Beag). Nach der Überquerung des kleinen Flusses führt ein WAW-Abstecher zum Bunbeg Pier (1,5 km). Der Pier an der Mündung des Claddy River hat ein sehr schönes Ambiente. Restaurant direkt am Pier.

600 m nach dem Abzweig zum Pier fahren Sie einmal links hinunter zum Strand (1 km). Wenn Sie am Strand Magheraclogher Beach bei dem Schiffswrack Cara Na Mara (bei Einheimischen Eddies Boot genannt) stehen und zurück blicken, sehen Sie sehr schön den Bergkegel des 751 m hohen Mount Errigal. Er ist der höchste Berg der Derryveagh Mountains.

**248** 🅿 Tankstelle und 🍽 Supermarkt.

**250** 🅿 Tankstelle.

**250** 📷 Cnoc Fola Aussichtspunkt mit Parkplatz. Die nordwestliche Spitze dieser Halbinsel wird auch Bloody Foreland genannt, weil die rötliche Färbung der Felsen bei Sonnenuntergang besonders intensiv sein soll. Da die Straße in diesem Bereich etwas oberhalb der Wasserlinie verläuft, bietet sich Ihnen ein schöner Blick auf die Küste. Auf Informationstafeln am Parkplatz wird Ihnen die Region erklärt.

**258** In Meenlaragh (Min Lárach) haben Sie von einem Parkplatz einen sehr schönen Blick hinunter zu einem Pier und einem sehr schönen Strand, zu dem 200 m weiter eine Straße hinunterführt.

*Schiffswrack am Strand von Bunbeg*

Von dem Pier legen Schiffen zur Tory Island ab. Ein Restaurant befindet sich ebenfalls am Hafen.

Der ❦ Magheraroarty Strand (Machaire Rabhartaigh) ist ein sensationell langer sichelförmiger Sandstrand. Er beginnt direkt am Pier an einem Parkplatz. Er lädt förmlich zu einem Spaziergang ein. Er ist auch einer der Surf-Hotspots des Landes. Vom Pier legen Fähren zur 11 km entfernten Tory Insel ab.

**Tory Island** (Oileán Thoraí) ist eine ganz spezielle irische Insel. Auf ihr „herrscht" noch ein König, allerdings ohne Hofstaat und Palast, über die etwa 150 Einwohner. Die Geschichte des Königreichs soll bis ins 6. Jh. zurückreichen. Der Heilige St. Columbcille soll auf der Insel ein Kloster errichtet haben. Und um sich bei den Einheimischen für ihre Hilfe zu bedanken, krönte er damals einen Herrn namens Duggan zum König der Insel. Diese Tradition wird bis heute aufrechterhalten. Tradition wird auf der Insel ohnehin sehr groß geschrieben. Dass hier Gälisch gesprochen wird, versteht sich, aber auch sonst pflegt man hier noch die alte irische Schule. Sehenswert auf der Insel sind das Tau Kreuz, ein t-förmiges Steinkreuz, die sehr schroffe Steilküste und der Leuchtturm. Mit einer Länge von 4 km kann man die Insel sehr gut zu Fuß erkunden. Wer hier übernachten möchte, hat die Möglichkeit dazu. Informationen zu Tory Island finden Sie auf: 🖥 www.oileanthorai.com. Fähren zur Insel: 🖥 www.toryislandferry.com

**262** An der Kreuzung geht es quasi geradeaus auf der N56 weiter. Der sich anschließende Ort heißt Gort an Choirce. Tankstelle und Supermarkt sind vorhanden.

**266** Falcarragh (An Fál Carrach) ⛽ 🍺

**278** **Dunfanaghy** (Dún Fionnachaidh), 🖥 www.dunfanaghy.info 🍹 ✕ 🚐 ⛺ 🛒 ⌘ 🎡 📞

Kurz vorm Zentrum am Rechtsknick führt ein ↰ WAW-Abstecher nach links zum Horn Head (Corrán Binne) auf dem Horn Head Loop, einer Scenic Route (9 km). Nach 2 km Fahrt um die Dunfanaghy Bay herum zweigt der WAW links ab und führt bergauf. Sie können hier auch geradeaus fahren, aber der Ausblick bei der Fahrt im Uhrzeigersinn ist spektakulärer. Und wenn alle die Strecke im Uhrzeigersinn fahren, gibt es beim Passieren auch keine Probleme auf der doch recht schmalen Straße. Von einem kleinen Parkplatz aus können Sie die Aussicht von den bis zu 180 m hohen Klippen genießen. Auf dem Rückweg blicken Sie von der Ostseite der Halbinsel hinunter auf die gegenüberliegende Seite der Sheephaven Bay und den Strand des Ortes.

In dem Ort bekommen Sie wieder alles Wichtige für die Weiterreise. Zum Verweilen lädt ein Campingplatz ein.

⛺ Corcreggan Mill Motorhome Park & B&B & Glamping, Corcreggan, Dunfanaghy, Co. Donegal, ☎ +353(0)74/913 64 09, ✉ millhouse@corcreggan.com,
🖥 www.corcreggan.com, 🖥 www.dunfanaghyglamping.com, 📅 April bis Ende Sept., GPS: N55°10.000' W008°0.266'

**280** Portnablagh (Port na Bláiche) mit Pier und angrenzendem Strand.
Der WAW verläuft jetzt in in östliche Richtung, was einen anderen Blickwinkel auf das Landesinnere mit sich bringt. Sehr prägnant sehen Sie vor sich den 667 m hohen Muckish Mountain (An Mhucais). Er gehört, wie auch der Mount Errigal, zu der Bergkette The Seven Sisters.

**283** WAW-Abzweig zum Aussichtspunkt Marblehill Beach (Cnoc an Mharmair) 3 km. Es geht auf schmalerer Straße zum Strand Marblehill. Hier existieren einige Caravanparks, die aber für Womos keine Stellplätze bieten.

**288** Creeslough (An Craoslach) ⛽ 🍺

⚠ Wild Atlantic Camp, Main Street, Creeslough, Co. Donegal, ☎ +353(0)74/913 84 00, ✉ hello@wildatlanticcamp.com, 🖥 www.wildatlanticcamp.com, 🗓 ganzjährig, GPS: N55°7.159' W7°54.299'

**300** Der WAW verlässt jetzt die N56 und zweigt links ab auf die R245 Richtung Carrickart (Carraig Airt) 12 km.

**304** Hinter der Brücke über den Lackagh River biegen Sie links ab. Nach 300 m folgt ein Parkplatz mit Blick auf das ♜ Doe Castle. Es ist von drei Seiten vom Wasser umgeben. Erbaut wurde es Anfang des 16. Jh. vom MacSweeny Clan.

**306** Vor der Kirche in Umlagh, kurz vor Carrickart (Carraig Airt), zweigen der WAW und der Atlantic Drive links ab. Hinter der Kirche in einem

Rechtsknick befindet sich ein kleiner Friedhof mit beeindruckenden alten Steinkreuzen und Grabsteinen.

**307,5** Sie folgen der Straße nach links.

**308** Noch einmal links abbiegen. Am Rosapenna Golf Resort vorbei erreichen Sie

**310** **Downings** (Na Dúnaibh) ⚠ 🚐

ℹ Downings Visitor Information Point, Mevagh Resource Centre, Downings, Co. Donegal, ☎ +353(0)74/915 50 55, ✉ mevaghresourcecentre@eircom.net

Hier beginnt die Ros Goill Peninsula, die der WAW quasi einmal umrundet. Die Ausschilderungen Wild Atlantic Way und Atlantic Drive sind hier identisch.

In Downings gibt es direkt am schönen Strand wieder einen Caravanpark, der auch Stellplätze für Womos bietet.

⚠🚐 Caseys Caravan Site, Main Street, Downings, Letterkenny, Co. Donegal,
☎ +353(0)74/915 53 01 oder -50 00, ✉ gol@rosapenna.ie,
💻 www.caseyscaravanpark.com, 📅 April bis Ende Okt., GPS: N55°11.41' W007°50.11'

*Prachtexemplar*

Vom Parkplatz kurz vor dem Caravanpark gelangen Sie an den Strand. Hinter Downings steigt die Straße etwas an und schlängelt sich dann entlang der Küste. Immer wieder können Sie einen Blick über die Sheephaven Bay erhaschen.

316 Etwas erhöht liegt der 🅿 Aussichtspunkt Ross Goill Peninsula mit Blick über die kleine Doagh Bay (Bá Dhumhaí) mit Strand und einigen Häusern. Im Hintergrund ist die Steilküste von Horn Head sehr schön zu sehen und weiter draußen auch noch Tory Island.

319 Höhe 105 m. Ein sehr schöner Abschnitt entlang einer felsigen Küste mit eindrucksvollen Aussichten. Hier geht es links zum 🅿 Aussichtspunkt Trá na Rossan. Die Straße verlässt kurz die Küste, um über einen Bergrücken auf die andere Seite der Halbinsel zu gelangen. Voraus sieht man jetzt die Mulroy Bay.

321 Hier führt ein Abzweig zu einigen Caravan- und Campingplätzen.

⚠ Rosguill Holiday Park, Gortnaloghoge, Melmore Road, Downings, Co. Donegal, ☎ +353(0)74/915 57 66, 📱 +353(0)87/289 53 75, ✉ rosguillholidaypark@yahoo.ie, 🖥 www.rosguillholidaypark.com, 🗓 Mitte April bis Ende Sept., GPS: N55°14.006' W007°47.745'. Liegt oberhalb eines wundervollen Strandes.

Die schmale Straße führt noch weiter bis Melrose. Hier liegt am Ende ein weiterer Caravanpark ohne Womo-Stellplätze. Aber stellen Sie das Fahrzeug hier einmal ab und machen Sie einen Spaziergang auf die Landzunge. Es folgt ein weiterer wunderschöner Strand mit vom tosenden Meer abstrakt geformten Felsformationen. Die Anzahl der Caravanparks zeigt, dass diese Gegend bei Urlaubern sehr beliebt ist.

321,5 Clontallagh (Cluain tSalach) mit Parkplatz oberhalb der Küstenlinie.

326 An der Kreuzung links fahren.

328 Carrickart (Carraig Airt) 🛒. Im Ort folgen Sie der R245 nach rechts.

330 Der WAW verlässt die R245 links Richtung Fanad (Fanaid) Halbinsel.

331 Über die Harry Blaney (Mulroy) Brücke geht es über die Mulroy Bay auf die nächste Halbinsel, die Fanad Halbinsel, auf der am nördlichsten Ende einer der schönsten Leuchttürme Irlands steht.

339 Der WAW biegt links auf die R247 ab.

341 ↘ WAW-Abstecher zur 🏴 Ballyhiernan Bay (Bá Bhaile Uí Thiarnáin) 1,5 km mit Parkplatz. Ein kurzer Weg führt durch die Dünen zum Strand.

Die Ballyhiernan Bay wird im Westen vom Rinboy Point und im Osten vom Rinmore Point begrenzt.

Die Straße zum Abstecher hin und weiter auf dem WAW verläuft hinter einem Dünengürtel entlang, bevor es wellig und kurvig etwas bergauf geht.

**346** ↳ WAW-Abstecher zum Fanad Head Leuchtturm 1,5 km. Ein kleines Stück weiter auf dem Weg zum Leuchtturm können Sie ihn schräg voraus auf einer Felsspitze thronen sehen. Auf dem Weg dorthin passieren Sie noch die ♀ Lighthouse Tavern Bar & Lounge
(🖥 www.lighthousetavern.ie). So viele Häuser gibt es hier nicht am Nordzipfel der Fanad Halbinsel, doch in der Bar war trotzdem Betrieb und ich war nicht einmal am Wochenende dort.

Jetzt kommt der Leuchtturm direkt vor Ihnen in Sicht.

**Fanad Head** (Cionn Fhánada)
Das Licht des 39 m hohen Leuchtturms leuchtete das erste Mal am St. Patrick's Day im Jahre 1817. Der Leuchtturm ist nicht zu besichtigen, aber vom Parkplatz aus können Sie zu schönen 📷 Aussichtspunkten gehen und die Schönheit des Leuchtturms und seiner Umgebung betrachten. Die zerklüftete Küste spiegelt die Kraft der Wellen wider. Auch der Blick hinüber zum Dunaff Head und Malin Head ist bei guter Sicht ist berauschend. 🛏 Sie können im ehemaligen Haus des Leuchtturmwärters nächtigen. Fanad Head ist einer der 15 *Signature Discovery Points* entlang des Wild Atlantic Way.

**ℹ** Fanad Lighthouse, Teach Solais Fhánada, C/O Eimear Ní Mhathúna, Bainisteoir, ☎+353(0)83/809 11 99, ✉ eimear@fanadlighthouse.com,
🖥 www.fanadlighthouse.com, GPS: N55°16.541' W007°38.076'. Wenn Sie eine Übernachtung buchen möchten: ✉ info@fanadlighthouse.com

Auf der L1072 geht es auf dem WAW durch eine hügelige Landschaft.
**349** Links abbiegen.
**350** Doagh Beg ⛽ 🍽
**353** Links der Straße folgen.
**356** Portsalon (Port an tSalainn) mit Golfplatz direkt am 🏖 Ballymacstocker Strand. Vom großen Parkplatz führt ein Weg zum Strand. Es folgt noch ein weiterer Zugang zum Strand, folgen Sie einfach weiter dem WAW.
**357** Der WAW biegt an der Kreuzung links ab. Hier gibt es Geschäfte.
**358** Der WAW biegt links auf die R268. 17 km bis Rathmullan.

*Fanad Head Leuchtturm*

360 Rechts ab geht es zum
△ Knockalla Caravan & Camping Park, Magherawarden, Portsalon, Co. Donegal, ☏ +353(0)74/915 91 08, ✉ enquiries@knockallacaravanpark.com, 🖥 www.knockallacaravanpark.com, 📅 St. Patrick`s Day bis Mitte Sept., GPS: N55°11.002' W007°36.688'. Liegt nicht am Wasser, aber der sagenhafte Strand ist schnell zu Fuß erreicht. Er liegt am Fuße der Knockalla Mountains.

361 Parkplatz am 🏖 **Ballymacstocker Strand** mit Zugang durch die Dünen. Der Strand zählt zu den schönsten Stränden in Irland, Magazine haben ihn sogar zu einem der schönsten Strände der Welt gewählt. An seinem südlichen Ende wird er von den Knockalla Mountains begrenzt. Der höchste Gipfel erreicht 363 m. Der Blick vom Strand reicht über Lough Swilly hinüber zur Inishowen Halbinsel. Lough Swilly (Loch Súilí) ist ein Meeresarm, der zwischen den Halbinseln Fanad und Inishowen 45 km ins Land hineinragt. An seinem Ende liegt die Stadt Letterkenny. An seiner Küste führt der Wild Atlantic Way auf dem Weg nach Malin Head immer wieder entlang und bietet wundervolle Aussichten.
Die Knockalla Mountains reichen bis an den Meeresarm heran. Darum geht es auf dem WAW jetzt hinter dem Parkplatz in drei Spitzkehren bergauf.

*Ballymacstocker Strand in der Nähe von Portsalon*

363    Ballymacstocker Strand Aussichtspunkt. Von hier oben entfaltet sich die Schönheit dieses Strandes mit seinem Umland erst so richtig - wundervoll!

365    Um den Berg herum direkt unterhalb der Straße an der Küste sehen Sie die Ruinen des Knockalla Fort. Es wurde 1810 erbaut. Leider steht es auf privatem Grundstück. Auf der gegenüberliegenden Seite erkennen Sie das Dunree Fort auf dem Dunree Head. An dieser Stelle verengt sich der Lough Swilly auf etwa 1,5 km. Die beiden Forts bildeten die erste Verteidigungslinie am Lough Swilly. Die Briten erbauten sie zum Schutz vor Angriffen der Franzosen.

Die Straße bleibt noch eine ganze Zeit oberhalb der Küstenlinie, was immer wieder schöne Blicke über den Meeresarm hinüber zur Inishowen Halbinsel ermöglicht.

376    **Rathmullan** (Rath Maoláin), www.Rathmullan.net

Am Hafen mit Pier beginnt auch der 3 km lange Strand. Vom Parkplatz am Pier können Sie direkt Ihren Spaziergang am Strand entlang beginnen.

Neben dem angrenzenden Spielplatz finden Sie das Denkmal „Flight of the Earls" (Flucht der Grafen). 1607 sind die Earls Hugh O'Neill und Rory O'Donnell mit 90 Angehörigen mit einem Schiff vor den Briten Richtung Spanien geflüchtet, um eine Inhaftierung zu verhindern. O'Neill war damals der mächtigste Lord in Irland. In mehreren Kriegen konnte er die Briten zurückschlagen. 1603 handelten O'Neill und O'Donnell einen Waffenstillstand mit den Briten aus, beide konnten so ihre Ländereien behalten. 1605 begann ein neuer Lord Deputy of Ireland, der Engländer Arthur Chichester, die Freiheiten der Earls einzuschränken. Da zu der Zeit Irland unter der Kontrolle der Engländer stand, befürchteten beide eine Festnahme. Von Rathmullan aus flohen sie per Schiff mit ihren Angehörigen. Ziel war Spanien. Sie landeten aber in Frankreich und kamen über den Landweg schließlich bis nach Italien. Zurück nach Irland kehrten sie nie mehr. Das Denkmal am Strand erinnert an die damals einflussreichen Earls.

Der WAW verläuft jetzt noch ein ganzes Stück am Wasser entlang.

380 Ray (An Raíth) mit 🅿 Aussichtsparkplatz am Wasser.

386 Ramelton/Rathmelton (Ráth Mealtain) 🖳 www.ramelton.net. Im Ort geht es links über die Brücke, danach rechts ab.

Der Ort liegt am Ende eines kleinen Seitenarms des Lough Swilly, in den hier der River Lennon mündet. Am Kai am Hafen stehen einige alte Häuser, die aber leider nicht vorm Verfall geschützt werden. Supermarkt im Ort vorhanden.

389 ⛽ Tankstelle mit 🛒 Supermarkt.

398 **Letterkenny** (Leitir Ceanainn), 🖳 www.letterkennyguide.com 🍴✕🛏🛒⌘

Auf dem Weg nach Letterkenny überqueren Sie die ersten beiden Kreisverkehre geradeaus, am dritten Kreisverkehr führt der WAW links hinaus. Rechts hinaus kommen Sie ins Zentrum. Dort folgt gleich ein Supermarkt. Am Kreisel befindet sich auch die sehr gut sortierte Touristeninformation. Dorthin gelangen Sie, wenn Sie geradeaus aus dem Kreisverkehr hinaus und gleich rechts hinüber auf den Parkplatz fahren.

ℹ Letterkenny Tourist Office, Neil T, Blaney Road, Letterkenny, Co. Donegal, ☎ +353(0)74/912 11 60, ✉ letterkenny@failteireland.ie

Sie ist mit 20.000 Einwohnern die größte Stadt im County Donegal. Informationen über das County Donegal von der Steinzeit bis heute finden Sie in County Museum in der High Road. Das Museum ist im ehemaligen Armenhaus, das 1843 eröffnet wurde, untergebracht.

| | |
|---|---|
| 400 | Am folgenden Kreisel geradeaus weiter auf der N13, einer Schnellstraße. |
| 403 | An diesem Kreisel fahren Sie links auf der N13 weiter. |

Der WAW verläuft jetzt auf der anderen Seite des Lough Swilly Richtung Nordosten.

| | |
|---|---|
| 405 | Manorcunningham View mit Parkplatz. |
| 413 | Newtown Cunningham (An Baile Nua Chuinneagáin) |
| 417 | Weitere Tankstelle. Hier sind die Preise in Euro und Pfund angegeben. Die Grenze zu Nordirland ist keine 10 km entfernt. |
| 419 | Weitere Tankstelle. |
| 422 | Burt. In der alten Kirche mit der Statue an der Straße (neben dem An Grianan Hotel) finden Sie das Grianan of Aileach Visitor Centre. 300 m geht es weiter auf der N13. An der runden St. Aengus Church fahren Sie zum An Grianan Aileach Rundfort rechts den Hügel hinauf. |

Zum Grianan Aileach (ein wundervolles Rundfort) biegen Sie rechts ab. Die Straße führt bergauf. Nach 500 m geht es rechts weiter 2 km. Dort folgt ein Abzweig nach links ein weiteres Stück (500 m) bergauf.

*Crianan of Aileach Stone Fort*

# Wild Atlantic Way - 5. Abschnitt: Sligo - Derry/Londonderry

⌘ **Crianan of Aileach Stone Fort** (englische Schreibweise) wurde etwa 500 vor Christus erbaut. Der Blick vom 244 m hohen Greenan Hill, auf dem das im 19. Jh. restaurierte Rundfort thront, schweift über den Lough Foyle und Drongawn Lough und über die Inishowen Halbinsel. In östliche Richtung reicht der Blick nach Nordirland. Das Fort misst 23 m im Durchmesser mit 5 m hohen und 4 m dicken Mauern.

425 Am Kreisel biegt der WAW links ab Richtung Buncrana. Neben der WAW-Ausschilderung ist auch die Ausschilderung „Inishowen100" (Inis Eoghain

100) zu sehen. Diese beliebte Tour auf der Halbinsel Inishowen ist häufig identisch mit der Route des Wild Atlantic Way. Die „100" steht für die 100 Meilen (160 km), die dieser ausgeschilderte Rundkurs im Nordosten von Donegal lang ist.

Hier beginnt jetzt die Inishowen Halbinsel, die mit 850 km² Irlands größte Halbinsel ist (www.visitinishowen.com). Sie wird im Westen durch den Lough Swilly und im Osten vom Lough Foyle begrenzt. Im Norden ist der raue Atlantik ihre Grenze. Eine Halbinsel mit steilen, zerklüfteten Küstenabschnitten, spektakulären Aussichten und paradiesischen Stränden, die man in dieser rauen Gegend so nicht erwartet.

**430** Tankstelle. Hier geht es links ab zu einem WAW-Abstecher: Inch Island Viewpoint (2,5 km).

Über einen Damm geht es nach Inch Island, danach biegen Sie links ab. Vom Parkplatz „Inch Island Viewpoint" können Sie in einer geschützten Ecke des Lough Swilly, an den Ufern der Inch Island und im Schatten der Scalp Mountains sehr schön Vögel beobachten. Das Ganze gehört zum „Inch Wildfowl Reserve", in dem es auch einen Loop-Walk gibt. Infos unter www.inchandfoyle.com. Vom Parkplatz können Sie auch das Rundfort auf dem Hügel gegenüber sehen.

**433** Tankstelle am Ortsanfang von Fahan (Fathain).

**436** WAW-Abstecher zum Lisfanon Beach links ab, gleich an der Straße. Der große Parkplatz hat leider eine Höhenbegrenzung. Vom Strand aus blicken Sie über den Lough Swilly zur Fanad Halbinsel und nach Inch Island.

**437** Tankstelle.

Am Strand und Golfplätzen vorbei erreichen Sie

**438** **Buncrana** (Bun Cranncha)

Buncrana Community Tourist Office, Inishowen Tourism, Railway Road, Buncrana, Inishowen, Co. Donegal, +353(0)74/936 26 00, info@visitinishowen.com, www.visitinishowen.com

Mit knapp 3.500 Einwohnern ist es die größte Stadt auf der Inishowen-Halbinsel und die zweitgrößte im County Donegal. Das bedeutet für Sie, dass Sie in der Stadt wieder alles für Ihre Reise bekommen.

*bizarre Wolkenformationen*

Am ersten Kreisel fahren Sie geradeaus.
**439** Der WAW führt auf der R238 links ab.
**440** Noch einmal links abbiegen. Es geht über den Crana River Richtung Dunree.
**447** Beim Blick hinüber zur Fanad Halbinsel sieht man die Küstenstraße oberhalb des Strandes bei Portsalon.
**448** Dunree.
**449** ↯ WAW-Abstecher links zum **Dunree Fort** (1 km). Es geht etwas bergauf, links um einen Hügel herum, dem Dunree Head, und ans Wasser, wo Sie das Fort, ein Museum und einen Coffeeshop finden. Oben auf dem Hügel steht noch eine alte Festung mit einigen Geschützen.

⌘ Fort Dunree (Dun Fhraoigh), Linsfort, Buncrana, Co. Donegal, ☎ +353(0)74/936 18 17, ✉ dunree@eircom.net, 💻 www.dunree.pro.ie, 🕑 Mo-Fr 10:30-16:30, Sa, So nach Vereinbarung, Eintritt: € 7/4

Hier können Sie eine ausgezeichnete Ausstellung zu Küstenartillerie-Kanonen sehen. Aber auch der Ausblick von der Festung auf Dunree Beach, Lough Swilly und bis hinüber zur Fanad Halbinsel mit dem Knockalla Fort ist den Besuch wert - auch den Fanad Head Leuchtturm kann man von hier erblicken.

**450** Folgen Sie dem WAW nach links. Es geht stetig bergauf. Links der jetzt schnurgeraden Straße verlaufen parallel die Urris Hills. Der höchste Gipfel der Bergkette ist der Raghtin More mit 502 m. Es folgen nur noch wenige Häuser entlang der Straße.

**453** Nach einer Brücke über den kleinen Owenerk River führt der WAW links weg 2 km zum Mamore Gap.
Die Straße führt auch hier gerade bergauf und voraus können Sie den Gap sehen, der zwischen zwei Bergen der Urris Hills hindurchführt.

**455** **Gap of Mamore** (An Mám Mór). Die nicht gerade sehr breite Passstraße führt in die Urris Hills auf eine Höhe von 240 m. Kurz hinter der Passhöhe stehen drei Marienstatuen. Die Aussicht vom kleinen Parkplatz zum Dunaff Head und Tullagh Point ist famos. Es geht sehr kurvig, stellenweise in Serpentinen, gut bergab. Es kommen immer wieder kleinere Haltebuchten mit schöner Aussicht.

**457** An der Kreuzung biegen Sie halb links ab. Es geht auf schmaler Straße geradeaus bis zur Bucht Rockstown Harbour. Dort folgen Sie der Straße nach rechts und gleich wieder nach links Richtung Tullagh. Die Straße führt einmal um den 502 m hohen Raghtin More herum.

*Glenevin Wasserfall*

463 An den wunderbaren Strand der Tullagh Bay gelangen Sie, wenn Sie hier links hineinfahren (1 km).

465 Parkplatz zum **Glenevin Wasserfall** (neben dem The Glen House). 1 km führt der Weg auf einem angelegten Pfad inklusive Picknick-Platz durch ein Waldgebiet im Glenevin Valley an dem kleinen Fluss entlang zum Wasserfall. Das bräunliche Wasser stürzt fast 15 m in die Tiefe. Ringsherum ist alles üppig bewachsen, die Baumstämme sind bemoost und eine Gischtwolke liegt in der Luft.

467 Clonmany (Cluain Maine)
Am Parkplatz am Ortseingang geht es links ab zu einem Campingplatz.

△ Binion Bay Caravan & Camping Park, Clonmany, Co. Donegal,
☎/FAX +353(0)74/937 68 00, 📱 +353(0)87/616 61 15, ✉ binionbay@gmail.com,
🖥 www.caravanandcampingireland.ie, 🕒 Mitte März bis Ende Sept.,
GPS: N55°16.550' W007°25.517'

Tankstelle vorhanden. Vor der Kirche biegt der WAW links ab auf die R238 Richtung Carndonagh.

469 **Ballyliffin** (Baile Lifín), 🖥 www.visitballyliffin.com.
Im Ort folgen Sie an der Tankstelle halb links dem WAW-Abstecher hinunter zur Pollan Bay (Cuan an Pholláin) (1 km). Vom Parkplatz aus sind Sie gleich am langen Strand. Wenn Sie dem 2,5 km langen Strand bis ans Ende folgen, gelangen Sie zur ♖ Ruine des im 16. Jh. erbauten Carrickabraghy Castle (Caisleán Carraig Brachai). Die Insel, die voraus aus dem Meer ragt, ist Glashedy Island.

471 ✤ Ein Abstecher, der nicht zum WAW gehört, den ich Ihnen aber empfehlen möchte: Hier geht es links hinein zum **Doagh Famine Village Visitor Centre** (4 km) auf der Isle of Doagh (Oileán na Dumhcha). Im Open-Air-Museum wird in sehr schönen Ausstellungen das Leben zur Zeit der Hungersnot bis heute gezeigt. Allein die weiß getünchten und mit Reed gedeckten Häuser sind schon wunderschön anzuschauen.

⌘ Doagh Famine Village, ☎ +353(0)74/937 80 78, 🖥 www.doaghfaminevillage.com,
🕒 März bis Sept./Okt.: täglich 10:00-17:30, Eintritt: € 7,50, unter 12 Jahre € 5, unter 4 Jahre frei. Am Parkplatz stehen Sie auch gleich an einem sehr schönen Strand an der Trawbreaga Bay (Trá Bhréige).

Nach dem Abzweig zum Doagh Famine Village geht es etwas oberhalb des Wassers an einer Steilküste entlang, bis Sie voraus Glashedy Island und Carrickabraghy Castle sehen. Hinter den Häusern befindet sich ein kleiner Parkplatz, von dem aus Sie gleich zum Castle gelangen.

**479** **Carndonagh** (Carn Domhnach), 🖥 www.visitcarndonagh.com. Hinter der Linkskurve vor dem Zentrum von Carndonagh steht das Schild „Carndonagh Crosses" (Crois Charn Domhnach). An der rechten Straßenseite steht überdacht das ✞ St. Patrick´s High Cross. Es ist das älteste christliche Kreuz außerhalb des europäischen Festlands.
Voraus steht auf einem Hügel die imposante ✞ Sacred Heart Church.
Hinter der Tankstelle biegt der WAW auf die R238 links ab. Am folgenden Kreisverkehr fahren Sie die erste links raus, weiter auf dem WAW. Am Kreisel geradeaus finden Sie einen großen Supermarkt. Kaufen Sie sich doch ein schönes Getränk, mit dem Sie am Malin Head anstoßen. Als Belohnung für Ihre weitere Fahrt auf dem Wild Atlantic Way bis zur nördlichsten Spitze.
Interessant ist, dass man hier im Norden Irlands auch das Polarlicht (Aurora borealis) beobachten kann. Daher wird mehr und mehr dafür geworben, auch in den Wintermonaten in den Norden Irlands zu kommen.
Die R238 führt über flaches Land gerade aus dem Ort heraus.

**485** In der Ortschaft **Malin** (Málainn) biegen Sie hinter der Brücke links ab auf die R242. Es geht kurz an der Trawbreaga Bay entlang. Gegenüber sehen Sie die Doagh Halbinsel.

**490** Der WAW entfernt sich etwas vom Wasser und führt leicht bergauf. Zum Wasser hin sind jetzt sehr hohe Sanddünen zu sehen, die zu den höchsten in Europa zählen. An der kleinen weißen Kirche, die sich sehr schön von den grünen Berghängen abhebt, verlassen Sie den WAW und fahren links hinein. Auf dem schmalen Weg gelangen Sie durch die Dünen zum Five Finger Beach. Der Strand wird im Norden begrenzt von grünen Klippen. Bei Ebbe können Sie das Wrack der „Twilight" im Sand sehen. Der Weg ist sehr schmal und die Wendemöglichkeit am kleinen „Parkplatz" am Ende ist nicht gerade sehr groß. Darum ist es geschickter, das Womo an der Kirche zu parken und die paar Hundert Meter zum Strand zu gehen. Der Strand auf der gegenüberliegenden Seite des schmalen Wasserarms liegt nahe dem Doagh Famine Village auf der Doagh Halbinsel.

**492** Am Doherty´s Pub fahren Sie links auf der R242 weiter.

**494** Sie folgen dem WAW weiter links auf der R242.

**496** Links ab geht es auf die L1011 Richtung Portronan.

**497** Der WAW führt rechts ab kurvig bergauf. Schöne Aussicht aufs Meer.

**499** Parkplatz mit freier Sicht auf die Küstenlinie und hinüber zur Fanad Halbinsel. Sie können bis zum Fanad Head Leuchtturm schauen. Es geht kurz ans Wasser hinunter, um dann hinter einem kleinen Bergrücken etwas anzusteigen. Voraus sehen Sie einen Turm auf einem der Hügel schräg links vorne - er steht auf Malin Head.

**502** ↳ WAW-Abstecher hoch zum Malin Head.

**Malin Head** (Cionn Mhálanna), 💻 www.malinhead.net, 💻 www.malinhead.com
Der über 200 Jahre alte Turm am nördlichsten Punkt Irlands wurde von den Engländern als Beobachtungsturm und zur Verteidigung gegen eventuelle Angriffe der Franzosen errichtet. Die heutige Turmruine steht auf einer Höhe von 57 m. GPS: N55°22.861' W007°22.420'. Malin Head ist einer der 15 *Signature Discovery Points* entlang des Wild Atlantic Way. Die nördlichste Spitze von Malin Head trägt den Namen Banba's Crown, benannt nach einer mystischen irischen Göttin.

Vom unteren Parkplatz führt ein Trail zum Hell's Hole, eine sehr schmale, 76 m tiefe Schlucht an der Küste. Wenn das Wasser während der Flut hineingedrückt wird, geschieht dies mit ziemlich lautem Getöse. Am oberen Parkplatz mit der Turmruine können Sie auf Informationstafeln z. B. einiges über die Geschichte und das ökologische System am Malin Head erfahren. Etwas unterhalb des Towers sehen Sie auch wieder das Wort EIRE mit Steinen überdimensional auf den Boden geschrieben. Es diente den Piloten im Zweiten Weltkrieg zur Orientierung, dass sie sich über dem neutralen Irland befanden. Suchen Sie sich einen schönen Platz zum Genießen Ihres Kaltgetränks: Sie sind angekommen, am nördlichsten Punkt Irlands. Oder gönnen Sie sich ein echtes irisches Bier im nördlichsten 🍺 Pub des Landes, keine 3 km von Malin Head entfernt. Der WAW weist Ihnen den Weg.

Vom nördlichsten Punkt Irlands geht es jetzt noch weiter zum nördlichen Ende/Anfang des Wild Atlantic Way.

Die Straße führt jetzt ein Stück an der Ostküste der Inishowen Halbinsel kurvig, aber flach weiter. An der Malin Head Radio Station vorbei beginnt bei km

**504** die R242. Es geht links hinunter zu einem Pier. 100 m weiter geht es ebenfalls links hinein (200 m) zur Farren's Bar - Ireland's most northerly Pub.

**504,5** Der WAW verlässt die R242 nach links auf die L10212. Es geht wieder an die Küste. Dort liegt direkt am Wasser bei km

| | |
|---|---|
| 505 | die Seaview Tavern mit Restaurant. Eine kleine Tankstelle und Shop sind ebenfalls dort zu finden. Die Straße steigt etwas an, was natürlich wieder einen schönen Blick über den Atlantik mit einigen kleineren vorgelagerten Felsinseln ermöglicht. |
| 506 | Links ein kurzer ⚲ Abstecher hinunter auf einer sehr schmalen Straße zum Wee House of Malin (Teach Beag Mhálanna). Zu sehen ist die Ruine einer kleinen Kirche aus dem 16. Jh. Mit The Wee House of Malin ist aber nicht die Ruine gemeint, sondern die Höhle dahinter, in der früher eine Familie gelebt haben soll. |

Die steinige, felsige Küstenlinie mit den kleinen, vorgelagerten Felsinseln ist wunderschön. Der Blick reicht zurück bis zum Malin Tower.

Der WAW geht oben an der Kreuzung rechts weiter und führt zurück an die R242.

| | |
|---|---|
| 507 | An der Kreuzung zur R242 biegt der WAW links ab auf die L1031. Der WAW verläuft jetzt durch die bergige Landschaft der Glengad Mountains auf zum Teil schnurgerader Straße. |
| 510 | Links abbiegen. |
| 518 | Ballymena 🍴 🏨. Bei der Fahrt Richtung Küste bergab gibt es schöne Ausblicke voraus. |
| 522 | **Culdaff** (Cúil Dabhcha) mit ⛽ Tankstelle. Im Ort gibt es einen ⚲ WAW-Abstecher: |

Hinter der Brücke über dem Culdaff River biegen Sie am Stopp-Schild links ab, danach führt der WAW-Abstecher zum 🏖 Culdaff Beach erneut nach links. Der WAW verläuft geradeaus weiter.

Die Straße zum Strand folgt der Shore Road wunderbar am Fluss entlang, bevor sie hinter den Dünen rechts abbiegt. Es gibt hier zwei Parkplätze: Der erste liegt vor dem Sportplatz links in den Dünen, der zweite Parkplatz liegt am Ende der Dünen (2 km). Hier gibt es ein Restaurant. Auf der einen Seite wird der Strand durch den Culdaff River, auf der anderen Seite durch den Dunmore Head begrenzt. In diesem Bereich ragen Felsvorsprünge in den Strand und teilen diesen: Der größere, weitläufige Teil (am ersten Parkplatz) wird „The big beach" genannt, der kleinere „The small beach".

Auf dem Weg hinaus aus dem Ort liegt nahe der St. Mary's Church der Bocan Stone Circle.

Der WAW führt jetzt vom Meer weg auf der R238 nach

*Strand an der Kinnagoe Bay, Co. Donegal*

528 Gleneely (Gleann Daoile). Hinter der Tankstelle geht es weiter auf der R238 links ab Richtung Moville.

532 Sie biegen links von der R238 ab Richtung Kinnagoe Bay 6 km.

533 Rechts ab geht es Richtung Kinnagoe Bay 5 km an der Kirche vorbei. Die Straße steigt ein wenig an und verläuft oberhalb eines Tals. Der Blick voraus geht aufs Wasser.

538 Die Straße führt recht steil bergab. An der Kreuzung geht es links ab (WAW-Abstecher) auf einer schmalen Straße weiter hinunter zum Strand an der Kinnagoe Bay (300 m). Der Strand liegt geschützt unterhalb einer bewachsenen, knapp 50 m hohen Steilküste. Der Parkplatz lädt zum Rasten ein.

Hinter der Kreuzung geht es für mehrere Kilometer immer wieder bergauf.

543 Die Straße hat eine Höhe von 300 m erreicht. Vom Parkplatz am Magilligan Point View blicken Sie voraus auf Lough Foyle (Loch Feabhail) den Atlantik und Nordirland. An der schmalen Stelle der Bucht können Sie den Fähranleger samt Fähre sehen, die zwischen Greencastle und Magilligan (Nordirland) verkehrt. Auch sind einige Campingplätze und ein kilometerlanger Strand auf nordirischer Seite zu erkennen.

Die Straße ist zwar nicht sehr breit, aber sehr gut zu fahren. Stellenweise geht es mit 10 % bergab.

**546** Unten an der Kreuzung führt Sie der WAW nach links.

**547** Der WAW verläuft weiter geradeaus. Rechts geht es hinunter zur Fähre. Der WAW führt auch noch zum Fähranleger, bietet aber vorher noch eine Fahrt zu einem Leuchtturm am östlichen Ende von Inishowen.

Es geht jetzt durch dichter bewohntes Gebiet bis nach

**552** **Shrove**. Biegen Sie hier rechts ab.

**552,5** Parkplatz am Dunagree Point mit Leuchtturm. Die Anlage des Shrove Lighthouse besteht aus zwei Leuchttürmen. Der kleinere hat eine Höhe von 15 m, der größere ist 30 m hoch. Die Anlage liegt neben einem kleinen, aber feinen Strand. GPS: N55°13.6' W006°55.7'

Der WAW führt jetzt auf der R241 zurück nach Greencastle zum Fähranleger. Es geht am Golfclub und an der Ruine des Norrhburg Castle vorbei.

**556** **Greencastle** (An Caisleán Nua) am Fähranleger.

Bis März 2016 hat das Unternehmen Lough Foyle Ferry diese Route bedient, den Vertrag aber nicht weiter verlängert. Wer danach die Fährverbindung weiterführt und ob sich überhaupt jemand findet, stand bis Redaktionsschluss noch nicht fest. Die 15-minütige Fährfahrt ersparte einem eine 2-stündige Autofahrt um Lough Foyle herum.

Nun muss eine Entscheidung her, wie es weitergehen soll: Der Wild Atlantic Way führt geradeaus auf der R241/R238 weiter an der Küste des Lough Foyle entlang bis Londonderry/Derry (37 km). Zwischendrin kommt bei

**572** ⚠ Foyleside Caravan & Camping Park, Quigley's Point, Inishowen, Co. Donegal,
☎ +353(0)74/938 37 86, 📱 +353(0)86/807 73 56,
✉ info@foylesidecaravanpark.com, 🖥 www.foylesidecaravanpark.com,
📅 Ende März bis Mitte Sept., GPS: N55°7.432' W007°11.735'

Bei km 581 ist der WAW in Muff (Magh) zu Ende. Hier steht an einem kleinen weißen Haus, in dem sich früher die Zollstation befand und in dem heute das Rote Kreuz untergebracht ist, ein großes Schild „Críoch - End Wild Atlantic Way". Darunter steht „Follow Coleraine for Causeway Coastal Route". Das Schild zeigt gleichzeitig die Ländergrenze zwischen der Republik Irland und Nordirland an.

Ab jetzt sind alle Entfernungsangaben in Meilen angegeben. Die Umrechnung ist 1 km = 0,621371 Meilen bzw. 1 Meile = 1,60934 km.

## 592  Derry/Londonderry (Doire Cholm Chille), 🛏 visitderry.com
🍸✕🛏🍽⌘

Die Stadt liegt am River Foyle und ist die viertgrößte Stadt der Irischen Insel. Hinter der nordirischen Hauptstadt Belfast ist sie mit fast 90.000 Einwohnern die zweitgrößte Stadt Nordirlands.

Welcher Name ist für die Stadt nun „richtig"? Derry oder Londonderry? In Großbritannien wird die Stadt Londonderry genannt, in dem Rest der englischsprachigen Welt wird sie Derry genannt.

Die Stadt besitzt noch eine komplette, 1,5 km lange Stadtmauer. Sie wurde im 17. Jh. erbaut und ist stellenweise bis zu 8 m hoch. Sie ist begehbar und die besterhaltene ihrer Art in Großbritannien und Irland. Mit St. Columb's Cathedral, die zwischen 1628 und 1633 erbaut wurde, ist sie das älteste Gebäude der Stadt und zugleich die größte anglikanische Kirche in Nordirland.

> Derry/Londonderry Tourist Information Centre, 44 Foyle Street, ☎ +44(0)28/71 26 72 84, Co. Londonderry, BT48 6AT, ✉ info@visitderry.com, 🖥 www.visitderry.com, 🕒 Juni bis Aug.: Mo-Fr 9:00-19:00, Sa 9:00-18:00, So 10:00-17:00; Nov. bis März: Mo-Fr 9:30-17:00, Sa und So 10:00-16:00; April und Okt.: Mo-Fr 9:00-17:30, Sa und So 10:00-17:00, Mai und Sept.: Mo-Fr 9:00-18:00, Sa und So 10:00-17:00

Shoppen ist in Derry/Londonderry wieder sehr gut möglich, doch bitte daran denken, hier zahlen Sie mit dem Britischen Pfund und die Preise sind im Schnitt etwas höher als in der Republik Irland, so auch Benzin/Diesel.

Nun sind Sie am Ende des Wild Atlantic Way angekommen. Und wie soll es jetzt weitergehen? Je nachdem, wie viel Zeit Sie noch haben, empfehle ich Ihnen noch die Causeway Coastal Route durch Nordirland zu fahren. Die kurze Beschreibung dieser szenischen Straße entlang der nordirischen Küste mit ihren spektakulären Sehenswürdigkeiten bis nach Belfast, finden Sie nachstehend.

Von Derry/Londonderry sind es auf direktem Weg nach Dublin 235 km. Wenn Sie von Rosslare mit der Fähre wieder auf das europäische Festland übersetzen, müssen Sie von Derry/Londonderry noch knapp 400 km zurücklegen.

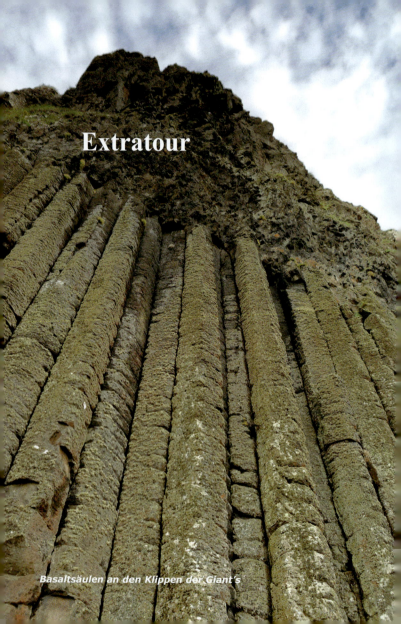

# Extratour

*Basaltsäulen an den Klippen der Giant's*

# Causeway Coastal Route - Nordirland

Internetauftritt von Nordirland: 📠 www.discovernorthernireland.com
Webseite über **Causeway Coastal Route**: 📠 visitcausewaycoastandglens.com

190 km führt die Panoramastraße an der Küste Nordirlands zwischen Londonderry und Belfast entlang. An Highlights mangelt es dieser Straße nicht: kilometerlange Strände, Schlösser, Hängebrücken, Whiskey-Destillerien und natürlich die Basaltsäulen der Giant's Causeway. Die meisten Sehenswürdigkeiten liegen zwischen Benone und dem knapp 60 km entfernten Ballycastle. Ich kann verstehen, dass diese Straße bei der Wahl zur schönsten und aufregendsten Straßen der Welt immer einen vorderen Platz belegt.

Vom Magilligan Fähranleger sind es um die 20 km bis nach Benone. Dort gibt es einen Campingplatz.

⚠ Deighan Caravans Benone Caravan Park, 5 Benone Avenue, Limavady BT49 OLQ,
☎ +44(0)28/77 75 05 57, FAX 044(0)28/77 75 00 00,
✉ info@deighanscaravans.com, 📠 www.deighanscaravans.com,
🗓 April bis Anfang Okt., GPS: N55°9.816' W006°52.818'

In **Benone** können Sie mit dem Womo an den knapp 12 km langen 🏖 Strand fahren. Ein wirklich toller Strand. Am anderen Ende in **Downhill** (Dún Bó) gelangen Sie durch die Eisenbahnunterführung an den Strand. Oberhalb des Strands steht an einer 40 m hohen Felskante der Mussenden Temple. Der Felsen fällt steil zum Wasser ab. Auf dem Grundstück steht auch die Ruine des Downhill House, das im 18. Jh. erbaut wurde.

⌘ Downhill Demesne & Hezlett House, Mussenden Road, Castlerock, ☎ +44(0)28/70 48 87 28, ✉ downhilldemesne@nationaltrust.org.uk, 📠 www.nationaltrust.org.uk, 🗓 31. März bis 7. Sept.: täglich 10:00-17:00, sonst Sa, So 10:00-17:00, Eintritt £ 4,70, Kinder £ 2.35

Die Causeway Coastal Route entfernt sich jetzt von der Küste ins 10 km entfernte **Coleraine** (Cúll Raithin). Die Stadt am River Bann (An Bhanna) hat um die 25.000 Einwohner. Von Coleraine sind es 8 km bis nach Portrush (Port Rois) zurück an die Küste. Am Golfplatz vorbei erreicht die Straße (A2) einen sehr schönen Küstenabschnitt. Die Straße verläuft oberhalb der Küste. Voraus sind Kreidefelsen zu sehen. Gleich hinter dem Golfplatz führt eine kleine Straße links hinunter zu den White Rocks mit Strand. Vom Strand können Sie die Felsen sehr schön sehen, weiter hinten thront am Klippenrand Dunluce Castle.

An der Straße folgen Parkplätze, von denen aus Sie auch sehr schön auf die Küstenlinie schauen können.

♜ Die Schlossruine **Dunluce Castle** liegt wirklich spektakulär direkt oberhalb der Klippen. Um 1500 wurde das Schloss von der MacQuillan Familie erbaut. 1550 wurde es vom MacDonnellClan in Beschlag genommen. Im 17. Jh. war es der Sitz der Earls of Antrim. In einer stürmischen Nacht im Jahre 1639 brach ein Teil der Küche ab und stürzte in die See.

♦ Dunluce Castle, 87 Dunluce Road, Bushmills, Co. Antrim, BT57 8UY,
  ☎ +044(0)28/20 73 19 38, ✉ dunluce.castle@doeni.gov.uk,
  🖥 www.doeni.gov.uk/topics/historic-environment, 🕓 April bis Sept.: 10:00-18:00, Okt. bis Nov., Feb. bis März: 10:00-17:00, Dez. bis Jan.: 10:00-16:00, Eintritt: £ 5/3

Kurz hinter dem Dunluce Castle, die Straße führt von der Küste weg, erreichen Sie **Bushmills** (Muíleann na Buaise).

Bei Whiskey-Liebhabern klingelt es, wenn Sie diesen Namen hören: In dem Städtchen steht Irlands älteste lizensierte Whiskey-Destillerie. Am 20. April 1608 erteilte King James I. Sir Thomas Phillips, Gouverneur und Landbesitzer im County Antrim, die Lizenz zum Destillieren. Im Jahr 1784 registrierte Hugh Anderson „The Old Bushmills Distillery" als Trademark.

Über die Herstellung des Whiskeys erfahren Sie in einer 40-minütigen geführten Tour mehr.

🍸 The Old Bushmills Distillery, 2 Distillery Road, Bushmills, Co. Antrim, BT57 8XH,
  ☎ +44(0)28/20 73 32 18, ✉ visitors.bushmills@bushmills.com,
  🖥 www.bushmills.com, 🕓 März bis Okt.: Mo-Sa 9:15-16:45, So 12:00-16:45, ansonsten Mo-Sa 10:00-16:45, So 12:00-16:45, Eintritt: £ 7,50. Ein Probewhiskey ist inkl.

Bushmills Visitor Information Centre, Main Street, Bushmills, Co. Antrim, BT57 8QA, ℡ +44(0)28/20 73 03 90, ✉ bushmillsvic@causewaycoastandglens.gov, 🖥 www.visitcausewaycoastandglens.com

*Giant's Causeway*

In Bushmills gibt es einen Park & Ride Service zum Giant's Causeway. Da Womos nicht am Besucherzentrum der Giant's parken können, ist es gut, hier zu parken und die Busse zu nutzen, um zu den 4 km entfernen Giant's zu gelangen.

**Giant's Causeway Visitor Centre**, 60 Causeway Road, Bushmills, Co. Antrim, BT57 8SU, ℡ +44(0)28/20 73 18 55, ✉ giantscausewaytic@nationaltrust.org.uk, 🖥 www.nationaltrust.org.uk/giantscauseway, Besucherzentrum April bis Sept.: 9:00-19:00, März, Okt.: 9:00-18:00, Nov. bis Dez., Jan. bis Feb.: 9:00-17:00, Eintritt: £9/4,50. Wer den P&R-Service nutzt, spart am Eintritt. Der Eintritt gilt nur für das Besucherzentrum. Der Eintritt zu den Steinen und dem Trail ist das ganze Jahr über kostenlos und rund um die Uhr möglich.

Über 40.000 Basaltsäulen ragen aus dem Meer. Die meisten der bis zu 25 m hohen und etwa 30 cm breiten Säulen sind sechseckig. Sie finden aber auch Exemplare mit vier, fünf, sieben oder acht Ecken. Über 60 Millionen Jahre ist es her, dass durch vulkanische Eruption Lava an die Oberfläche gelangte und zu diesen bizarren Formen erstarrte. Natürlich ranken sich um den Giant's Causeway, den Damm der Riesen, einige Legenden. Die populärste wird in einem Film im Besucherzentrum gezeigt. Seit 1986 steht dieses Naturwunder auf der UNESCO-Welterbestättenliste.

Wenn Sie außerhalb der Öffnungszeiten des Besucherzentrums ankommen, können Sie auch auf dem Parkplatz vor Ort parken. Und wenn die ganzen Reisebusse abgefahren sind, können Sie die Basaltsäulen in Ruhe genießen. Ich habe mir den Sonnenuntergang einige Male dort angeschaut oder war kurz nach Sonnenaufgang dort - herrlich!

Durch seine sehr zentrale Lage bietet sich Bushmills als Ausgangspunkt zu den vielen Highlights der Causeway Coastal Route in der näheren Umgebung an. Der Campingplatz am südlichen Ende des Städtchens ist dafür exzellent geeignet, da er einfach eine hohe Qualität hat.

⚠ Ballyness Caravan Park, 40 Castlecatt Road, Ballyness, Bushmills, Co. Antrim, BT57 8TN, ☎ +44(0)28/20 73 23 93, FAX +44(0)28/20 73 27 13, Vorwahl aus Irland: 048, ✉ info@ballynesscaravanpark.com, 🖥 www.ballynesscaravanpark.com, 📅 Mitte März bis Ende Sept., GPS: N55°11.650' W006°31.143'

Das nächste Highlight entlang der Causeway Coastal Route ist die **Carrick A Rede Island Rope Bridge**. Die Hängebrücke zwischen dem Festland und Rocky Island wurde das erste Mal vor 350 Jahren von Fischern angelegt. Die heutige Hängebrücke ist 20 m lang und „schwingt" 30 m über dem Meer. Von der Insel haben Sie einen sehr guten Ausblick auf die Küstenlinie und die vorgelagerte Rathlin Island (Reachlainn).

✣ Carrick A Rede Island Rope Bridge, 119a Whitepark Road, Ballintoy, BT54 6LS, 🖥 www.nationaltrust.org.uk/carrick-a-rede, 📅 30. Mai bis 4. Sept.: 9:30-19:00, sonstiger Zeitraum früher geschlossen,. Eintritt: £ 5,90 / £ 3

## Ballycastle (Baile an Chaistil)

ℹ Ballycastle Visitor Information Centre, 14 Bayview Road, Ballycastle, Co. Antrim, BT54 6BT, ☎ +44(0)28/20 76 20 24, ✉ ballycastlevic@causewaycoastandglens.gov, 🖥 www.visitcausewaycoastandglens.com

Die 5.000-Einwohnerstadt liegt an der Mündung des Margy River. Von hier legen die Fähren zur Rathlin Island ab, die der Stadt vorgelagert ist.

- ⛺ Glenmore Caravan & Camping Park, 94 White Park Road, Ballycastle, Co. Antrim, BT54 6LR, ☎ +44(0)28/20 76 35 84, ✉ glenmorehouse@lineone.net, 💻 www.glenmore.biz. Liegt kurz vor Ballycastle (von Westen kommend).
- ♦ Maguire's Strand Caravan Park, 32 Carrickmore Road, Ballycastle, Co. Antrim, BT54 6BH, ☎ +44(0)28/20 76 32 94, 💻 www.campingni.co.uk/ni-campsites/antrim/ballycastle/maguire-s-strand-caravan-park.htm. Am Golfplatz vorbei bis an die Küste.

(Nicht nur) Für alle Game-of-Thrones-Fans ist ein Abstecher zu „**The Dark Hedges**" ein absolutes MUSS! Diese Allee aus Buchen war Drehort der erfolgreichen Fantasyserie Game of Thrones. Die Bäume wurden im 18. Jh. von der Stuart Family gepflanzt. Sie sollten die Besucher beeindrucken, die zu ihrem Haus Gracehill House am Ende der Allee kommen. Ende Januar 2016 hat ein Sturm mehrere Bäume der Allee entwurzelt. GPS: N55°7.501 W6°21.918

Die Causeway Coastal Route verlässt hinter Ballycastle die Küste für knapp 25 km. Es geht am Ballypatrick Forest vorbei über einen Bergrücken hinüber und kurvig ein Tal hinunter. Ein kleiner Abstecher nach Cushendun lohnt. Unten am Strand führt die Torr Head Scenic Route an der Küste zurück Richtung Ballycastle. Es heißt zwar „Not suitable for coaches and caravans", ich kam aber mit meinem Hymer Sierra Nevada sehr gut durch. Und diese Scenic Route ist wirklich

*The Dark Hedge*

spektakulär. Sie verläuft recht weit oberhalb der rauen Küstenlinie. Vom Torr Head haben Sie einen wunderbaren Ausblick bis hinüber zum Mull of Kintyre (Schottland).

In Cushendall erreicht die Causeway Coastal Route wieder die Küste. Im Ort gibt es nahe einem Kieselstrand einen Campingplatz.

⛺ Cushendall Caravan Park, 62 Coast Road, BT44 0QW, ☎ +44(0)28/21 77 16 99, GPS: N55°4.550' W006°03.300'

Auf den nächsten 40 km bis Larne geht es direkt am Wasser entlang. Sehr oft fahren Sie allerdings auch genauso dicht an den Bergen auf der Landseite entlang. Wenn es in eins der „Seven Glens" (sieben Täler) hineingeht, findet man in dem Bereich kleinere Ortschaften.

In Larne legen die P&O-Fähren nach Cairnryan ab.

Von Larne können Sie auf zwei Wegen nach Belfast gelangen: Entweder auf der A2 an der Küste entlang oder Sie nehmen die A8 durchs Landesinnere, was kürzer und schneller ist (35 km).

## Belfast (Béal Feirste), 🖳 www.visit-belfast.com

Die Stadt hat mir sehr gut gefallen. Sehenswert ist die Belfast City Hall, die Belfast Cathedral und natürlich das Titanic Belfast: Ein architektonisch wunderschönes Gebäude und eine interaktive Ausstellung über den Bau dieses Passagierschiffes bis zu seinem Untergang und dem späteren Auffinden auf dem Meeresgrund, die einen einfach packt. Ich kann mich nicht erinnern, irgendwann schon einmal solch eine unglaublich gut gemachte Ausstellung gesehen zu haben. Der Abstecher nach Belfast lohnt allein deswegen.

⌘ Titanic Belfast, 1 Olympic Way, Queen's Road, Belfast, ☎ +44(0)28/90 76 63 86, ✉ ticketing@titanicbelfast.com oder welcome@titanicbelfast.com, 🖥 www.titanicbelfast.com, 🕐 Okt. bis März: 10:00-17:00, April, Mai, Sept.: 9:00-18:00, Juni bis Aug.: 9:00-19:00, GPS: N54°36.487' W005°54.580'

*Titanic Belfast*

Es lohnt sich auch, einmal einige der Murals aufzusuchen. Das sind riesige Wandmalereien, die aus den jahrzehntelangen Spannungen und Kämpfen zwischen den Protestanten und Katholiken entstanden sind.

Eines der berühmtesten und auch schönsten Pubs der grünen Insel ist der Crown Liquor Saloon. Die Crown Bar stammt aus dem Jahr 1826 und wurde in einem sehr luxuriösen Barockstil erbaut. Die hölzernen Trennwände der Snugs (Separees) sind wunderschön verziert. In den Snugs finden Sie noch Knöpfe, über die man früher die Bedienung rufen konnte. Die Messingplatten an den Wänden dienten einst zum Anzünden der Streichhölzer. Gaslampen hängen an den holzvertäfelten Decken, die von italienischen Künstlern angefertigt wurden.

The Crown Liquor Saloon, 46 Great Victoria Street, Belfast, Co. Antrim, BT2 7BA

Für die, die in Dublin ihre Reise beenden: Von Belfast nach Dublin sind es 170 km.

# Kleiner Sprachführer

*Fanad Head von der Halbinsel Inishowen gesehen*

Im kleinen Sprachführer bekommen Sie nur einige Begriffe ins Englische übersetzt. Mit Irisch möchte ich es hier nicht versuchen. Sie fahren zwar auf Ihrer Fahrt entlang des Wild Atlantic Way durch einige Gaeltacht-Regionen, Gebiete, in denen Irisch die vorherrschende Sprache ist, aber mit Englisch kommen Sie auch dort weiter.

## Allgemeine Redewendungen

| | |
|---|---|
| Hallo | Hello |
| Guten Morgen | Good morning |
| Guten Tag | Good afternoon, How do you do?, Good day |
| Guten Abend | Good evening |
| Gute Nacht | Good night |
| Auf Wiedersehen | Goodbye, bye, so long |
| gestern | yesterday |
| heute | today |
| morgen | tomorrow |
| nächste Woche | next week |
| Wie geht es Ihnen? | How are you? |
| Entschuldigung | Excuse me, Pardon?, I'm sorry. |
| Bitte | Please, You're welcome!, Never mind |
| Danke | Thank you |
| Ja | yes |
| Nein | no |
| Wann? | When? |
| Warum? | Why? |
| Wer? | Who? |
| sehr gut | very good |
| Was kostet …? | How much is …? |
| Wo ist …? | Where is …? |
| Sprechen Sie Deutsch/ | Do you speak German? |

## Wochentage — weekdays

| | |
|---|---|
| Montag | Monday |
| Dienstag | Tuesday |
| Mittwoch | Wednesday |

| | |
|---|---|
| Donnerstag | Thursday |
| Freitag | Friday |
| Samstag | Saturday |
| Sonntag | Sunday |

## Monat / month

| | |
|---|---|
| Januar | January |
| Februar | February |
| März | March |
| April | April |
| Mai | May |
| Juni | June |
| Juli | July |
| August | August |
| September | September |
| Oktober | October |
| November | November |
| Dezember | December |

## Zahlen / numerary

| | | | |
|---|---|---|---|
| 0 | zero | 16 | sixteen |
| 1 | one | 17 | seventeen |
| 2 | two | 18 | eighteen |
| 3 | three | 19 | nineteen |
| 4 | four | 20 | twenty |
| 5 | five | 21 | twentyone |
| 6 | six | 30 | thirty |
| 7 | seven | 40 | fourty |
| 8 | eight | 50 | fifty |
| 9 | nine | 60 | sixty |
| 10 | ten | 70 | seventy |
| 11 | eleven | 80 | eighty |
| 12 | twelve | 90 | ninety |
| 13 | thirteen | 100 | one hundred |
| 14 | fourteen | 200 | two hundred |
| 15 | fifteen | 1.000 | thousand |

*Vom Wind gezeichnete Bäume*

## Begriffe auf der Wetterkarte

| | |
|---|---|
| bewölkt | cloudy, overcast, clouded |
| Frost | frost |
| Gewitter | thunderstorm |
| Hitze | heat |
| Mond | moon |
| Nebel | fog |
| Regen, Regenschauer | rain, shower |
| Schnee | snow |
| Sonne | sun |
| Sonnenaufgang | sunrise |
| Sonnenuntergang | sunset |
| Temperatur | temperature |
| Wetter | weather |
| Wetterbericht | weatherforecast |
| Wind | wind |
| Wolkenlos | cloudless |

## Begriffe auf der Landkarte

| | |
|---|---|
| Berg | mountain |
| Brücke | bridge |
| Bucht | bay |
| Eisenbahn | railway |
| Fähre | ferry |
| Fluss | river |
| Insel | island |
| Kirche | church |
| Küste | coast, shore |
| Meer | sea, ocean |
| Meerenge | strait |
| See | lake, lough |
| Sehenswürdigkeit | sight, place of interest |
| Stadt | city |
| Straße | street |
| Tal | valley, glen |
| Wald | forest |
| Wasserfall | waterfall |
| Zoo | zoo |

## Gesundheit — health

| | |
|---|---|
| Apotheke | pharmacy, chemist's |
| Arzt | doctor |
| Desinfektionsmittel | disinfectant |
| Fieberthermometer | clinical thermometer |
| Heftpflaster | plaster |
| Hustensaft | cough syrup, cough mixture |
| Kinderarzt | pediatrician |
| Kopfschmerztablette | headache pill |
| Krankenhaus | hospital |
| Nasenspray | nasal spray |
| Notarzt | emergency doctor |
| Schlaftablette | sleeping pill |
| Schmerztabletten | painkiller |
| Zäpfchen | suppository |

## Beim Arzt

| | |
|---|---|
| Ich bin krank | I'm sick |
| Ich habe hier (starke) Schmerzen | I have here (strong) pain |
| Ich habe (hohes) Fieber | I have (high) fever (temperature) |
| Ich habe mir den Magen verdorben | I have an upset stomach |
| Ich habe ... gegessen | I have eaten ... |
| Ich habe Durchfall/Kopfschmerzen | I have failure/headaches |

## Campingplatz — camping site, motor camp

| | |
|---|---|
| Abwasser | wastewater |
| Chemietoilette | chemical toilet |
| Dusche | shower |
| Küche | kitchen |
| Rezeption | reception, front desk |
| Stellplatz | pitch |
| Strom | electricity |
| Toilette | toilet, bathroom |
| Waschküche | laundry |
| (Wäsche)Trockner | (laundry) dryer |
| Waschmaschine | washing machine |
| Waschräume | washing rooms, lavatories |
| Wohnmobil | Motorhomes, Camper Vans |
| Wohnwagen | Caravans |
| Zelt | tent |

## Speisekarte - menu

| | | | |
|---|---|---|---|
| Frühstück | breakfast | Abendessen | dinner |
| Vorspeise | starter, appetiser | Hauptgericht | main dish, main meal |
| Tagesgericht | dish of the day, special | | |
| Nachtisch | dessert, sweet | Imbiss | snack, light meal |
| Getränke | drinks | | |

## Getränke

| | | | |
|---|---|---|---|
| Orangensaft | orange juice | Milch | milk |
| Limonade | lemonade | Rotwein | red wine |
| Weißwein | white wine | Apfelsaft | apple juice |
| Tee | tea | Wasser | water |

| | | | |
|---|---|---|---|
| Wasser mit Kohlensäure | | sparkling water | |
| Kaffee | coffee | Bier | beer, ale |
| Helles Bier | Lager | ein großes Glas | Pint |

Das britische Flüssigkeitsmaß Pint entspricht 0,568 Liter. In Amerika entspricht ein Pint 0,473 Liter. Pintgläser haben keinen Eichstrich. Ein Pint ist mit Erreichen des Glasrandes perfekt.

## Frühstück - breakfast

| | | | |
|---|---|---|---|
| Brot | bread | Wurst | sausage |
| Eier | eggs | Brötchen | rolls |
| Spiegelei | fried egg | Rührei | scrambled eggs |
| Salz | salt | Pfeffer | pepper |
| Vollkornbrot | brown bread | belegtes Brot | sandwich |
| Käse | cheese | Butter | butter |
| Kleines, brötchenartiges Gebäck | | scone | |
| Marmelade | jam | Honig | honey |
| Müsli | cereal, muesli | | |

## Fisch - Fish

| | | | |
|---|---|---|---|
| Hecht | pike | Saibling | char |
| Krabben | shrimp | Seelachs | pollack, coalfish |
| Lachs | salmon | Hering | herring |
| Makrele | mackerel | Dorsch | codfish |
| Garnelen | prawn | Barsch | perch |
| Scholle | plaice | Aal | eel |
| geräuchert | smoked | Forelle | trout |

## Gemüse/Beilagen

| | | | |
|---|---|---|---|
| Blumenkohl | cauliflower | Kartoffeln | potatoes |
| Bohnen | bean | Reis | rice |
| Erbsen | peas | Pilze | mushrooms, fungi |
| Mohrrübe | carrot | | |

## Nachtisch - Dessert

| | | | |
|---|---|---|---|
| Eis | ice | Schokolade | chocolate |
| Kuchen | cake | gedeckter Obstkuchen | pie |

## Sprachführer für Autofahrer

| | |
|---|---|
| Können Sie das reparieren? | Can you fix that? Can you repair this? |
| Mein Auto hat eine Panne | My car has a breakdown |
| Wo ist die nächste Tankstelle? | Where is the next filling station? |
| Wie komme ich nach ...? | How do I get to ...? |
| Wie weit ist es bis ...? | How far is it to ...? |
| Haben Sie noch Platz für ein Wohnmobil? - | Do you have a free site for a motorhome? |

| | |
|---|---|
| Abblendlicht | dipped beam |
| Auto | car |
| Autobahn | motorway |
| Autofähre | car ferry |
| Benzin | petrol |
| Diesel | diesel |
| Blinker | indicator |
| Ersatzrad | spare wheel |
| Ersatzteil | spare part |
| Fehler | defect |
| Fernlicht | full beam, high beam |
| Führerschein | driving licence |
| Getriebe | transmission |
| Handbremse | handbrake |
| Hupe | horn |
| Keilriemen | V-belt |
| Kofferraum | boot |
| Kühler | radiator |
| Lenkrad | steering wheel |
| Öl | oil |
| Ölfilter | lube oil filter |
| Panne | breakdown |
| Rad | wheel |
| Reifen | tyre |
| Rücklicht | rear light |
| Scheibenwischer | windscreen wiper |
| Scheinwerfer | headlight |
| Sicherheitsgurt | safety belt |
| Unfall | accident, collision |

| | |
|---|---|
| Ventil | valve |
| Vergaser | carb(urettor) |
| Warndreieck | warning triangle |
| Werkstatt | garage |
| Winterreifen | winter tyre |
| Wohnmobil | motorhome, camper |
| Zündkerze | spark plug |
| Zündschlüssel | ignition key |
| Zündung | ignition |
| Zylinder | cylinder |
| Zylinderkopfdichtung | cylinder head gasket |

## Richtungen

| | | | |
|---|---|---|---|
| Norden | north | zurück | back |
| Süden | south | hier | here |
| Westen | west | dort | there |
| Osten | east | rechts | right |
| geradeaus | straight ahead | links | left |

*Basstölpel*

Hier einige Begriffe aus der irischen Küche, aus irischen Speisekarten und irischen Kochbüchern.

## Begriffe der irischen Küche:
Anchovies - Sardellen
Back Bacon - gepökelter Frühstücksspeck
Baked cod - Dorsch, im Ofen gebacken
Baked shoulder of lamb - gebratene Lammschulter
Sea bass - Seebarsch
Beef - Rindfleisch
Beef steak - Rindersteak
Bistecca -Hacksteak
Black pudding - gebratene Blutwurst, Bestandteil des Frühstücks
Borage - Borretsch
Brook trout - Flussforelle
Broth - Brühe, Bouillon
Chicken - Hähnchen
Chicken curry - Curry-Hähnchen
Chicken legs - Hähnchenkeulen
Chicken tikka - Hühnercurry mit Reis
Chicken wings - Hähnchenflügel
Crayfish - Flussgarnelen
Crayfish chowder - Flussgarnelensuppe
Crustaceans - Krustentiere
Eel - Aal
Entrecôte steak - Lendensteak
Escalope - Schnitzel
Escalope Cordon Bleu - Cordon bleu
Farm-yard chicken - Freilandhähnchen
Fish chowder - Fischsuppe
Fish fingers - Fischstäbchen
Fish kebabs - Fischspieße
Game - Wild, Wildbret
Garlic - Knoblauch
(Ham-)burger - Hamburger
Irish lamb - Irisches Lamm
Jacket potatoe - in der Schale gebackene Kartoffel

King prawns - Riesengarnelen
Lamb chops - Lammkoteletts
Lamb cutlets - Lammkoteletts
Lamb noisettes - Lammnüsschen
Lamb ribs - Lammrippchen
Lamb stew - Lammragout
Leg of lamb - Lammkeule
Milanese veal chop (breaded) - (echtes) Wiener Schnitzel
Oysters - Austern
Parsley - Petersilie
Pork - Schweinefleisch
Pork chops - Schweinekoteletts
Pork cutlet - Schweinekotelett
Prawns - Garnelen
Rainbow trout - Regenbogenforelle
Rashers - gebratener Frühstücksspeck
Roast lamb - Lammbraten
Roast pork - Schweinebraten
Salmon trout - Lachsforelle
Sausages - Würste
Shrimps - Krabben
Spring lamb - Milchlamm
Spuds - Kartoffeln
Trout - Forelle
Tuna - Thunfisch
White pudding - gebratene Grützwurst, Bestandteil des Frühstücks

# Buchtipps aus dem

## Ratgeber rund ums Wohnmobil

Conrad Stein
OutdoorHandbuch Band 24
*Basiswissen für draußen*
159 Seiten
12 Illustrationen ▶ 51 farbige Abbildungen

ISBN 978-3-86686-332-3

>> **Reisemobil interaktiv:** *„Ein nützliches Nachschlagewerk - kurz, prägnant und informativ."*

---

## Kochen 2 für Camper

Claudia Erben
OutdoorHandbuch Band 99
*Basiswissen für draußen*
128 Seiten
101 farbige Abbildungen

ISBN 978-3-86686-322-4

>> **welikebooks.de:** *„Großartige Tipps und Rezepte für Camper - die aber tatsächlich auch im alltäglichen Leben Anwendung finden können"*

---

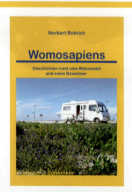

## Womosapiens

Norbert Bobrich
OutdoorHandbuch Band 272
*Fernwehschmöker*
128 Seiten
56 Abbildungen

ISBN 978-3-86686-474-0

>> **Reisemobil International:**
*„eine informative und heitere Lektüre für Reisemobilisten"*

# Conrad Stein Verlag

## Schweden: Inlandsvägen

Dirk Heckmann
OutdoorHandbuch Band 322
*Der Weg ist das Ziel*
160 Seiten
52 farbige Abbildungen
26 farbige Karten

ISBN 978-3-86686-389-7

>> **Die ZEIT**: *„ein nützlicher Guide für motorisierte Touristen, der auch idyllische Stellplätze empfiehlt oder vor Blitzern warnt"*

---

## Norwegen: Nordkap-Route

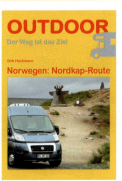

Dirk Heckmann
OutdoorHandbuch Band 95
*Der Weg ist das Ziel*
192 Seiten
51 farbige Abbildungen
10 farbige Karten

ISBN 978-3-86686-350-7

>> **dialog (Magazin der Deutsch-Norwegischen Gesellschaft):**
*„Ein guter Gefährte für den Weg zum Nordkap."*

---

## Irland: Dingle Way

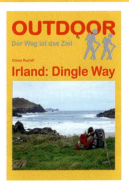

Diana Rudolf
OutdoorHandbuch Band 329
*Der Weg ist das Ziel*
80 Seiten
33 farbige Abbildungen
19 farbige Karten und Höhenprofile

ISBN 978-3-86686-429-0

>> **gehlebt.at**: *„Kompakter und ganz frischer Wanderführer für den Dingle Way"*

CAIRNRYAN – LARNE

# SHORTER.
# FASTER.
# BETTER.

**FROM JUST £74 EACH WAY FOR CAR +1**

We've the shortest, most frequent crossings from Scotland and Northern Ireland. And now we've made our ships even better with new seating, reliable free Wi-Fi, all new food menus, improved kids play areas and more. So you'll get where you want, when you want, on a newly improved P&O ferry.

Book direct for our best fares
poferries.com
0800 130 0030

**P&O FERRIES**
YOUR TRIP. YOUR SHIP.

**Terms and Conditions:** Fare shown is for a car plus driver and is subject to restricted space, sailings and Phone bookings are subject to a £5 booking fee. **Subject to Promotional Conditions and P&O Ferries' Ter Business, both available online at poferries.com**

**QUALITY FOR LIFE**

MEHR SICHERHEIT UND KOMFORT VOM FAHRWERKS-PROFI.

**Kurven. Kanaldeckel. Echter Komfort beim Fahren.**
**AL-KO Federsysteme**

Reisen kann so unbeschwert sein, federleicht quasi. Wir geben unser Bestes für Ihr Mehr an Fahrkomfort. Mit Federungssystemen für die Erstausrüstung, die wir auch zum einfachen Nachrüsten Ihres Fahrzeugs entwickelt haben: wie z.B. die Air Top Zusatzluftfederung für die Hinterachse für spürbare Verbesserungen während der Fahrt.

Besuchen Sie AL-KO unter
facebook.com/alko.fahrzeugtechnik

www.al-ko.de

# Index

# A

| | |
|---|---|
| Abblendlicht | 33 |
| Achill Island | 142 |
| Alkohol | 33 |
| Allihies | 72 |
| Angeln | 30 |
| Annagry | 174 |
| Ahakista | 60 |
| Anschnallpflicht | 33 |
| Aran Inseln | 126 |
| Ardara | 171 |
| Ardgroom | 73 |
| Ashleigh Falls | 136 |
| Automobilclubs | 35 |

# B

| | |
|---|---|
| Ballina | 154 |
| Ballinskelligs | 88 |
| Ballybunion | 104 |
| Ballycastle | 152, 200 |
| Ballyconneely | 129 |
| Ballycroy National Park | 147 |
| Ballydehob | 55 |
| Ballyliffin | 189 |
| Ballysadare | 156 |
| Ballyshannon | 162 |
| Ballyvaughan | 119, 121 |
| Bangor | 147 |
| Bantry | 63 |
| Béal an Mhuirthead | 147 |
| Bed & Breakfast | 32 |
| Belfast | 203 |
| Benone | 197 |
| Beschilderung | 38 |
| Bevölkerung | 17 |
| Blasket Insel | 99 |
| Bunbeg | 174 |
| Buncrana | 186 |
| Bundoran | 161 |
| Burren | 118 |
| Burt | 184 |
| Bushmills | 198 |

# C

| | |
|---|---|
| Caherdaniel | 86 |
| Cahersiveen | 94 |
| Camping | 32, 39 |
| Campinggas | 21 |
| Carndonagh | 190 |
| Carrick | 167 |
| Carrigaholt | 108 |
| Carrowmore | 156 |
| Casla | 128 |
| Castle Cove | 85 |
| Castletownbere | 69 |
| Causeway Coastal Route | 197 |
| Ceathrú Theidhg | 150 |
| Céide Field | 151 |
| Chaplin, Charlie | 87 |
| Clifden | 130 |
| Cliffs of Moher | 113 |
| Clonakilty | 49 |
| Clonmany | 189 |
| Coleraine | 197 |
| Collins, Michael | 47 |
| Connemara National Park | 133 |
| Connor Pass | 100 |
| County Clare | 107 |
| Croagh Patrick | 139 |
| Crolly | 174 |
| Culdaff | 192 |

# D

| | |
|---|---|
| Derry/Londonderry | 195 |

| | |
|---|---|
| Dingle | 97 |
| Dingle-Halbinsel | 95 |
| Doagh Beg | 180 |
| Donegal | 164 |
| Dooagh | 145 |
| Doolin | 116 |
| Doolin Cave | 117 |
| Doonaha | 108 |
| Doonbeg | 112 |
| Downhill | 197 |
| Downpatrick Head | 152 |
| Drumcliff | 160 |
| Dunfanaghy | 176 |
| Dungloe | 172 |
| Dunree Fort | 187 |
| Durrus | 60 |
| Dursey Island | 71 |

## E

| | |
|---|---|
| Easkey | 155 |
| Einkaufen | 20 |
| Einreise | 21 |
| Elektrizität | 21 |
| Englische Biere | 76 |
| Enniscrone | 154 |
| Entfernungen | 22 |
| Essen | 22 |

## F

| | |
|---|---|
| Fahan | 186 |
| Fähre | 19 |
| Fahrradfahren | 31 |
| Fanad Head | 180 |
| Fauna | 16 |
| Feiertage | 23 |
| Flagge | 14 |
| Flora | 15 |

| | |
|---|---|
| Flugverbindungen | 20 |

## G

| | |
|---|---|
| Galway | 122 |
| Gap of Mamore | 188 |
| Geld | 26 |
| Geografie | 14 |
| Geschichte | 10 |
| Geschwindigkeit | 34 |
| Gesundheit | 26 |
| Giant's Causeway | 199 |
| Gladdaghduff | 132 |
| Glandore | 51 |
| Glen Keen Farm | 137 |
| Glenbeg | 85 |
| Glenbeigh | 94 |
| Glencolmcille | 169 |
| Glenevin Wasserfall | 189 |
| Glengarriff | 66 |
| Glengesh Pass | 170 |
| Gob an Choire | 142 |
| Goleen | 57 |
| Grange | 160 |
| Greencastle | 194 |

## H

| | |
|---|---|
| Hobby | 30 |
| Hunde | 26 |

## I/J

| | |
|---|---|
| Inch | 96 |
| Information | 27 |
| Inlandsfähren | 19 |
| Irish Breakfast | 22 |
| Irish Coffee | 124 |
| Jugendherbergen | 32 |

# K

| | |
|---|---|
| Karten | 27 |
| Keel | 144 |
| Keem Strand | 145 |
| Kenmare | 74, 75 |
| Kilcar | 167 |
| Kilcrohane | 61 |
| Kilkee | 111 |
| Killala | 153 |
| Killarney | 79 |
| Killary Harbour View | 135 |
| Killimer | 107 |
| Killorglin | 95 |
| Killybegs | 165 |
| Kilrush | 107 |
| Kinsale | 41 |
| Kinvarra | 122 |
| Kleidung | 27 |
| Klima | 17 |
| Knightstown | 93 |
| Knocknarea | 156 |

# L

| | |
|---|---|
| Ladenöffnungszeiten | 20 |
| Lahinch | 112 |
| Leenaun | 136 |
| Letterfrack | 133 |
| Letterkenny | 183 |
| Linksverkehr | 33 |
| Loop Head Halbinsel | 109 |
| Louisburgh | 138 |

# M

| | |
|---|---|
| Málainn Mhóir | 169 |
| Malin | 190 |
| Malin Head | 191 |
| Mallaranny | 141 |
| Mautgebühren | 38 |
| Medien | 27 |
| Mizen Head | 58 |
| Moyasta | 108 |
| Mullaghmore | 160 |
| Murrisk | 138 |

# N

| | |
|---|---|
| Narin | 171 |
| Nationalparks | 28 |
| Newport | 141 |
| Newtown Cunningham | 184 |
| Notrufnummern | 29 |

# O

| | |
|---|---|
| Old Head of Kinsale | 45 |

# P

| | |
|---|---|
| Pannenhilfe | 29 |
| Parken | 35 |
| Polarlicht | 190 |
| Politik | 15 |
| Portmagee | 89 |
| Portnablagh | 176 |
| Portsalon | 180 |
| Post | 29 |

# Q

| | |
|---|---|
| Querrin | 108 |

# R

| | |
|---|---|
| Ramelton/Rathmelton | 183 |
| Rastplätze/Parkplätze | 37 |
| Rathmullan | 180, 182 |
| Rauchen | 30 |
| Ray | 183 |
| Rossaveel | 126 |

## S

| | |
|---|---|
| Rosscabery | 50 |
| Rosses Point | 158 |
| Roundstone | 128 |
| Schull | 55 |
| Sheep's Head | 61 |
| Shrove | 194 |
| Skellig Michael | 90 |
| Skibbereen | 52 |
| Slieve League | 168 |
| Sligo | 157 |
| Sneem | 84 |
| Souvenirs | 21 |
| Sport | 30 |
| Strandhill | 156 |

## T

| | |
|---|---|
| Tanken | 37 |
| Tarbert | 105 |
| Telefonieren | 30 |
| The Dark Hedges | 201 |
| Tory Island | 175 |
| Tralee | 102 |
| Trinken | 22 |
| Tully Cross | 134 |

## U

| | |
|---|---|
| Unterkunft | 32 |
| Updates | 32 |

## V

| | |
|---|---|
| Verkehrsregeln | 33 |
| Verkehrszeichen | 34 |

## W

| | |
|---|---|
| Wandern | 31 |
| Waterville | 87 |
| Westport | 139 |
| Westport Quay | 139 |
| Wohnmobile | 35 |

## Y

| | |
|---|---|
| Yeats, William Butler | 160 |

## Z

| | |
|---|---|
| Zeitzonen | 36 |
| Zoll | 36 |